MEHMET GÜRCAN DAIMAGÜLER

Kein schönes Land in dieser Zeit

GOLDMANN
Lesen erleben

Buch

Er ist ein Mann auf der Suche nach einem Platz zwischen den Kulturen. Er spricht besser deutsch als viele Deutsche, ist besser ausgebildet, war in Harvard und Yale und zahlt mehr Steuern. Trotzdem fühlt er sich nicht integriert. Woran liegt das? Wie steht es wirklich um die Integration von »Mitbürgern mit Migrationshintergrund« in Deutschland?

In provokativen Thesen analysiert Daimagüler seine Situation und die vieler anderer. Eine Lösung scheint nicht in Sicht: Eigentlich müsste er – wie viele andere auch – seiner feindlichen Heimat den Rücken kehren. Aber genau das will er nicht. Deshalb hat er dieses Buch geschrieben, in dem er die Entwicklung einer tragfähigen deutschen Leitkultur einklagt.

Autor

Dr. Mehmet Gürcan Daimagüler MPA, geboren 1968 in Siegen als Sohn türkischer Gastarbeiter, studierte Jura, VWL und Philosophie in Bonn, Kiel, Witten-Herdecke, Harvard und Yale. Er wurde als »World Fellow« der Yale University und als »Littauer Fellow« der Harvard University ausgezeichnet. Er war Berater der Boston Consulting Group und ist als Rechtsanwalt und Strategieberater in Berlin tätig.

Das »World Economic Forum« in Davos kürte Mehmet Daimagüler im Jahr 2005 auf Initiative des damaligen Bundeskanzlers Gerhard Schröder zum »Young Global Leader«.

Mehmet Gürcan Daimagüler

Kein schönes Land in dieser Zeit

Das Märchen von der gescheiterten Integration

GOLDMANN

MIX
Papier aus verantwor-
tungsvollen Quellen
FSC® C014496

Verlagsgruppe Random House FSC-DEU-0100
Das FSC®-zertifizierte Papier *Holmen Book Cream* für dieses Buch
liefert Holmen Paper, Hallstavik, Schweden.

1. Auflage
Taschenbuchausgabe Februar 2013
Wilhelm Goldmann Verlag, München,
in der Verlagsgruppe Random House GmbH
Copyright © 2011 der Originalausgabe
by Gütersloher Verlagshaus, Gütersloh,
in der Verlagsgruppe Random House GmbH
Umschlaggestaltung: UNO Werbeagentur, München,
in Anlehnung an die Gestaltung der Originalausgabe
KF · Herstellung: Str.
Druck und Einband: GGP Media GmbH, Pößneck
Printed in Germany
ISBN: 978-3-442-15737-2

www.goldmann-verlag.de

Dieses Buch widme ich dem ältesten und dem jüngsten Mitglied meiner Familie: meiner Mutter Cemile Kağba und meinem Großneffen Ilyas. Meine Mutter hatte 1963 den Mut, ihre Heimat zu verlassen und eine neue zu suchen, damit es uns, ihren Kindern, einmal besser gehen würde. Was wäre aus uns ohne ihren Mut geworden?

Ich widme dieses Buch auch meinem Großneffen Ilyas, der 2009 zur Welt kam; fast ein halbes Jahrhundert, nachdem meine Mutter zum ersten Mal deutschen Boden betrat. Ilyas wird viele der Debatten unserer Tage um Einwanderung, Integration und Identität gar nicht mehr verstehen, so albern werden sie ihm vorkommen, wenn er erwachsen ist. Das ist meine Hoffnung.

»Mein einziges Bestreben ging dahin, mich, der nichts in den Händen und den Taschen hatte, durch Arbeit und Glauben zu retten. Ohne Ausrüstung und Gerät machte ich mich mit Haut und Haar ans Werk, um mich mit Haut und Haar zu retten. Was bleibt? Ein ganzer Mensch, gemacht aus dem Zeug aller Menschen, und der so viel wert ist wie alle und so viel wert wie jedermann.«

Jean Paul Sartre aus »Die Wörter«

Inhalt

Warum ich dieses Buch geschrieben habe

Richte nie über einen Menschen, solange du nicht zwei Monde lang in seinen Schuhen gelaufen bist, heißt es in einem indianischen Sprichwort. Dieser Satz kommt mir immer in den Sinn, wenn ich den *Integrationsdebatte* genannten täglichen Wahnsinn verfolge. Es fängt schon damit an, mit welcher Selbstverständlichkeit noch von »Wir« und »Ihr« gesprochen wird. »Wir Deutsche«. »Ihr Ausländer«. Es sind bald 50 Jahre her, seit meine Mutter nach Deutschland aufbrach. Ich bin hier in Deutschland geboren und aufgewachsen. Ich träume auf Deutsch. Ich habe keine andere Heimat und möchte auch keine andere. Ich bin gerne Deutscher – eigentlich ... Aber dennoch fragen mich wohlmeinende Deutsche, wie es denn in der Heimat so ginge und ob ich denn an Rückkehr denke. Mit »Heimat« meinen sie dann die Türkei. Andere, weniger gutmeinende Stimmen begnügen sich mit dem Ausruf: »Türken raus«.

Nicht alle Ur-Deutschen kennen einen echten Ausländer oder Deutsch-Türken oder einen Deutschen mit Migrationshintergrund – nennt es, wie ihr wollt, ihr wisst, was ich meine. Mit *kennen* meine ich mehr als nur das nebenher leben. Das ist kein Vorwurf. Es gehören ja immer zwei zum Tango. Aber ich finde es problematisch, dass fast alle Ur-Deutschen eine feste, oft von Fakten unbeschwerte Meinung über uns Neu-Deutsche haben. Das wäre nicht weiter schlimm, wenn diese Meinung nicht zumeist brutal schlecht ausfallen würde. Früher, vor dem 11. September 2001, musste ich mich immer für die Türkei und ihre wirklichen oder vermeintlichen Missstände rechtfertigen. Was macht *ihr* mit den Kurden? Wieso wird bei *euch* gefoltert? Wieso hat *dein* Militär geputscht? Ein einziger Kugelhagel von Vorwürfen, mit denen ich nichts anfangen konnte. Nach 9/11 wurde alles schlimmer. Das früher nur sporadisch abgeschossene Trommelfeuer erlebe ich mittlerweile täglich, zudem mit schwerer Artillerie. Die Vorzeichen haben sich etwas geändert: Anstatt *ihr Ausländer* oder ihr Türken heißt es jetzt *ihr Moslems*. *Ihr* unterdrückt Frauen, *ihr* seid Terroristen, *ihr* seid demokratieunfähig. Früher musste ich mich für die türkischen Putschisten rechtfertigen, heute für Al-Qaida-Terroristen. Eine fantastische Entwicklung. Der alte Rassismus im neuen Gewand.

Zwei Monde lang in den Schuhen eines anderen laufen? Ich kann nur allen eingeborenen Deutschen sagen: Seid heilfroh, dass ihr nicht in unseren Schuhen laufen müsst. Wenn wir über euch so sprechen würden, wie ihr es über uns zu tun pflegt, würde es sich ungefähr so anhören:

Ich kann euer Integrationsgequatsche nicht mehr ertragen. Ihr wisst ja noch nicht einmal, was ihr damit meint. Wenn mit Integration gemeint wäre, Deutsch lernen zu müssen und die Werteordnung des Grundgesetzes halbwegs verinnerlicht zu haben, dann wäre es ja akzeptabel. Aber das reicht vielen von euch nicht. Wir sollen uns auch eurer Leitkultur anpassen. Dazu muss ich aber erst einmal fragen: Was ist das denn überhaupt? Wie sieht die aus? Ich lehne es ja nicht grundsätzlich ab, am deutschen Wesen zu genesen.

Ich habe den leisen Verdacht, dass jene, die lauthals nach der Leitkultur schreien, gar nicht wissen, wonach sie eigentlich schreien. Hauptsache schreien. Doch ich soll die Katze im Sack kaufen? Mein Eindruck ist: Nach der Nazi-Diktatur, einem mörderischen Weltkrieg und einer schier unendlichen Nabelschau ist den Deutschen jegliches Verständnis für die eigene Natur abhandengekommen, sodass man sich kollektiv auf das Naheliegende, das Fressen und Saufen als Sinnersatz verlegt hat. Jetzt, wo die Leber schmerzt, im tatsächlichen wie im übertragenen Sinn, besinnt man sich auf die Leitkultur. Zu blöd, dass man sie nicht kennt … Der Einfachheit halber fordert man sie von uns Dunkeldeutschen ein – wir sollen die Antwort liefern. Wir sind doch bloß eine Projektionsfläche, mit Hoffnungen und Wünschen, wie der brave Michel gerne wäre, aber wohl nicht ist. Auf dem »Leitfaden Einbürgerungsinterview« aus dem baden-württembergischen Innenministerium wurde der ebenso einbürgerungswillige wie schnauzbärtige Ali früher gefragt:

Wie würden Sie reagieren, wenn ihr Sohn sich als schwul outen sollte?

Antwort a):
Ich würde ihn persönlich kastrieren.

Antwort b):
Ich würde ihn mit seiner ebenso schnauzbärtigen Cousine zwangs-verheiraten (beim Küssen müsste er sich gefühlsmäßig nicht groß umstellen).

Antwort c):
Ich würde vor lauter Glück Lambada tanzen und ihm eine Fami-lienpackung Gleitgel schenken.

Antwort C wäre natürlich der einzig richtige Weg zum deutschen Pass. Die Fragen und Antworten (die Frage ist original, die Ant-wortmöglichkeiten habe ich als Jurist zum besseren Verständnis aus Verwaltungskauderwelsch ins Deutsche übersetzt) sagen nicht so viel darüber aus, wie der Ali-Normal-Verbraucher so tickt, son-dern darüber, wie der Deutsche gerne wäre: weltoffen und super-tolerant. Ist er aber nicht. Wie schon gesagt: Der Deutsche weiß nicht so Recht, wer oder was er ist, erhofft sich aber von uns Meh-mets und Fatmas den Weg ins Licht. Das wird aber nicht funkti-onieren. Nicht nur, weil wir Südländer ein penetrant bequemer Haufen sind, sondern weil wir das Gefühl haben, dass einiges im Staate Deutschland faul ist.

Also, was ist denn nun die tolle deutsche Leitkultur? Kommt mir jetzt nicht mit dem christlich-jüdischen Erbe des Landes. Das wäre einfach nur schäbig! Erst Millionen Juden in die Gaskammern zu treiben und nur ein paar Jahrzehnte später die Überlebenden zu missbrauchen, um sich gegenüber einer anderen Minderheit abzugrenzen und sich selbst als gut zu definieren.

Solange ihr Ur-Deutschen nicht in der Lage seid, ein Gesellschafts- und Menschenbild zu beschreiben, an dem wir ahnungslosen Schwarzköpfe uns orientieren sollen, sage ich mal, worauf ich keine Lust habe. Der Umkehrschluss hilft vielleicht:

- Wenn Integration bedeutet, euer Familienleben zu übernehmen, sage ich: Nein danke! Bei uns steckt man nicht Oma und Opa bei der erstbesten Gelegenheit ins Altersheim, wo sie auf den Tod warten dürfen. Bei uns sieht man sich nicht nur an den Feiertagen einmal im Jahr, besäuft sich und streitet sich dann unter dem Weihnachtsbaum wie die Kesselflicker.
- Wenn Integration bedeutet, eine durch und durch pornographierte Gesellschaft anzunehmen, in der noch nicht einmal für eine Tüte Milch geworben wird, ohne dass sich eine Frau ausziehen muss, dann sage ich: Nein Danke! Wenn Integration bedeutet, es toll zu finden, dass eine junge Frau zum Jugendidol wird, weil sie sich vor laufender Kamera die Brüste vergrößern lässt, dann sage ich: Nein danke!
- Wenn Integration bedeutet, dass Tausende und Zehntausende Kinder Opfer sexueller Gewalt durch Priester werden, und die Gesellschaft so lange wie möglich die Augen davor verschließt, dann sage ich: Nein danke!
- Wenn Integration bedeutet, ein ungerechtes Bildungssystem zu akzeptieren, das zwar nach außen Chancengleichheit suggeriert, in Wirklichkeit aber genau das Gegenteil befördert, weil Arbeiterkinder bei der erstbesten Gelegenheit benachteiligt und aussortiert werden, dann sage ich: Nein danke!

- Ihr beschwert euch doch gerne über manche unserer Jungs, die manche eurer Mädchen für Schlampen halten. Aber wisst ihr was? Manche eurer Mädchen *benehmen* sich wie Schlampen. In manchen Ländern der Welt wartet man bis zur Ehe, bevor man zum ersten Mal Sex hat. In anderen Ländern der Welt, wie beispielsweise in den USA, muss man wenigstens drei Dates gehabt haben, bevor es zur Sache geht. In Deutschland streichelt man manchen Mädels über den Arm und schon knöpfen sie sich die Bluse auf. Ich empfehle einmal die Lektüre des Buches vom Gründer des Jugendzentrums »Arche« in Berlin.[1] Er hat seine Erfahrungen mit Jugendlichen und deren Eltern aufgeschrieben. Da schauen sich Mütter und Töchter gemeinsam Pornos an. 13 oder 14 Jahre alte Jungs und Mädchen haben keinen Schimmer davon, wer Goethe war, wissen aber genau, kennen sich aber bestens mit Begriffen wie *Fisting* oder *Gang Bang* aus. Und dann wird einem diese sexuelle Verwahrlosung auch noch als »liberal« verkauft. Auch hier sage ich: Nein danke!
- Deutschland ist ein Land, in dem die Krankenkassen Abtreibungen bezahlen, aber kinderlose Paare die hohen Kosten für eine künstliche Befruchtung aus eigener Tasche finanzieren müssen. Im Jahr 2010 gaben die Deutschen dreimal soviel Geld für Haustierfutter aus als für Babynahrung.[2] Liebe Deutsche: Von mir aus liebt eure Hunde mehr als Kinder, aber erwartet nicht auch noch, dass wir uns euch anpassen.
- Mein Freund Ernst von Münchhausen und seine Frau sind Eltern von Drillingen geworden. Die einzigen Passanten auf den Straßen Berlins, die sich über den Anblick der drei Babys freuen würden, seien Türken. Die Deutschen würden immer gleich ausrufen: »Oh Gott! Drei auf einmal? Schrecklich!« Eine Gesellschaft, in der viele den Kindersegen als Fluch begreifen, kann

---

1. Bernd Siggelkow/Wolfgang Büscher: Deutschlands sexuelle Tragödie. Wenn Kinder nicht mehr lernen, was Liebe ist, Asslar 2010
2. »Der letzte Fraß«, Die Welt, 19.6.2011

kein Vorbild sein. Wir Türken freuen uns über Kinder. Nehmt euch doch mal zur Abwechslung ein Vorbild an uns.

• Ihr beschwert euch, dass manche unserer Jungs manche eurer Jungs für Schlappschwänze halten. Aber wisst ihr was? Manche eurer Jungs verhalten sich wie Schlappschwänze. Die haben zwar eine große Klappe gegenüber den eigenen Eltern – ein 17-Jähriger nannte seine Mutter ohne jede Konsequenz in meiner Gegenwart »alte Fotze«. Aber wenn es um Konflikte Mann-gegen-Mann geht, dann sind sie plötzlich ziemlich kleinlaut. Ganz tolle Leitkultur!

• Wenn Leitkultur bedeutet, dass ich die systematisch zum Teil in Gesetzesform gegossene Benachteiligung ganzer Menschengruppen hinnehmen soll, dann kann ich das nicht akzeptieren. Wieso haben Homosexuelle in unserem Land noch immer nicht die gleichen und vollen Bürgerrechte wie die Heterosexuellen? Wieso dürfen die einen Kinder adoptieren und die anderen nicht? Ist das vielleicht auch unser »christlich-jüdisches Erbe«? Wieso werden Frauen im Berufsleben noch immer systematisch benachteiligt? Wieso verdienen sie bei gleicher Arbeit viel weniger Geld? Na klar, es ist viel weniger anstrengend, sich über die wirkliche oder unterstellte Benachteiligung von zwei Millionen Muslima in Deutschland zu echauffieren, als sich für die Gleichberechtigung von 40 Millionen deutsche Frauen einzusetzen. *Leit*-Kultur? Von wegen.

• Ständig höre ich von deutschen Politikern, Deutschland sei ein weltoffenes und tolerantes Land. Das nervt. Wieso überlasst ihr es nicht den Betroffenen einzuschätzen, wie weltoffen und liberal ihr seid? Ihr attestiert euch Weltoffenheit und Toleranz, weil ihr einmal im Jahr nach Mallorca fliegt oder beim Italiener an der Ecke eure Pizza esst. Ich verrate euch ein Geheimnis: Es gehört mehr dazu als das. Ein türkischer Mandant führte einen Schnellimbiss in Rostock. Die gleichen Typen, die tagsüber nett und freundlich seine Döner kauften, spuckten ihm des Nachts besoffen ins Gesicht.

- Sogar das schlimmste Kapitel deutscher Geschichte, die Shoa, schlachtet ihr für eure Bedürfnisse aus. Ihr habt euch eine Art Täterarroganz zugelegt. Auf dem hohen Ross sitzend erteilt ihr aller Welt ungefragt euren Rat unter dem Motto: »Wir Deutschen haben aus der Vergangenheit gelernt und unsere Vergangenheit bewältigt. Deswegen wissen wir ganz genau, was getan und gelassen werden muss, damit es euch besser geht.« Die Wahrheit ist doch, dass dieses Land den Juden den Holocaust nie verzeihen wird. Ihr habt euch einige Gedenktage und Gedenkorte geschaffen, wo einmal im Jahr großflächig Kränze abgeworfen werden. Doch was ist mit dem alltäglichen Antisemitismus? Der ist euch völlig wurscht. Wenn überhaupt, dann diskutiert ihr ausschließlich über den Antisemitismus jugendlicher Muslime. Wenn 30 Prozent der jungen Muslime in antisemitischen Stereotypen denken, dann kann man zynisch von einem Fall geglückter Integration sprechen: Pi mal Daumen trifft diese Zahl auch auf eure Jugendlichen zu. Auf diese Verlogenheit habe ich keine Lust.
- Dass heute viele von euch über Muslime sprechen und urteilen wie vor kurzer Zeit noch über Juden, spricht nicht gerade für eure Lernfähigkeit aus der Geschichte. Nach 60 Jahren Sendepause kategorisiert ihr ganz ungeniert nach »Deutschen« und »Deutschen mit Migrationshintergrund« – oder aber ihr nennt uns gleich *Papierdeutsche*. Nürnberg lässt grüßen.
- Ihr zeigt euch ganz besorgt über »Ehrenmorde« bei uns, aber ihr schweigt schamlos über eure eigenen »Ehrenmorde«. Ja, die gibt es bei euch auch, sogar viel öfter als bei uns! Nur seid ihr geschickter in der Öffentlichkeitsarbeit. Ihr nennt eure »Ehrenmorde« verniedlichend *Familientragödie*. Ein weiterer Unterschied: Eure Männer machen kurzen Prozess und knallen nicht nur die Frau, sondern gleich auch die Kinder ab.

Ich weiß, was ihr denkt: Mein Urteil ist zu pauschal, ich übertreibe, ich konzentriere mich auf Negativbeispiele, ich ignoriere alles Gute, ich schere alle über einen Kamm, ich nehme es mit der Wahrheit nicht so genau, ich rede nicht *mit*, sondern nur *über* euch, ich will gar nicht *aufklären*, sondern *hetzen*, kurz: Ich habe tendenziell etwas gegen Deutsche und mir ist jedes Mittel recht, euch schlecht aussehen zu lassen. Was soll ich dazu sagen? Stimmt! Aber, ich sage auch: WILLKOMMEN IN MEINER WELT! Solche Vorurteile begleiten mich schon mein ganzes Leben – ob deutlich oder subtil: Sie sind stets präsent.

Ich will nicht jammern. Ich hatte großes Glück im Leben, und wie gesagt, ich lebe ja sehr gern in Deutschland. Es ist aber trotzdem ein schlechtes Gefühl, sich ständig wehren zu müssen, immer auf der Hut zu sein. Und es ist auch nicht nur mein eigenes privates Dilemma, dass ich mich so fühle, denn so wie mir geht es vielen Einwanderern. Wenn sich ein Einzelner so fühlt wie ich, ist es persönliches Pech. Wenn sich aber Millionen so fühlen, dann ist das ein gesellschaftliches und sozialpolitisches Problem.

Dabei müsste es gar nicht so sein. Wir haben wesentlich mehr Gemeinsames als Unterschiedliches. Und unsere Differenzen müssen uns nicht zwangsläufig auf immer und ewig trennen. Im Gegenteil. Solange wir eine gemeinsame Basis haben und uns als Gemeinschaft verstehen, ist unsere Unterschiedlichkeit sogar ein Gewinn. Wer möchte schon in einem eintönigen Land leben? Ich vermute, die Nordkoreaner langweilen sich in Nordkorea zu Tode. Die Einwandererquote dort liegt bei Null Prozent. Vielfalt ist gut! Das wissen wir auch aus der Evolutionsbiologie. Vielfalt ist keine Gefahr für Deutschland, sondern zwingende Voraussetzung für eine erfolgreiche gesellschaftliche, politische, wirtschaftliche, kulturelle und soziale Entwicklung unseres Landes. Wir müssen uns zu ihr bekennen und aufhören, sie als Bedrohung für unsere Zukunft zu fürchten. Daran mangelt es leider. Die Integrationsdebatte ist eine Angstdebatte. Sie entzieht sich in weiten Teilen schlüssigen Argumenten und beschränkt sich auf das Emotionale. Ich finde es fast schon müßig, Sarrazin-Anhänger von der Falschheit seiner Thesen überzeugen zu wollen. Zahlreiche Bildungs-, Einwanderungs- und Sprachexperten haben an vielen Stellen die intellektuelle Flachheit seiner Thesen nachgewiesen. Das Problem ist aber, dass Sarazins Fans ihm glauben, weil sie ihm glauben *wollen*. Wir sind zu einer Angstgesellschaft geworden, die ihre Ängste bedient sehen will. Die Qualität der Belege ist dabei irrelevant.

So kann es nicht weitergehen; so kommen wir keinen Schritt weiter. Wir müssen uns einige wesentliche Dinge vor Augen führen, wenn wir unser Land zukunftsfest machen wollen. Es ist nämlich ein Irrglaube anzunehmen, wir seien als Land qua Naturgesetz wohlhabend. Die Welt dreht und entwickelt sich weiter, auch wenn wir auf der Stelle treten. Und ein weiterer banaler wie starker Fakt: Wir haben keine Alternative. Entweder bekennen wir uns zueinander oder wir sehen dabei zu, wie Deutschland sich abschafft. Wir alle tragen die Verantwortung für unser Land und wir sitzen alle im selben Boot. Wir werden gemeinsam schwimmen oder gemeinsam untergehen. Es kommt nicht darauf an, woher man kommt und wie lange man schon hier gelebt hat, ob man Hans oder Ali heißt. Dieses Land ist unser gemeinsames Land.

Das, was uns zusammenhält, ist unsere Sprache. Unsere Sprache ist Deutsch. Wer nach Deutschland kommt und hier bleiben will, muss Deutsch sprechen. Wer das durch sein eigenes Versäumnis nicht tut, darf sich nicht beschweren, nicht dazuzugehören.

Unsere Werteordnung ist nicht exakt zu bestimmen, aber ein grober Rahmen lässt sich aus unserer Verfassung ableiten. Dazu zählen die Gleichberechtigung von Mann und Frau, die Gleichheit aller Menschen und die Trennung von Staat und Religion.

Unsere Verfassungsordnung basiert auf der Idee der Unantastbarkeit der menschlichen Würde. Ausdruck derer ist die Freiheit des Menschen. Jeder Mensch ist frei geboren und lediglich beschränkt durch die Freiheit der anderen. Wenn jemand ein Bauch-Piercing möchte, bitte schön. Wenn jemand ein Kopftuch tragen will, auch bitte schön. Freiheit schafft man nicht, indem man Verbote aufstellt. Viel wichtiger: Was man befreien will, muss man lieben. Was man befreien will, darf man nicht bevormunden.

Bildung ist nicht alles, aber ohne Bildung ist alles nichts. Ein Staat, der einem Teil seiner Kinder de facto das Recht auf Bildung verweigert, hat keine Zukunft. Personen, die ihren Töchtern das Recht auf Bildung mit religiösen oder sonstigen Begründungen verweigern wollen, müssen den Druck der Gesellschaft zu spüren bekommen.

Integration ist keine bloße Aufgabe der Politik. Integration ist die Aufgabe von uns allen. Natürlich müssen Einwanderer integrationsbereit sein. Aber das ist nur die eine Seite. Genauso muss die Mehrheitsgesellschaft integrationsbereit sein. Es ist wahnsinnig frustrierend, wenn man trotz aller Bemühungen vor verschlossenen Türen und vor verschlossenen Herzen stehen muss.

Lasst uns hin und wieder stolz sein auf das gemeinsam Erreichte und nicht immer voller Inbrunst die Probleme wälzen. Probleme sind dazu da, gelöst zu werden, nicht um sich daran aufzugeilen.

Ich bin immer wieder überrascht, wie wenig wir voneinander wissen. Ich selber war erst mit Mitte 20 zum ersten Mal auf einer Taufe und mit Ende 20 bei einer kirchlichen Trauung. Ich kenne einige türkischstämmige Landsleute im Rheinland, die noch nie im Kölner Dom waren. Natürlich waren auch die meisten meiner »deutsch-deutschen« Freunde noch nie in einer Moschee, obwohl es mittlerweile doch viele Hundert in Deutschland gibt und einmal im Jahr der »Tag der offenen Moschee« veranstaltet wird.

Meine Meinung ist: Einwanderer, die keinen Kontakt zu Deutschen haben wollen, sollten umziehen. Zum Beispiel nach Saudi-Arabien. Ur-Deutsche, die in keiner modernen, vielfältigen Gesellschaft leben wollen, sollten umziehen. Zum Beispiel nach Nord-Korea – siehe oben ...

Ja, Einwanderung und Eingliederung sind sehr wichtige Themen. Aber wir müssen auch aufpassen, dass wir nicht die Relationen aus den Augen verlieren. Manche hierzulande gehen geradezu obsessiv mit dem Thema Einwanderung um. Denn wir leben in einer Welt, die sich noch ganz anderen Herausforderungen stellen muss: Klimawandel, Energieknappheit, Überbevölkerung, der Aufstieg Asiens, die Vergreisung Europas, die labilen Weltfinanzmärkte. Verglichen damit sind unsere Einwanderungsprobleme überschaubar. Wir hatten ja weder eine gesteuerte Einwanderungspolitik noch eine systematische Integrationspolitik. Trotzdem hat etwa ein Drittel aller Einwanderer gar keine spezifischen Probleme in Deutschland und umgekehrt. Das weitere Drittel kommt so lala zu Recht. Es ist das letzte Drittel, bei dem hinsichtlich Sprache, Bildung, Arbeit etc. Defizite bestehen. Ich will unsere Probleme nicht kleinreden. Wir sollten sie aber auch nicht unendlich aufblasen.

Ich glaube, wir können es schaffen, aus unserer Sprachlosigkeit und unseren Fehlern der Vergangenheit zu lernen, einander zu verstehen, zu akzeptieren und ein gesundes, der Kulturenvielfalt in unserem Lande Rechnung tragendes Menschenbild zu entwickeln. Ich hege die Hoffnung, dass meine persönlichen Erfahrungen, die exemplarisch sind für viele Immigranten, helfen werden, einander besser zu verstehen und sich anzunähern. Genau aus diesem Grund möchte ich Ihnen aus meinem Leben erzählen.

Berlin, im August 2011   *Mehmet Gürcan Daimagüler*

Einleitung

Bevor ich beginne, möchte ich Sie warnen: Bei mir handelt es sich um einen Hochstapler. Ich habe ein Doppelleben geführt. Nach außen hin war ich der Fleisch gewordene Traum eines jeden Integrationspolitikers: ein türkischer Junge in Deutschland, der Sohn von Gastarbeitern. Mein Klassenlehrer in der Grundschule wollte mich auf eine Sonderschule abschieben. Darauf hatte ich aber keine Lust. Ich habe mich gewehrt. Ich habe gekämpft. Und mich schließlich durchgesetzt. So bin ich zum Kämpfer geworden.

Mein Weg hat mich nach Amerika geführt. Ich wurde Absolvent der amerikanischen Eliteuniversitäten Harvard und Yale, anschließend erfolgreicher Rechtsanwalt und Manager. Ein Tausendsassa, der mit drei Dutzend Bällen gleichzeitig in der Luft jonglieren konnte. Ich war der erste Deutsch-Türke im Bundesvorstand einer deutschen Partei, der FDP, wurde überschüttet mit Preisen und Auszeichnungen. Die japanische Regierung war von einem meiner Wirtschaftspapiere so begeistert, dass sie mich gleich für vier Wochen nach Japan einlud. Der renommierte Elite-Verein »Atlantik-Brücke« ehrte mich als eine junge deutsch-amerikanische Führungskraft, als »Young Global Leader« des World Economic Forums schüttelte ich in Davos die Hände der Mächtigen dieser Welt und die Harvard University erklärte mich zum »rising star«.

Was für ein Witz, dachte ich mir schon damals. Ich ein »aufsteigender Stern«? Sie waren alle auf meine Hochstapelei reingefallen. Mein wahres Leben war für alle unsichtbar geblieben. Denn meine Geschichte ist nicht die eines Gewinners, sondern die eines Gescheiterten.

Die Hälfte meines Lebens habe ich in der Gewissheit existiert, meinen Vater ins Grab gebracht zu haben. Außerdem war ich ein

ein listiger Hochstapler, der nur mit Mühe seine Aggressionen unterdrücken konnte.

Ich wollte kein Sklave sein. Ich wollte nicht das Leben leben, das andere für mich vorbestimmt hatten. Nicht das Leben meiner Lehrer, nicht das Leben meiner Eltern. In der Philosophie gibt es eine Schule, die behauptet, man müsse von Dingen *wissen*, bevor man sie haben wolle oder machen könne. In meinem Fall ist das Unsinn. Ich hatte keine Vorstellung davon, was das Leben bieten kann. Ich wusste aber, dass ich kein Gastarbeiterdasein fristen wollte, immer auf der Hut vor Deutschland und seinen Gesetzen. Ich träumte nicht von Reichtum, aber ich träumte von meinem *eigenen* Weg, der mich wegführen sollte aus dem Dorf, dessen Schoß ich entstammte.

Aber vieles ging schief. Am Ende war ich unfreier denn je. Den Kampf gegen die Kontrolle durch andere gewann ich zwar, jedoch verlor ich dabei die Kontrolle über mich selbst. Ich pries öffentlich Freiheit, lebte aber tatsächlich selbst in Unfreiheit und ständiger Furcht vor der Entdeckung meiner wahren Natur. Am Ende musste ich erkennen: Es gibt kein Entkommen, wenn Verfolger und Verfolgter ein und derselbe sind. Diese Erkenntnis ist das ganz persönliche Jüngste Gericht. Ich weiß: Der Sünde Lohn ist der Tod. Jacques Derrida hat einmal gesagt: »Man bittet stets um Vergebung, wenn man schreibt.« Vielleicht stimmt das. In meinem Fall ist der Versuch allerdings vergeblich.

Wäre es mir möglich zu lieben, wäre es mir gar möglich, ein Land zu lieben, ich hätte die Türkei geliebt. Auf Türkisch sprach ich meine ersten Worte. In der Türkei beerdigte ich meinen Vater. Nie wird die Türkei für mich nur irgendein Land auf einer Weltkarte sein wie Burkina Faso oder Argentinien.

Hätte ich diese Fähigkeit der Liebe zu einem Land – ich hätte auch Deutschland geliebt. Auf Deutsch spreche und träume ich. Eines

Tages werde ich meine letzten Worte in deutscher Sprache sagen. Bin ich in der Welt unterwegs, fehlt mir Deutschland. Alles, was ich habe – auch wenn es nicht viel ist –, und alles was ich bin, verdanke ich meiner Familie und diesem – meinem? – Land, Deutschland.

Wie hätte sich meine Liebe zur Türkei von der Liebe zu Deutschland unterschieden, wenn ich Länder lieben könnte? Der Unterschied ist: In Deutschland bin ich zu Hause. Deutschland ist meine Heimat, auch wenn ich hier manchmal wie Dreck behandelt werde.

Ein anderer Unterschied: Manchmal hasse ich Deutschland. Dann spüre ich eine Mordswut in mir. Es gibt viele Situationen, wenn mir meine deutschen Landsleute zu verstehen geben, dass ich tun und lassen kann, was ich will, dass mein Unterfangen, hier anzukommen, aussichtslos ist, wenn ich manchmal wie Dreck behandelt werde. Einmal Ausländer, immer Ausländer. Es fällt mir dann schwer, mit dieser Hass-Beinahe-Liebe zu Deutschland und den Deutschen umzugehen. Wie soll man damit leben, wenn man sich so zerrissen fühlt? Nicht zerrissen zwischen alter und neuer Heimat – ich habe ja nur eine Heimat. Sondern zerrissen zwischen zwei Gefühlslagen, die einfach nicht in Einklang miteinander zu bringen sind.

Hass hin, Liebe her, eines ist sicher. Mittlerweile ist es mir egal, ob mich Deutschland akzeptiert oder nicht. Auch wenn es manchen nicht passt: Dies ist auch *meine* Heimat, *mein* Land. Auch *ich* bin das Volk! Ich lasse mich weder vertreiben noch herumschubsen. Wenn es jemand trotzdem versuchen will: Mein Name steht im Telefonbuch. Mal sehen, wer am Ende noch steht.

Niemand soll mich missverstehen. Ich habe die Moral nicht gepachtet. Ich gehöre nicht zu den Guten, sofern es sie geben sollte.

Ich bin mir der Halbschlechtigkeit meines Herzens und meiner Taten sehr bewusst. Ich habe funktioniert, solange ich konnte, aber jede Rolle ist eines Tages ausgespielt. Und wenn der Vorhang gefallen ist, fällt auch die Maske.

Deutsch-Türkische
Geschichte

Walter Ulbricht war ein Schmetterling. Mehr noch. Er war der Schmetterling meiner Familie, der uns farbig flatternd nach Deutschland geführt hat. Der Schmetterlingseffekt ist ein Prinzip der Chaostheorie. Demnach kann der Flügelschlag eines Schmetterlings in China einen Sturm in Kanada auslösen. Eine Veränderung der Ausgangssituation in einem Winkel der Welt hat also Konsequenzen in großer Entfernung. So war es auch bei uns.

Meine Eltern kamen als türkische Gastarbeiter nach Deutschland. Die Geschichte meiner Eltern und all der anderen Gastarbeiter beginnt mit der deutschen Teilung. Der Sozialismus als abstrakte Idee und der real existierende Sozialismus entpuppten sich wohl als zwei unterschiedliche Paar Schuhe. Das Resultat: Republikflucht.

Ab 1952 reagierte die DDR-Staatsführung auf den Flüchtlingsstrom mit Stacheldrahtabsperrungen an der innerdeutschen Grenze. Am 13. August 1961 wurde mit dem Bau der Berliner Mauer begonnen. Damit war auch das letzte Nadelöhr verschlossen.

In den 50er-Jahren wuchs das Bruttosozialprodukt der Bundesrepublik jährlich im Schnitt um sieben Prozent. Die Wirtschaft boomte, die Auslagen der Geschäfte bogen sich. Es herrschte Vollbeschäftigung und die westdeutsche Industrie rief nach fleißigen Händen. Doch woher nehmen und nicht stehlen?

Es war ein CDU-Kanzler, der sich im Ausland auf die Suche nach Arbeitern machte. Arbeiterinnen waren zunächst nicht gefragt. Konrad Adenauer schloss das erste Anwerbeabkommen für ausländische Arbeiter mit Italien. Dann ging es Schlag auf Schlag. Spanien und Portugal folgten. Schließlich schloss Adenauer auch mit der Türkei einen Vertrag. Das war im Jahr 1961.

Hätte nicht SED-Chef Ulbricht (»Niemand hat die Absicht, eine Mauer zu errichten ...«) seine eigene Bevölkerung belogen und eingesperrt, wären meine Eltern wohl in Istanbul geblieben. Des Einen Leid ist des Anderen Freud. Die DDR-Deutschen mussten bleiben, wo sie waren, damit wir kommen durften. Es war ihre Unfreiheit, die uns den Weg nach Deutschland ebnete. Ich habe es also Walter Ulbricht zu verdanken, dass ich Deutscher wurde: Weltpolitik bewegte Privates.

In dem Moment, wo sich neuere deutsche und türkische Geschichte trafen, entstand eine Schicksalsgemeinschaft zwischen Deutschen und den türkischen Einwanderern. Nur war dieses beiden Seiten damals nicht bewusst. Manchmal denke ich sogar, dass sich diesbezüglich in den letzten fast 50 Jahren nicht viel geändert hat. Einige Vertreter beider Seiten tun noch immer so, als könnten wir es uns leisten, nicht am Schicksal des anderen interessiert zu sein.

Viele schimpfen ja darüber, dass Einwanderer immer die schlechtesten Jobs zu den schlechtesten Löhnen bekommen und stets die Arbeit machen müssen, die die Einheimischen nicht wollen. Das stimmt ja auch. Aber gerade das liegt doch in der Natur der Sache. Wenn die Nachfrage nach Arbeitskräften durch inländische Arbeitssuchende befriedigt worden wäre, hätte man keine ausländischen Arbeiter gebraucht. Dazu kommt, dass die schlechteste Arbeit in Deutschland damals besser war als das, was die jungen Männer und Frauen in der alten Heimat finden konnten. Deutschland bot verhältnismäßig gut bezahlte Jobs und die Hoffnung auf den sozialen Aufstieg für sie selbst und ihre Kinder.

Die deutschen Arbeitsämter eröffneten also in vielen Mittelmeerländern Außenstellen und rekrutierten Menschen. Solche Außenstellen gab es in vielen Städten der Türkei, nicht nur in den großen des Westens. Auch in Zentralanatolien wurden Menschen angeworben. Die Faustregel war einfach: Je ungebildeter die Menschen, desto billiger waren sie. Und je billiger sie waren, desto besser war es für die deutschen Unternehmen. Dass diese Menschen kein Deutsch sprachen, war nicht weiter schlimm. Für die einfachen Tätigkeiten in den Minen, den Hochöfen und an den Fließbändern waren nur geringe Sprachkenntnisse erforderlich. Gesucht waren weder Dichter noch Denker, sondern Menschen, die anpacken konnten. Menschen wie meine Eltern. Außerdem würden sie ja ohnehin nach drei, vier Jahren zurück in die Heimat ziehen. Was sollte man ihnen groß über Deutschland beibringen? Und wozu sollte man bei den Deutschen für die neuen Nachbarn werben? Nur zwei Jahrzehnte zuvor hatten ja in Deutschland Millionen von »Fremdarbeitern« gearbeitet – wenngleich die meisten unter Zwang. Fremde in Deutschland waren also nicht unbekannt. Die Gastarbeiter der 1960er-Jahre kamen alle freiwillig ins Land. Aber auch sie sollten nur temporär bleiben. Sie zu einem Teil der Gesellschaft zu machen, erschien unsinnig.

Der Begriff »Gastarbeiter« war von Anfang an ein reiner Euphemismus. Man brauchte einen positiv klingenden Ersatz für das diskreditierte Wort »Fremdarbeiter«. Die Türken selbst nannten sich nie Gastarbeiter. Im Türkischen existiert dieses Wort nicht. Man ist entweder Gast oder Arbeiter, die Kombination beider Wörter empfinden Türken als paradox. Gäste arbeiten nicht. Deswegen sind es ja Gäste. Meine Eltern bezeichneten sich wie alle anderen Türken im Lande als »Gurbetci«. »Gurbetci« ist jemand, der »Gurbet« verspürt. »Gurbet« beschreibt die tiefe Sehnsucht eines Menschen nach der Heimat. Diese Haltung deckte sich mit den Erwartungen der deutschen Seite: Es war ein Pakt auf Zeit – Geld gegen Arbeit, keine Emotionen, nichts, was gegenseitiges Verständnis erfordert hätte. Das war die gemeinsame Geschäftsgrundlage.

Auch wenn es viele heute nicht gerne hören: Die Einwanderer der damaligen Zeit haben viel zum heutigen Reichtum Deutschlands beigetragen. Insbesondere ausländische Frauen haben viel bewirkt. Sie wurden für ihre harte Arbeit in der Regel schlechter bezahlt als deutsche Männer, deutsche Frauen und ausländische Männer, in dieser Reihenfolge. Viele dieser Frauen mussten ihre eigenen Kinder in der Heimat zurücklassen und in die Obhut von Verwandten, manchmal sogar Fremden geben. Die alleingelassenen Kinder haben oft einen hohen Preis zahlen müssen für den Wagemut der Eltern. Das eigene Kind zurückzulassen, erforderte viel Kraft, gerade für die Mütter. Die Leistungen der ersten Gastarbeiter beim Aufbau Deutschlands werden systematisch ignoriert oder kleingeredet. Manche Geister in diesem Land können und werden es uns nie verzeihen, dass wir dieses Land mit aufgebaut haben.

Identität: Wie ich wurde, der ich bin

Fühlst du dich mehr als Deutscher oder als Türke? Diese Frage wurde mir oft von meinen deutschen Freunden gestellt. Nie wusste ich auf diese Frage eine kluge Antwort zu geben. Wie *fühlt* man sich denn als Deutscher oder Türke? Was soll das für ein *Gefühl* sein, Germane oder Osmane zu sein? Ich weiß es einfach nicht. Kann man eine Nationalität überhaupt *fühlen*? Vielleicht wäre es einfacher gewesen, wenn ich gefragt worden wäre: Was *bist* Du? Die Antwort wäre: Bis 1992 war ich türkischer Staatsbürger. Danach wurde ich eingebürgert und war fortan Deutscher. Mir ist klar, dass der Pass in meiner Tasche keine Antwort auf die Frage ist, als was ich mich fühle. Der Fragende interessiert sich nicht für meine Staatsangehörigkeit. Es geht um mehr.
In Deutschland werde ich oft auch gefragt: »Wo kommst du her?« »Aus Berlin«. Nein, nein, ich meine *ursprünglich*. Auch die Ant-

wort »Aus Siegen« wird nicht so einfach hingenommen. »Nein, wo kommst du *wirklich* her?«, haken viele nach. »Ich bin geborener Siegener, aber meine Eltern stammen aus Istanbul.« Erst diese Antwort wird als solche akzeptiert. Das deutsche »Wo kommst du her?« will mehr wissen als den Geburtsort; es forscht nach der Abstammung, nach dem Blut.

In den USA ist das anders. Fragt mich ein Amerikaner: »Where are you from?«, und ich sage: »from Germany«, ist die Reaktion stets »great«, was dreierlei bedeuten kann:

a) Der Gesprächspartner findet Deutschland tatsächlich »great«;

b) er hat keine Ahnung, was »Germany« ist;

c) es ist ihm völlig wurscht, woher ich stamme, er wollte einfach nur nett sein.

Das mag zwar oberflächlich erscheinen, ist aber im Grunde schlicht ein freundlicher Gesprächseinstieg. Am Ende sind alle Amerikaner Einwanderer oder die Nachkommen von Einwanderern. Vielleicht sind sie deswegen bei dieser Frage so gelassen. Als kleiner Junge habe ich mir keine Gedanken über meine Identität gemacht. Haben kleine Kinder überhaupt eine Identität? Babys werden wohl keine haben, denke ich. Irgendwann fiel mir auf, dass meine Geschwister und ich anders sind als die anderen Nachbarskinder. Da war ich vielleicht drei oder vier Jahre alt. Mir fiel auf, dass wir auf der Straße eine andere Sprache benutzten als zuhause. Ich kann mich nicht daran erinnern, dass ich Deutsch nicht verstanden hätte. Ich kann mich aber daran erinnern, dass ich meine ersten deutschen Worte sprach. Das war bei Oma Philipine bei uns im Haus. Immer wenn sie etwas sagte, fragte ich mit großen Knopfaugen zurück: *Warum*? Ich meine, mich erinnern zu können, dass ich das Wort so schön fand. »Warum« klingt gut, finde ich. Meine Warum-Fragerei muss nervtötend gewesen sein. Aber Oma Philipine beantwortete jede meine Fragen geduldig. »So, heute muss der Schnee vor der Tür weggeschippt werden.« Warum? »Weil wir sonst hinfallen und uns wehtun.« Ach so. Dieses »Ach so« war meine Standardantwort. »Heute backe ich einen Kuchen.« Warum? »Weil Tante Margarethe Geburtstag hat.« Ach so. »Sonntags wird nicht gearbeitet.« Warum? Weil der Sonntag der Tag des Herrn ist. Da geht man in die Kirche und betet. Ach so. In die Kirche sind wir Daimagülers nicht gegangen, aber dieses Frage-Antwort-Spiel hat mir wahrscheinlich den Weg in die deutsche Sprache geebnet.

Ich machte mir also keine großen Gedanken über meine Identität, aber ich realisierte durchaus, dass ich anders war. Mit der Zeit wurde ich immer mehr zum Türken, den es *zufällig* und vorübergehend nach Deutschland verschlagen hatte. Denn die Gespräche der Erwachsenen zuhause drehten sich immer um die Türkei und die geplante Rückkehr, die spätestens in einem oder zwei Jahren stattfinden sollte. Unser Leben in Niederschelden war nicht unser wirkliches Leben. Es war ein Provisorium. Jedenfalls für die Erwachsenen. Für uns Kinder war es eigentlich kein Provisorium, es war unser wirkliches Leben. Wir freuten uns zwar wie die Irren auf den jährlichen Urlaub in der Türkei, aber zuhause waren wir schon in Niederschelden. Eigentlich. Denn zugleich wussten wir ja, dass es irgendwann »zurück« gehen würde. Und dann würden wir ein ganz tolles Leben haben. Wir würden in einem schönen Haus wohnen, das Meer ganz nah. Wir könnten unsere Verwandten sehen, wann immer wir wollten. Auf dem Basar könnten wir all die leckeren Sachen kaufen, die es in Deutschland nicht gab. Vor allem aber würden Vater und Mutter nicht so viel und hart arbeiten müssen. Dann würden wir *richtig* zuhause sein. So lautete dann auch jede zweite Antwort meiner Eltern auf eine Frage von uns Kindern: Türkiye'ye temeli gidince. Wenn wir für immer zurück in die Türkei gehen. Mami, kann ich einen Hund haben? Ja, wenn wir für immer zurück in die Türkei gehen. Papi, kann ich ein Fahrrad haben? Türkiye'ye temeli gidince. Wenn wir neue Klamotten kauften, durften wir sie manchmal nicht anziehen. Die sind für den Urlaub geplant. Wir sollten ja im Urlaub ordentlich aussehen. Blöd fand ich es trotzdem, wenn ich mein neues T-Shirt erst nach vier Monaten anziehen durfte.

Ich hätte es damals nicht so ausdrücken können, aber ich war noch keine sechs Jahre alt und führte schon ein seltsames Leben. Ein »vorläufiges« Leben. Das richtige sollte erst losgehen, wenn meine Eltern genug Geld auf die Seite gelegt hatten, um mit dem Ersparten zurück in die alte Heimat zu gehen. Allerdings war es *ihre* Heimat, nicht meine. Ich sollte mich sehnsüchtig auf eine *Rückkehr* freuen. Aber wie sollte ich *zurückkehren*, wenn ich nie weggegangen war?

»Wenn wir also in Deutschland nicht zuhause sind, wenn wir in der Türkei unser wirkliches Zuhause haben, dann werde ich wohl Türke sein«, mag ich mir gedacht haben. Meine türkische Identität wurde vor allem durch unsere »baldige« Rückkehr in die Türkei entwickelt.

Diese Rückkehr erwarteten ja auch die meisten Deutschen von uns. Mit der Zeit wurde mir das immer klarer. Nicht nur, weil ich mindestens einmal in der Woche gefragt wurde, wann es denn »zurück in die Heimat« ginge. Sondern weil ich mich sehr früh für Politik interessierte. Ich war 14 Jahre alt, als Helmut Kohl nach der »Wende« Bundeskanzler wurde.

Eines der ersten Projekte der neuen Regierung unter seiner Führung im Herbst des Jahres 1982 war die sogenannte »Rückkehrprämie«: Für die Bereitschaft, Deutschland wieder zu verlassen, sollten Ausländer 10.500 DM erhalten. Das Signal war klar und wurde von beiden Seiten, Deutschen wie Ausländern, gleichermaßen verstanden: »Ihr habt Eure Schuldigkeit getan, jetzt geht bitte, wir wollen Euch hier nicht mehr.« Ich erinnere mich noch, wie Norbert Blüm wortreich diese Idee präsentierte und wie elend ich mich fühlte. So sehr ich nach außen die Türkei verherrlichte, so sehr wusste ich innerlich, dass dieses Land für mich nur noch die ferne Idee einer Heimat war, eine Fata Morgana. Das war wohl unser türkischer Reflex auf den deutschen Reiz der Ablehnung. Diese politische Initiative hatte mich tief verletzt. Ich hatte gerade begonnen, mir zaghaft Gedanken über meine Identität zu machen. Aber die Anderen, die Deutschen, wussten ja längst, was ich war: »der Türke«. Nichts anderes. Und vor allem nicht *mehr*.

Manche unserer türkischen Freunde nahmen das Angebot an. Für viele meiner Freunde endete das in einer Tragödie. Meine gleichaltrigen Freunde kamen in der Schule nicht zurecht. Viele konnten die Lehrer nicht einmal verstehen, sie sprachen ja kaum Türkisch. Dann gab es von den Lehrern Ohrfeigen. Die Schulkameraden machten sich über sie lustig und beschimpften sie als »Almanyaci«, als »Deutschländer«. Während die Eltern ihre wiedergefundene Heimat zelebrierten, fühlten sich die Kinder fremd. Manchmal sehe ich meine Freunde in Istanbul. Viele sind gescheitert, innerlich zerbrochen. Oft sind Alkohol und Drogen im Spiel. Wenn ich sie sehe, wollen sie immer über alte Zeiten sprechen. Erinnerst du dich noch an den alten Herrn Schmidt, der immer schimpfte, wenn wir über seinen Rasen liefen? Gibt es die Erdkundelehrerin Frau Hofmann noch? In jedem Wort und jedem Satz höre ich die Sehnsucht nach der verlorenen Heimat heraus und weiß nie, wie ich damit umgehen soll.

Ob Herr Blüm sich wohl jemals Gedanken darüber gemacht hat, was er diesen Kindern angetan hat? Ob sich die Eltern jemals die Zusammenhänge ihres Entschlusses mit dem Scheitern ihrer Kinder bewusst gemacht haben?

Ich habe meine Mutter einmal gefragt, was sie anders gemacht hätte, wenn sie gewusst hätte, dass sie nicht für drei Jahre, sondern für immer nach Deutschland kommt. Sie sagte bloß: alles. Sie hätte sich überlegt, ob sie überhaupt die Türkei verlässt. Es sei ein Unterschied, ob man vorübergehend oder für immer die Heimat verlässt. Heute sei es einfacher. Heute könne man ins Flugzeug steigen und sei in drei Stunden in Istanbul. Aber damals waren die Entfernungen noch wirkliche Entfernungen. Man verließ eine vertraute Umgebung und kam in eine andere, fremde Welt. Wenn sie sich dazu entschlossen hätte, wirklich nach

Deutschland auszuwandern, dann wäre sie weniger naiv gewesen. Sie hätte sich genauer überlegt, worauf sie sich einlässt. Sie hätte sich genauer informiert über Deutschland und die Deutschen. Sie hätte Deutsch gelernt und in Deutschland ein Haus gebaut, anstatt eine Eigentumswohnung in Istanbul zu kaufen.

Meine Mutter steht mit ihrer Erfahrung nicht allein da. So wie ihr ging es jedem, der sich damals vom Bosporus auf den Weg machte. Meine Mutter und ihre Freundinnen sitzen manchmal zusammen und sprechen über die alten Zeiten. Oft müssen sie lachen, wenn sie daran denken, wie blauäugig und unvorbereitet sie sich auf das Abenteuer Almanya eingelassen hatten.

Viele der heutigen Integrationsdebatten würden wohl anders verlaufen, wenn alle Beteiligten – eben auch die Deutschen – gewusst hätten, dass hier etwas Endgültiges, Unumkehrbares passiert. Viele der Debatten wären sogar überflüssig, weil beide Seiten ihren Teil dafür getan hätten, dass die Menschen hier ankommen und nicht Jahr für Jahr und Jahrzehnt für Jahrzehnt auf gepackten Koffern gesessen hätten, geistig wie körperlich. Immer wenn meine Eltern etwas kauften, z. B. einen neuen schönen Fernseher, hieß es: Nein, der bleibt eingepackt und wird im Sommer in die Türkei gebracht. Den nutzen wir, wenn wir zurück in der Heimat sind. Wenn meine Eltern, wenn unsere deutschen Nachbarn, wenn die Politiker geahnt hätten, dass wir bleiben, dann wäre vieles anders und vermutlich auch besser gelaufen. Doch diese Gedanken sind müßig, unnütz – wenn, falls, hätten, sollten.
Ich fühlte mich nicht »zerrissen zwischen den Kulturen«, wie es so schön heißt. Worunter ich als Kind tatsächlich litt, das war die ständige Unsicherheit. Ich schwankte bei einer der zentralsten Fragen, die ein Mensch haben kann: Wo ist deine Heimat? Wo gehörst du hin? Ovid hat einmal gesagt: »Heimat ist dort, wo man deine Sprache versteht.« Das ist Quatsch, denn dann wäre die Antwort ganz einfach gewesen. Mein Deutsch war prima. Trotz-

dem konnte ich damals nicht überzeugend sagen: Deutschland ist meine Heimat.

Als ich 18 oder 19 Jahre alt war, schlug ich meiner Mutter vor, dass wir uns alle um die deutsche Staatsangehörigkeit bemühen sollten. Meine Mutter war so entrüstet, wie ich sie selten erlebt hatte. »Ich habe euch doch nicht geboren, damit ihr Deutsche werdet.« Damals verstand ich sie nicht. Wir lebten doch in Deutschland und die Rückkehr ins gelobte Land am Bosporus war und blieb in weiter Ferne. »Was hat sie gegen Deutschland?«, fragte ich mich damals. Erst später verstand ich, dass es meiner Mutter nicht um Deutschland ging. Sie hatte einfach Angst davor, dass unsere Familie zerbricht. Sie hatte Angst davor, dass sie vielleicht als Türkin in die Türkei zurückkehren würde, wir Kinder aber als Deutsche in Deutschland bleiben würden. Es dauerte einige Jahre, bis sie diese Ängste verlor. Irgendwann wurden wir dann doch alle Deutsche. Eines Tages sah ich, wie sie in Istanbul ihren Freundinnen stolz ihren deutschen Reisepass präsentierte. Doch bis dahin war sie einen langen, oft schmerzhaften Weg gegangen.

Ausländerbehörde: Kleine Beamte, große Macht

Nirgends wurde unser Status des Nicht-Dazugehörens, der Status unserer vorläufigen Existenz in Deutschland so deutlich wie bei der Ausländerpolizei in der Siegener Altstadt. Sie war die wichtigste Behörde für uns. Einmal im Jahr mussten wir dort antreten. Die Beamten hinter ihren Schreibtischen entschieden über unser Leben. Sie konnten die Aufenthaltsgenehmigung verlängern oder auch nicht. Natürlich waren sie an Gesetze gebunden. Aber sie hatten einen großen Entscheidungsspielraum. Ist eine 60 Quadratmeter-Wohnung für eine fünfköpfige Familie groß genug im

Sinne des Gesetzes? Sind 1.200 DM genug Einkommen für ein Paar mit drei Kindern? Die Beamten hatten Spielraum, und sie nutzten ihn meistens zum Nachteil von uns Ausländern.

Bei meinen zahlreichen Besuchen bei der Ausländerbehörde gewann nicht nur ich den Eindruck, dass die Beamten dort ihr Hauptaugenmerk nicht darauf richten, Ausländern Aufenthaltstitel zu geben, sondern vielmehr darauf, sie loszuwerden.

Eines von uns Kindern war immer dabei, wenn Vater oder Mutter zum Amt mussten. Wir haben uns nicht gerade darum gerissen. Schließlich war es schrecklich langweilig, stundenlang auf dem Flur zu warten, bis man endlich hereingerufen wurde. Außerdem war es entsetzlich beschämend anzusehen, wie klein die Eltern im Angesicht der Staatsmacht, personifiziert durch diese Amtsräte, wurden. Aber einer von uns musste immer in den sauren Apfel beißen, da das Deutsch meiner Eltern nicht so gut war und sie uns als Übersetzer brauchten. Mit der Zeit verschob sich dadurch auch das Eltern-Kinder-Verhältnis. Denn in diesen Situationen erlebte ich meine Eltern nicht nur als Bittsteller gegenüber dem Staat, sondern auch als abhängig von uns. Ohne uns kamen sie in diesen Situationen einfach nicht zurecht. Natürlich mussten das auch meine Eltern bemerken. Gerade für meinen Vater war es schwer, dies zu akzeptieren. Für ihn war Autorität sehr wichtig. Kinder mussten ihre Eltern respektieren, und dieser Respekt zeigte sich auch in den Umgangsformen. Zum Beispiel mussten wir aufstehen, wenn er ins Zimmer kam; so kannte er es von seinem Vater. Aber plötzlich begann er zu fühlen, dass seine Kinder ihm entglitten. Obgleich wir unter demselben Dach wohnten, lebten wir in völlig verschiedenen Welten.

Das Sprachproblem meiner Eltern führte teilweise zu absurden Situationen. An Elternsprechtagen, an denen viele meiner Lehrer eigentlich vertraulich unter Erwachsenen über meine Leistungen sprechen wollten, saß ich mit am Tisch und übersetzte in eigener Sache, ohne dass die eine oder die andere Seite kontrollieren konnte, ob ich richtig oder falsch übersetzte. Natürlich machte ich mir das zu Nutze: Lob und gute Bewertungen gab ich sehr genau wieder, Kritik und Tadel hingegen sehr unpräzise.

Zusammengefasst kann man sagen: Erst hatte ich gar keine Identität, dann war Identität für mich uninteressant, danach war ich verwirrt, später noch immer verwirrt, aber immerhin Türke. Glaubte ich. Dass ich kein Deutscher sein konnte, wurde mir schließlich wiederholt klar gemacht, spätestens auf dem Ausländeramt. Dort war ich nur eine Nummer, abhängig von den dortigen Beamten.

Ausländerpolitik und Menschwerdung

Es gehörte bis vor etwa 10 Jahren zum Wahnsinn unseres Ausländerrechts, dass junge Menschen in Deutschland geboren wurden, hier aufwuchsen, kein anderes Land kannten und trotzdem qua Gesetz als Fremde galten. Es macht einen großen Unterschied, ob man mit dem sicheren Gefühl aufwächst, dazu zu gehören, oder ob man einen Status zugebilligt bekommt, der kaum besser ist als der, den jeder Tourist im Land genießt. Es macht einen großen Unterschied, ob man Bürger oder nur Objekt der Ausländergerichtsbarkeit ist. Diese Ausländergerichtsbarkeit ist juristisch betrachtet noch immer Teil des »Polizei- und Ordnungsrechts« und dient der »Gefahrenabwehr«. Entsprechend wird man behandelt, nicht nur von den Beamten, sondern auch von vielen x-beliebigen Deutschen: als Fremder, der eine potenzielle Gefahr darstellt und deswegen mit dem gehörigen Maß an Misstrauen zu behandeln ist.

Niemand ist eine Insel. Die Persönlichkeit und die Identität eines Menschen entwickeln sich im Zusammenspiel mit seiner Umwelt. Ein Mensch, der in existenzieller Unsicherheit aufwächst, wie etwa mit der Frage, ob er in seiner Heimat lebt oder nicht, wird tendenziell kein in sich ruhender und selbstsicherer Mitmensch. Stattdessen entwickelt sich (wiederum tendenziell) ein seiner selbst nicht gewisser Mensch, der in Sachen Sozialkompetenz nicht so stark ist, wie er unter anderen, besseren Umständen hätte sein können. Mir ging und geht es jedenfalls so.

Die rot-grüne Bundesregierung unter Gerhard Schröder hat im Jahr 2000 ein neues Staatsangehörigkeitsrecht aus der Taufe gehoben. Wer in Deutschland geboren wird, ist Deutscher. Punktum. Im Jahr 2010 kam die PISA-Studie zu überraschenden Ergebnissen: Zuwandererkinder hatten sich stark verbessert und holten fast ein ganzes Schuljahr auf. Auch in Bezug auf die Kenntnisse über Deutschland und dessen politische Strukturen ergaben sich überraschende neue Erkenntnisse. Demnach wissen gemäß einer Studie der Universitäten Würzburg, Hamburg und Mannheim Jugendliche aus Einwandererfamilien genauso viel über bundesdeutsche Politik und Demokratie wie ihre deutschen Mitschüler.

Beide Phänomene konnten von Wissenschaftlern nicht schlüssig gedeutet werden. Meine persönliche Theorie ist: Man darf die Wirkung des neuen Staatsangehörigkeitsrechts auf Eltern und Kinder aus Einwandererfamilien nicht unterschätzen. Wenn die Betroffenen davon ausgehen, dass sie endgültig eine Heimat gefunden haben – und der deutsche Pass ist ein Garant dafür –, dann setzt eine ganz andere Integrationsdynamik ein. Die Menschen identifizieren sich mit Deutschland, sie wollen bleiben und hier etwas aus sich machen. Eltern geben viel stärker Acht, dass ihre Kinder schon in Deutschland die Lernziele erreichen, und verschieben ihre Bildungsbemühungen nicht mehr in die Zukunft in der ursprünglichen Heimat.

Meine drei Halbschwestern haben 1974 die Türkei verlassen und sind ausgewandert. Anders als meine Eltern sind sie nach Kanada gegangen. Schon drei Jahre später waren sie kanadische Staatsbürger. Wir haben 30 Jahre gebraucht, um einen deutschen Pass in Händen halten zu dürfen. Die Kinder meiner Halbschwestern sind als Kanadier geboren. Sie sind als stolze und gleichberechtigte Bürger ihres Landes aufgewachsen. Sie verbringen gerne alle Jahre einmal ihren Sommerurlaub in der Türkei, der Heimat ihrer Eltern. Zuhause aber sind sie in Kanada. Entsprechend haben sie ihr ganzes Leben darauf ausgerichtet: Schule, Studium, Beruf. Viele der Integrationsthemen, die uns in Deutschland tag ein und tag aus beschäftigen, kommen ihnen bizarr und unverständlich vor.

Während es im Staatsangehörigkeitsrecht Fortschritte gab, hinken wir beim Thema Einwanderungsgesetz immer noch den wirtschaftlichen und sozialen Verhältnissen hinterher. Noch immer kommen Ausländer nach Deutschland, um bei uns zu studieren. Das ist gut. Sie tun es auf Kosten des Steuerzahlers, was auch noch tragbar ist. Kaum sind sie aber fertig und damit in der Lage, unsere Investition in ihre Köpfe zurückzuzahlen, indem sie der deutschen Volkswirtschaft zur Verfügung stehen, schickt man sie weg. Zugleich fehlen uns an allen Ecken und Enden Fachkräfte. Ins gleiche Muster fällt, dass ausländischen Ärzten, Wissenschaftlern und Ingenieuren mit Auslandsdiplomen deren Anerkennung verweigert wird. Spitzenakademiker putzen Toiletten und fegen Straßen. Das ist gesetzlich determinierter Unsinn, den wir uns weder leisten können noch leisten sollten. Genau so wenig hilfreich ist die Haltung, es sei »nationalistisch«, ein Einwanderungsrecht zu schaffen, das darauf achtet, wer nach Deutschland kommt. Die Familienzusammenführung und das Asylrecht sollten nicht weiter angetastet werden. Abgesehen davon ist es legitim, dass ein Land sich bei der Einwanderung auch an seinen sozialen und ökonomischen Interessen orientiert.

Utopie Chancengleichheit

Ich neide anderen Menschen ihren Wohlstand nicht. Auch ererbten Reichtum gönne ich jedem. Es geht mir allerdings ziemlich auf die Nerven, wenn ich ausgerechnet von gut betuchten Menschen höre, dass in Deutschland Chancengleichheit herrsche. Das ist totaler Blödsinn! Ein armes Kind kann mit einem reichen Kind nicht mithalten. Das Kind ausländischer Eltern wird in der Regel von seinen deutschen Mitschülern locker abgehängt. Ist man dummerweise arm *und* Ausländer, sieht es entsprechend düster aus. »Du hast es doch auch geschafft«, sagen mir manchmal selbst enge Freunde, um meine These zu entkräften. Sollte ich »es« wirklich geschafft haben, dann bin ich die traurige Ausnahme von der Regel.

Eine Studie der Universität Oldenburg beweist, dass sogar der Vorname eines Kindes darüber mitentscheidet, welche Noten es bekommt. Vorurteile sind demnach unter Lehrern weit verbreitet. Kinder mit bestimmten Namen werden von ihren Lehrern besser oder schlechter benotet. Wer Jacqueline oder Ronny heißt, hat es viel schwerer als Marie und Phillip. Wie ergeht es wohl einer Fatma oder einem Javier?

Ich kenne viele Fälle von Einwandererkindern, die auf Sonderschulen abgeschoben wurden, bloß weil ihre Deutschkenntnisse mangelhaft waren. Im Zweifel werden Einwandererkinder auf die Hauptschule geschickt, obwohl sie es auch auf der Realschule oder auf dem Gymnasium schaffen könnten. Es ist ein Märchen, dass ausländische Eltern generell weniger bildungsorientiert seien als deutsche. Dagegen sprechen nicht nur die Zahlen, sondern auch meine persönliche Erfahrung. Ich kenne genügend türkische Familien, wo die Mutter putzen geht oder der Vater Überstunden schiebt, damit die Kinder Nachhilfeunterricht bekommen oder auf Klassenfahrt gehen können. Bei uns zuhause war es auch so. Zwischen Jungen und Mädchen wurde dabei nicht unterschieden. Wenn aber die Anstrengungen der Eltern auf Mauern aus Ignoranz und Vorurteilen im Bildungssystem stoßen, bleiben ihre Mühen vergeblich. Natürlich gibt es auch genügend türkischstämmige Eltern, denen die Ausbildung ihrer Kinder nicht wichtig ist oder die einfach zu überfordert sind. Aber die Regel ist das sicher nicht. Es mag so manchen hierzulande überraschen: Auch türkische Eltern lieben ihre Kinder und wollen für sie nur das Beste.

Meine Eltern und die Freunde meiner Eltern arbeiteten alle in Fabriken und Bergwerken. Sie malochten am Fließband oder an Hochöfen, wo die Hitze trotz der Schutzanzüge unerträglich war. Sie alterten schnell und litten schon mit 40 Jahren an Rheuma, Herzbeschwerden und Rückenproblemen. Keiner von ihnen wünschte sich für die Kinder ein ähnliches Schicksal. Wir Kinder sollten es einmal besser haben. Doch es mangelte an Wissen und Vorbildern. Meine Eltern hatten keine Ahnung vom deutschen Bildungssystem. Woher sollten sie auch den Unterschied zwischen einer Hauptschule und einem Gymnasium kennen – sie, die selbst nie auf einer Schule gewesen waren? Zudem fehlte es an Vorbildern »wie uns«, die auf eine Schullaufbahn und eine Karriere zurückblicken konnten. Es gab einfach keine türkischstämmigen Unternehmer, Ärzte oder Anwälte. Alle Türken, die wir kannten, kämpften mit den gleichen Sorgen und den gleichen Alltagsproblemen. Ein Vorbild ist viel wert. Es kann nicht nur erklären, worauf man achten muss. Viel wichtiger ist, dass es der lebende Beweis dafür ist, dass man trotz aller Widrigkeiten Erfolg haben kann.

Heute *gibt* es in Deutschland prominente Deutsch-Türken. Man sieht sie überall. In der Politik, in der Wirtschaft, im Sport. Als ich ein Kind war, in den 1970er- und 80er-Jahren, gab es niemanden, zu dem ich oder meine Geschwister hätten aufblicken können, wenn es um Anerkennung in der Schule oder im Beruf ging. Wir haben es trotzdem geschafft. Wir waren die einzigen Türken in unserer Straße. Und die einzigen, die das Abitur gemacht haben. Dass wir so weit kamen, widerlegt nicht meine These, sondern ist die Ausnahme von der Regel. Ich kenne genug intelligente junge Deutsch-Türken, die genauso klug sind wie jeder andere, aber trotzdem ein Leben lang mit Aushilfsjobs über die Runden kommen müssen. Das ist eine menschliche und, für unser Land gesehen, auch eine ökonomische Katastrophe.

Nach der Schule geht es ja weiter. Gehört man in Deutschland einer bestimmten Schicht an, dann ist so ziemlich alles im Leben einfacher: Schule, Beruf und Erfolg. Man ist erfolgreich, weil man diesen Hintergrund hat. Man wird noch erfolgreicher, weil die Chefs den gleichen Stallgeruch haben und diesen auch um sich haben wollen.

Die Boston Consulting Group gilt als exklusivste und anspruchsvollste Unternehmensberatung der Welt. Anders als die Berater vom Hauptkonkurrenten McKinsey, die den Ruf brutaler Kostensenker haben, genießen »BCG«-Berater ein Ansehen als kreative und strategisch denkende Köpfe. Gemeinsam ist beiden Unternehmen, dass sie sehr wählerisch bei der Auswahl ihrer Berater sind. Die Bewerbungsprozesse sind langwierig, und die Hürden zum begehrten Anstellungsvertrag sind hoch. Man munkelt, dass nur etwa ein Prozent aller Bewerber tatsächlich angenommen wird. Als ich mich für das erste Bewerbungsgespräch und die Tests im Frankfurter Büro von BCG einfand, saßen dort etwa 30 junge Männer und Frauen. Mit einigen unterhielt ich mich in den Pausen und merkte schnell, dass das ein bunter Haufen war. Das galt beruflich – neben den üblichen BWLern gab es einen Theologen, einen Arzt und eine Frau, die Jahre am Südpol verbracht hatte und ihre Doktorarbeit über das Paarungsverhalten von Königspinguinen geschrieben hatte. Das fand ich toll. Die meisten schienen mir aus bürgerlichen und großbürgerlichen Haushalten zu stammen. Aber es gab eben auch einige wie mich, die als erste aus ihren Familien studiert hatten. Zwei Monate später, an meinem ersten Arbeitstag als stolzer Jungberater, traf ich einige der Co-Kandidaten wieder. Die Mischung jener, die es geschafft hatten, war noch immer bunt.

Bei BCG gilt das Motto: »Grow or go«. Entweder wird man innerhalb einer bestimmten Frist auf die nächst-höhere Beraterstufe befördert, oder man verlässt die Firma. Nach jedem Projekt, an dem man als Berater für einige Monate gearbeitet hatte, wurde man, wie in der Schule, benotet. Da gab es Punkte für Analytik, Kommunikation und Kundenbetreuung. Je nach Punktzahl wurde man am Ende befördert oder eben nicht.

Die Firma gab sich also große Mühe, »objektive« Kriterien für Beförderungen anzuwenden. Viele mussten gehen, einige konnten aufsteigen. Vom kleinen Juniorberater über den Consultant und Projektleiter bis hin zum Olymp der Partner. Die Partner sind Eigentümer der Firma. In der Welt der Unternehmensberatung sind sie so etwas wie Götter, die man zwar nicht anbeten, aber ihnen doch täglich huldigen muss. Je weiter es nach oben ging, desto mehr schrumpfte die individuelle Vielfalt. Zwar gab es unter den Partnern immer noch Betriebswirte neben Juristen und Ingenieuren. Aber alle diese Betriebswirte, Juristen und Ingenieure waren die Söhne von Betriebswirten, Juristen und Ingenieuren. In der Tat waren es meistens Söhne, denn Frauen waren in den oberen Etagen ebenso rar gesät wie Arbeiterkinder oder Ausländer.

Das kann nicht nur daran liegen, dass Akademikerkinder fachlich kompetenter oder fleißiger sind als Arbeiterkinder. Im Laufe meiner Karriere habe ich gesehen, dass der richtige Stallgeruch entscheidend ist. Es kommt nicht nur darauf an, *was* man sagt, sondern auch *wie* man es sagt, wie man sich *gibt*, wie man sich *bewegt*. Es sind Kleinigkeiten, an denen erkennbar wird, ob man dazugehört oder nicht.

»Man muss sich nur genug anstrengen. Dann kommt der Erfolg ganz von selbst.« Ein motivierendes Motto, aber leider belehrt uns die Realität eines Besseren. Harte Arbeit reicht nämlich nicht. Irgendwann stößt man mit dem Kopf an eine unsichtbare Decke. Souveränität ist in der Welt des Managements entscheidend. Wer souverän ist, verhält sich wie jemand, der weiß, dass er dazugehört. Er kann mit der Kleiderordnung und den Verhaltenscodes sogar spielerisch umgehen. Das hat meinen Kollegen, die aus dem großbürgerlichen Milieu stammen, ganz enorm geholfen. Denn sie wussten von Kindesbeinen an, worauf es ankommt, weil es ihnen antrainiert worden war. Ich als »Aufsteiger« wirkte dagegen immer unsicher.
Souveränität ist das Gegenteil von Angst haben und zeigen. Souverän wird man am besten, wenn man ohne Angst aufwächst.

Damit meine ich nicht, dass man sich im Leben *mal* vor etwas fürchtet. Ich meine damit, dass man ein Leben führen darf, das frei ist von elementaren Bedrohungen – so, dass man nicht weiß, ob man in Zukunft ein Dach über dem Kopf haben wird, ob man den Kindern genug Essen auf den Tisch setzen kann, ob einem die Aufenthaltserlaubnis gegeben wird oder nicht. Spielen solche Ängste eine Rolle im Leben, dann kann einem ein Brief von der Behörde oder dem Gericht, per Einschreiben zugestellt, vor Furcht die Luft zum Atmen nehmen. Man öffnet dieses Schreiben mit zitternden Händen. Wer so etwas nicht erlebt hat, kann sich das gar nicht vorstellen.

Umgekehrt kann jemand, der so etwas erlebt hat, nicht nachvollziehen, wie selbstsicher und souverän manch einer durchs Leben marschiert. Wächst man als Kind in einer solchen Atmosphäre der Angst auf, wird man die Unsicherheit, die sich tief im Herzen einnistet, niemals verlieren. Ich jedenfalls stehe noch heute am Rande eines Herzinfarkts, wenn ich am Abend in meinem Briefkasten eine Einschreiben-Benachrichtigung finde.

Vor einiger Zeit gab es in Tageszeitungen ganzseitige Anzeigen von einem Unternehmerverband. Prominente warben dort für die Marktwirtschaft. Unter anderem forderte der Milliardenschwere Erbe eines Großverlages zu »mehr Unternehmergeist und Mut« in der deutschen Gesellschaft auf. Auch ich finde, »mehr Unternehmergeist und Mut« würden Deutschland gut tun. Ich finde es aber lächerlich, dass gerade ein reicher Erbe dazu aufruft. Was versteht der von Mut und Unternehmergeist? Was riskieren Leute wie er? Gründet er ein Unternehmen und es floppt? Na und? Dann lebt er weiter wie immer. Für andere Menschen bedeutet ein gescheiterter Ausflug in die Freiberuflichkeit ein Leben am Rande der Gesellschaft. Von einer privaten Insolvenz erholt sich in Deutschland niemand so leicht. Die Wahrscheinlichkeit, dass er scheitert, ist bei jemandem wie dem Verlegersohn sowieso geringer. Wohlsituierte Bekannte von mir haben ein Unternehmen gegründet. Das Gründungskapital kam von der Familie. Das ist schon einmal die halbe Miete. Von einer Bank ein Darlehen zu bekommen, um ein Unternehmen aufzubauen, ist in Deutschland nach meiner Erfahrung ein Ding der Unmöglichkeit – jedenfalls, wenn man keinen wohlhabenden Bürgen hat. Dann ging es damit weiter, dass prominente Freunde den Aufsichtsrat der neuen Firma meiner Bekannten stellten. Andere Freunde sorgten dafür, dass ihnen die Türen zu potenziellen Kunden geöffnet wurden. Alles lief prima. Das Wichtigste war aber, dass meine Bekannten bei allem, was sie taten, vollkommen selbstsicher und souverän auftraten. Diese Selbstsicherheit und Souveränität übertrugen die Kunden – bewusst oder unbewusst – auch auf die Dienstleistungen des neuen Unternehmens. Der wirtschaftliche Erfolg war fast schon vorprogrammiert.

Ich gönne meinen Bekannten und auch sonst jedem von Herzen jeglichen Erfolg im Leben. Aber Leute, die mit allen Privilegien ganz selbstverständlich aufgewachsen sind, sollen mir bitte nicht predigen, mutiger und aufgeschlossener im Leben zu sein.

Ich war Mitglied im Bundesvorstand der FDP. Aber in der Politik wird man gewählt. Doch in der Wirtschaft sieht das ganz anders aus. Da reicht es völlig aus, wenn ein paar Leute der Meinung sind, Sie seien die richtige Person für einen Job. Dort bleibt man unter sich. Untereinander verzeiht man sich Verstöße gegen den Code, während jene, die nicht dazu gehören, gnadenlos abgekanzelt werden. Ich habe einmal für einen Verlag gearbeitet. Eines Tages wurde ich zu einem der Geschäftsführer bestellt. Pünktlich stand ich im Sekretariat, musste mich aber gedulden, weil der Herr noch beschäftigt war. Ich wartete eine Weile, als mein Telefon klingelte. Es war ein Dienstgespräch. Ich nahm den Anruf an und besprach etwas mit dem Kollegen, als die Tür aufging und ich hereingebeten wurde. Ich beendete das Gespräch und folgte dem Geschäftsführer. Am selben Tag wurde ich zu meinem Vorgesetzten gerufen. Er tadelte mich, weil es ein Verstoß gegen die Gebote der Höflichkeit gewesen sei, im Vorzimmer der Geschäftsführung zu telefonieren. Mein Hinweis, dass es dienstlich gewesen sei und es gleichermaßen ein Verstoß gegen die Gebote der Höflichkeit sei, mich trotz einer Verabredung warten zu lassen, zählte nicht. Einige Tage später traf ich wieder auf diesen Geschäftsführer. Eine Konferenz stand an und wir begannen pünktlich. 15 Damen und Herren lauschten den Worten des Geschäftsführers, als die Tür aufging und Karl-Theodor zu Guttenberg eintrat, ganze zehn Minuten zu spät. Er entschuldigte sich sofort und wortreich. Statt eine Standpauke zu hören, wurde er herzlichst vom Gralshüter der Höflichkeit begrüßt und bekam noch einen Kaffee eingeschenkt. Ich wäre wohl in der gleichen Situation rausgeflogen. Natürlich ist das nur eine Kleinigkeit. Aber dahinter steckt in meinen Augen ein System.

Je mehr man nach oben blickt, umso mehr gleicht sich der Archetyp der Spitzenkräfte bis hin zur Wahl der Anzüge und Manschettenknöpfe. Trotz aller »objektiven« Beförderungskriterien bei BCG glich am Ende ein Partner dem anderen.

Die meisten meiner Kolleginnen und Kollegen waren einander sehr ähnlich, was die Herkunft anging. Natürlich waren es fast nur Deutsche, aber das meine ich nicht. Ich spreche vom sozialen Hintergrund. Viele kamen aus einem bürgerlichen oder großbürgerlichen Haushalt. Je mehr es nach oben ging, umso seltener wurden die Ausnahmen. Unter den Partnern ging es ziemlich uniform zu. Viele waren die Söhne von Männern, die selbst schon Partner oder Unternehmensvorstand gewesen waren. An der formalen Qualifikation konnte es nicht liegen. Niemand bei BCG hatte schlechte Abschlüsse. Es wimmelte von Promovierten. Jeder arbeitete hart. Auch hieran konnte es nicht liegen, dass alle gleich, aber manche etwas gleicher waren.

Sie mussten noch nicht einmal auf das gleiche Internat gegangen sein, um sich zu erkennen. Es war der Habitus, diese natürliche Selbstsicherheit, die man hat, wenn man in vollkommener Sicherheit aufgewachsen war. Ich habe einen oder zwei Freunde, deren Eltern sehr wohlhabend sind. Obwohl ich grundsätzlich nicht dazu neige, andere um ihren Reichtum zu beneiden, war und bin ich doch immer etwas neidisch auf die Leichtigkeit und Lässigkeit, die meine Freunde und deren reiche Freunde umgibt. Es ist ihnen nie etwas wirklich Schlimmes geschehen. Nie mussten sie Angst um fundamentale Dinge haben. Sie mussten nie fürchten, kein Geld für die Miete zu haben und auf der Straße zu landen. Keine Sorge davor, woher man das Geld für das Essen nimmt, wenn die Kasse schon zur Monatsmitte leer ist. Sie sind wortwörtlich unbeschwert. Diese Unbeschwertheit gibt ihnen Sicherheit und macht sie zu natürlichen Gewinnern. Diese Lebenseinstellung zu erlernen ist unmöglich.

Das ist natürlich ärgerlich für einen wie mich, der nicht dazu gehört. Aber ich verkrafte das. Ich glaube aber, dass unser Land es auf Dauer nicht verkraften wird, dass es, wie soll ich sagen, ein *ungerechtes* Land ist. Können wir es uns leisten, Hunderttausende und Millionen Menschen wegen ihrer Herkunft auszusondern, auszuspucken und aller Lebenschancen zu berauben? Politiker aller Couleur palavern ständig, dass der einzige Rohstoff unseres Landes in den Köpfen unserer Kinder liege. Das stimmt! Wenn wir die Steinkohle einmal außer Acht lassen. Aber wieso heben wir diesen Rohstoff dann nicht? Wieso verlassen jedes Jahr 100.000 Kinder unsere Schulen ohne Abschluss? Wieso sind Arbeiterkinder an unseren Universitäten Exoten?

Unser System ist eine moralische Bankrotterklärung. Und für die Betroffenen ist es eine Tragödie.
Manchmal plaudere ich mit den Verkäufern, wenn ich mir in Kreuzberg einen Döner kaufe. Es sind oft junge Kerle, 17, 18 oder

19 Jahre alt. Oft merke ich, dass es blitzgescheite Kerle sind. Sie stellen clevere Fragen und haben gute Ideen. Woran es mangelt, ist die formale Bildung. Deswegen werden sie ein Leben lang Döner verkaufen, fünf oder sechs Euro pro Stunde verdienen und mehr schlecht als recht über die Runden kommen. Sie werden nie ihre Fähigkeiten und Talente ausleben können und sich selbst entdecken. So geht es vielen Menschen in Deutschland, nicht nur Ausländern, sondern allen, die das »Pech« hatten, ein Kind armer Eltern zu sein.

Wir können weitermachen wie bislang. Das kann noch eine Weile gut gehen. Aber irgendwann werden wir gegen die Wand fahren. Globalisierung bedeutet auch, dass wir uns mit Gesellschaften messen, die ihre Ressourcen, auch und gerade ihre menschlichen Ressourcen, besser nutzen. Bald schon werden wir nicht mehr »Vize-Exportmeister« sein, sondern es vielleicht noch unter die Top 30 schaffen. Nobelpreise werden noch seltener und irgendwann gar nicht mehr nach Deutschland gehen. Und mit dem ökonomischen Niedergang wird der politische einhergehen. In 20, 30 oder 40 Jahren werden wir ein in jeder Hinsicht mittelmäßiges Land mit 50 Millionen Einwohnern sein. Chinesische, indische und türkische Touristen werden kommen und sich das größte Open-Air Museum mit angeschlossenem Altersheim anschauen. Jene, die sich als deutsche Führungselite sehen, sollten sich gut überlegen, ob sie ihren Kindern und Enkeln eine solche Zukunft hinterlassen möchten. Unsere Vergangenheit ist bereits »verfrühstückt«, die Gegenwart auch. Im Moment verschlingen wir unsere Zukunft.

Meinem alten Arbeitgeber muss man zugestehen, dass er wenigstens darum bemüht ist, Vielfalt in jeder Hinsicht zu leben.

Die Tatsache, dass ich bei BCG keine Traumkarriere gemacht habe, lag übrigens in meinem Fall nicht an meinem familiären und sozialen Hintergrund. Es lag einfach daran, dass ich keine

Sekunde vor einer Powerpoint-Präsentation oder einer Excel-Tabelle sitzen konnte, ohne sofort einzuschlafen. Ich werde in die Geschichte von BCG als schlechtester Berater aller Zeiten eingehen. Immerhin. Das ist auch eine Leistung. Ich hatte ja schon vorher geahnt, dass die Arbeit in einer großen Beratungsgesellschaft nichts für mich sein würde. Warum aber habe ich mich trotzdem beworben? Ich war jung, brauchte aber kein Geld. Nein, der Entschluss zur Bewerbung fiel, als ich von den hohen Einstiegshürden hörte. Ich wollte zu dem einen Prozent gehören, die einen festen Arbeitsvertrag ergattern. Kaum hatte ich das geschafft, erlosch auch schon mein Ehrgeiz. Es ist mir schon klar, dass das ein merkwürdiger Grund ist, sich irgendwo zu bewerben. Wahrscheinlich war es einfach so, dass ich einmal mehr mir und dem Rest der Menschheit beweisen wollte, dass ich es geschafft hatte, raus aus Niederschelden und aus meinem alten Leben zu kommen. Auch hier fehlte mir einfach die Souveränität zu sagen: Es ist mir egal, was andere von mir denken. Und auch ebenso gleichgültig, ob sie mich für einen totalen Verlierer oder für den Allergrößten halten. Mach einfach, worauf du Lust hast. Das Dumme war nur, dass ich so damit beschäftigt war, mir Gedanken darüber zu machen, ob ich »dazu gehöre« oder nicht, dass ich total vergessen hatte, was ich eigentlich im Leben erreichen wollte, was mein Ziel war. So sehr ich mich auch anstrengte, es wollte mir einfach nicht mehr einfallen.

Damals wurde mir zum ersten Mal bewusst, dass ich gar kein richtiges Ziel im Leben hatte. Zwar wusste ich in etwa, was ich *nicht* wollte: Ich wollte nicht in Armut leben. Ich wollte kein Leben als Außenseiter. Ich wollte nicht in Abhängigkeit und im Stand der Gnade anderer leben. Aber all diese Dinge sind doch sehr allgemein. Wer will schon in Armut leben? Aber ich konnte nicht sagen: In fünf oder zehn Jahren möchte ich dieses und jenes beruflich erreicht haben. Oder privat. Wenn sich aber der Ehrgeiz darin erschöpft, etwas anzustreben wie eine Position oder einen

Job, dann kann man sich zwar eine Weile stets neue Ziele setzen. Irgendwann stellt man aber fest: Die Ziele werden größer und größer, der Kick aber, den man nach dem Erreichen dieser Ziele verspürt, der wird kleiner und kleiner. Damals, bei BCG, gingen diese Gedanken los.

Integration: Was ist das?

Letzten Endes geht es doch bei der Integration nur um zwei Dinge: Die einen machen mit und die anderen lassen sie mitmachen. Mitmachen bedeutet, am Leben teilzuhaben, sich einzubringen, das Leben um sich herum mitzubestimmen, und sei es in noch so kleinen Dingen. Man muss nicht gleich in eine Partei eintreten und große Politik machen. Es ist schon prima, wenn man in einen Sportverein geht. Dabei haben Türken einen großen Vorteil gegenüber anderen Einwanderern in Deutschland: Die Deutschen sind totale Vereinsmeier. Und die Türken genauso. Deutsch-Türken sind Weltmeister in Vereinsmeierei. Es gibt deutsch-türkische Vereine, die sich um Musik und Tanz kümmern. In anderen Vereinen tummeln sich wahlweise Unternehmer, Kommunisten, Studierende, Kemalisten, Atheisten, Maoisten oder einfach nur Anhänger der deutsch-türkischen Freundschaft. Aber es gibt auch Vereine deutsch-türkischer Harley Davidson-Fahrer oder Züchter von Wellensittichen. Das Problem ist bloß, dass zwar viele Vereine sich »Deutsch-Türkisch« nennen, aber in Wahrheit nur Deutsch-Türken oder Türken mitmachen. Das ist nicht gut.
Zwar glaube ich auch, dass Minderheiten oder Gruppen, die mit besonderen Problemen zu kämpfen haben, einen Rückzugsraum brauchen, um sich auszutauschen oder gegenseitig Mut zu machen. Aber bei der Mehrzahl der deutsch-türkischen Vereine geht es nicht um Einwanderung oder Identität, sondern um ein gemeinsames Hobby. Es gibt Orte, wo sich Menschen verschiedener

Herkunft am besten näherkommen können. Die Schule, der Arbeitsplatz und eben der Verein gehören dazu. Man wird nicht Teil der deutschen Gesellschaft, weil Einwanderer und Deutsche zusammenkommen und über Einwanderer, Deutsche und Integration sprechen. Man wird Teil der Gesellschaft, wenn man gemeinsam Fußball spielt oder gemeinsam singt. Oder gemeinsam bastelt oder zeltet. Das haben wir gemacht, als Kinder. Bei uns in Niederschelden gab es den CVJM, den Christlichen Verein junger Männer. Meine Brüder und ich sind zweimal die Woche abends in das Vereinshaus gegangen und haben mit den anderen Jungs gespielt oder an Radios gebastelt. Zwischendurch gab es Ratespiele, mit Fragen aus dem Neuen Testament. Auf die freute ich mich besonders. Nicht, dass mich das Neue Testament besonders interessiert hätte, das muss ich zugeben. Aber ich gewann einfach gerne. Das olympische Prinzip galt für mich nicht. Meine Brüder spielten später im Fußballverein, beim SuS Niederschelden, dem Sport- und Spielverein. Ich ging nur einmal mit zum Training. Das reichte mir. Zusammen mit meinem Bruder ging ich stattdessen eine Weile zur Freiwilligen Feuerwehr in Niederschelden.

Was bei uns in Niederschelden geklappt hat, funktioniert nicht überall. Oft genug höre ich von türkischstämmigen Freunden oder Bekannten, dass sie gerne in einem »deutschen« Verein mitgemacht hätten, man ihnen aber direkt oder durch die Blume gesagt hat, sie seien nicht erwünscht. Man wolle lieber unter sich sein. Oft genug sind das dann die gleichen Leute, die sich gerne über die »mangelnde Integrationsbereitschaft« von Einwanderern aufregen.

Aber auch in Niederschelden war nicht alles perfekt. Was auf Vereinsebene funktionierte, war im privaten Umgang nicht der Fall. Je älter wir wurden, desto mehr Ablehnung erfuhren wir. Zu Kindergeburtstagen oder überhaupt zu anderen Kindern nach Hause wurden wir nicht eingeladen. Einmal ging ich mit einem

Nachbarsjungen zu ihm nach Hause. Sein Vater schnauzte ihn bei meinem Anblick an: »Du sollst doch keine Türken mit nach Hause bringen.« Also musste ich gehen, während alle anderen Kinder weiterspielen durften. Ich verstand das nicht. Dieser Mann war gebildet, er war Arzt, sein halbes Wartezimmer war voller Türken und er verdiente gutes Geld mit ihnen. Aber er achtete auf Abstand. Schnaps ist Schnaps und Geld ist Geld. Geld stinkt nicht, selbst wenn es von Türken kommt. Das Seltsame war, dass *ich* derjenige war, der sich schämte. Als sei *ich* es gewesen, der etwas falsch gemacht hat. Mit hochrotem Kopf verließ ich das Haus und erzählte niemandem davon. Ich war noch sehr klein, vielleicht fünf oder sechs Jahre alt. Aber selbst in diesem Alter war mir und allen anderen anwesenden Kindern klar: Meine Familie war anders. Wir gehörten nicht dazu. Es war okay, dass man uns die Tür wies. Ob dieser Arzt sich jemals gefragt hat, was er *seinen* Kindern antat? Welches Menschenbild er ihnen vorlebte? Ich weiß auch nicht, ob ihm klar war, dass er *Gewalt* ausübte. Nein, er hatte mich nicht geschlagen, jedenfalls nicht körperlich. Aber es war Gewalt, psychische Gewalt, die er mir antat. Diese ist viel schmerzhafter und vor allem andauernder als ein Schlag mit der Faust. Aber mit der Faust hauen ja nur Proleten. Ärzte und andere feine Leute benutzen das *Wort*, wenn sie jemanden fertigmachen wollen. So dachte ich damals, so denke ich heute.

Ich hätte vor Wut weinen können. Aber das kam nicht in Frage. Wenn man schon schwach ist, darf man nicht auch noch schwach aussehen. Sonst ist man ja gleich erledigt. Auch das war mir damals schon klar.

Je älter wir wurden, desto mehr sahen uns die deutschen Eltern als Gefahr. Als würde von uns schlechter Einfluss auf ihre Kinder ausgeübt, glaube ich. Vor allem nach dem Ende der Grundschulzeit nahm die Ausgrenzung zu. Bis dahin machte es fast gar keinen großen Unterschied, woher wir kamen. Wir waren beinahe gleich. Ein großer Einschnitt kam, als manche von uns nach der vierten Klasse auf das Gymnasium durften, eine Handvoll auf die Realschule kam und der Rest auf die Hauptschule musste. »Der Rest« waren die Ausländerkinder und ein paar deutsche Kinder von alleinstehenden Müttern und dem Dorfsäufer. So war das damals auf dem Land. Es war gar nicht daran zu denken, weiterhin Kontakt zu den Gymnasiasten zu pflegen. Schließlich waren sie die zukünftigen Akademiker, die zukünftigen Chefs, die angehende Elite. Von nun an waren es nicht mehr bloß die Eltern, die den Umgang mit uns Abgeschlagenen unterbanden, auch die Kinder selbst wollten nichts mehr mit uns zu tun haben. Man konnte buchstäblich dabei zusehen, wie sich im Zeitraffertempo eine Klassengesellschaft en miniature entwickelte. Gingen wir morgens zur Schule, dann nahmen die Gymnasiasten den linken Bürgersteig und wir den rechten. Man schaute sich nicht an und grüßte natürlich nicht. Jungs und Mädchen, mit denen ich meine ganze Kindheit gespielt hatte und die noch vor einigen wenigen Wochen mit mir gemeinsam die Schulbank gedrückt hatten, schauten weg, wenn ich in ihre Richtung blickte. Ich verstand das nicht.

Wir Daimagüler-Kinder gingen sehr unterschiedlich damit um. Mein älterer Halbbruder nahm die Sache klaglos so, wie sie kam. Er fand schnell neue Freunde auf der Hauptschule. Es waren nicht immer die richtigen Leute, mit denen er sich anfreundete. Es waren zum Teil Kinder, deren Eltern sich nicht um sie kümmerten und die aus sozial verwahrlosten Familien stammten. Diese Jungs rauchten schon im Alter von elf oder zwölf Jahren und tranken Alkohol nur kurze Zeit später. Bei denen war Ärger vorprogrammiert, und mein Halbbruder steckte bald mittendrin. Anfangs hing ich auch mit diesen Jungs herum. Bald gingen wir dazu über, im Dorfladen Zigaretten oder Spielzeug zu klauen. Zum Teil taten wir das, weil es eine Art Mutprobe war, zum Teil aber auch einfach, weil wir das Spielzeug haben wollten, aber kein Geld hatten. Mit der Zeit steigerten sich die Bedürfnisse; die Objekte der Begierde wurden größer. Mein Glück war, dass ich schon nach zwei Jahren die Hauptschule wieder verließ und auf die Realschule kam. Diese lag in Siegen, ich musste mit dem Bus dorthin fahren. Der Kontakt zu den Jungs aus der Hauptschule brach ab und damit endete auch meine Mitgliedschaft in der »Bande«. Viele von den Jungs gerieten später auf die richtig schiefe Bahn. Ohne die Realschule wäre ich wohl auch nicht in Harvard, sondern vor dem Jugendrichter gelandet.

Meine Schwestern waren immer sehr beliebt und hatten nette Freundinnen. Die waren zwar auch auf der Hauptschule, kamen aber aus stabilen Arbeiterfamilien. Bei Mädchen waren die deutschen Eltern wohl nicht so streng, was türkische Freundinnen anging.

Ich persönlich ging einen ganz anderen Weg. Meine Philosophie im Alter von zehn Jahren war, dass man mit Menschen am besten auskommt, wenn man ihnen aus dem Weg geht. Dementsprechend verbrachte ich die meiste Zeit, soweit möglich, allein. Nicht, dass ich Menschen nicht mochte, aber nach meiner Erfahrung konnte man sich nicht auf sie verlassen. Kaum hatte man sich mit jemandem angefreundet, warf einen der Vater aus dem Haus. Oder sie hörten von einem Tag auf den anderen auf zu grüßen. Oder sie verprügelten mich. Kaum kam ich aus der Schule, verschwand ich im Wald, kletterte auf Bäume oder baute aus Ästen oder Papier kleine Schiffchen, die ich auf unserem Fluss, der Sieg, schwimmen ließ. Mit Bäumen oder der Sieg hatte ich nie Ärger gehabt. Hier fühlte ich mich sicher.

Ich war zehn Jahre alt, sprach Deutsch wie ein Deutscher, brachte gute Noten nach Hause, hatte Angst vor Menschen und natürlich keine deutschen Freunde. War ich integriert? Keine Ahnung.

In der deutschen Integrationsdebatte wird viel zu sehr auf bloße Äußerlichkeiten geachtet. Trägt eine Frau ein Kopftuch, geht der Mann oft in die Moschee, dann hat es mit der Integration wohl nicht geklappt, wird oft suggeriert. Blanker Unsinn!

Es geht aber um viel mehr als »nur« um uns Öl-Augen. Es geht um Deutschland, wie es ist und wie es in Zukunft sein möchte. Es geht darum, wie weltoffen, wie tolerant wir in einer durch und durch globalisierten Welt sein wollen. Weltoffenheit ist heute mehr als nur ein feiner Charakterzug. Es ist ein entscheidender Faktor beim weltweiten Wettbewerb um Talente und Investitionen.

Vom Bosporus
an die Sieg

Am 16. Januar 1968 kam ich in Niederschelden zur Welt. Niederschelden ist ein Ortsteil Siegens und liegt in der hügeligen, waldreichen, aber auch verregneten Landschaft des südlichen Siegerlands. In Niederschelden wurde, wie an vielen Orten des Siegerlandes, seit Jahrhunderten Erz abgebaut und Stahl erzeugt. Geschichtlich Wichtiges hat sich hier nicht getan. 1926 kam Heinrich Himmler in meinen Geburtsort und 1961 Willy Brandt. Beide wurden gefeiert.

Meine Eltern stammten aus der Türkei und hatten zuletzt in Istanbul gelebt. Damals konnten sie noch nicht ahnen, dass sie in Deutschland eine neue Heimat finden würden.

Meine Mutter

Am Samstag, dem 03. August 1963, betrat meine Mutter, Cemile Kağba, am Münchener Hauptbahnhof deutschen Boden. Ganz Deutschland litt an diesem Sommertag unter einer Hitzewelle. Überall maß man Rekordtemperaturen. In Berlin stieg das Thermometer auf 35,6°C. In München war es unwesentlich kühler. So warm hatte sich meine Mutter Deutschland nicht vorgestellt. Überhaupt wusste sie nur wenig über das Land, in dem sie die nächsten Jahre leben und arbeiten wollte. Wozu auch? Viel Kontakt zu den Deutschen würde sie nicht haben, hatte man ihr erklärt. Sie würde mit anderen türkischen Frauen arbeiten und in einem Arbeiterinnenheim leben. Deutsch müsse sie nicht lernen. Nach zwei oder drei Jahren würde sie dann mit ihren Ersparnissen in die Türkei zurückkehren und andere junge Frauen würden ihre Stelle einnehmen.

Sie war nun offiziell Gastarbeiterin und auf sich gestellt. Mein Vater und meine beiden älteren Schwestern, Yasemin und Nurcan, durften erst viel später nachkommen und blieben bei unserer Oma. Meine Mutter war 31 Jahre alt, als sie in Istanbul in den Zug einstieg. Dieser Zug sollte sie nach Deutschland und in ein neues, besseres Leben bringen. Meine Mutter entsprach nicht im Geringsten dem Bild, das viele Deutsche von Gastarbeiterinnen allgemein und von Türkinnen im Besonderen haben. Man braucht eine Menge Mut und ein gesundes Selbstbewusstsein, um Heimat und Familie zu verlassen und in ein Land zu gehen, dessen Sprache man nicht versteht und von dem man auch sonst nicht viel weiß. Meine Mutter hatte diesen Mut. Die Fahrt nach Deutschland war ihre erste Reise ins Ausland überhaupt. Wenn ich sie auf Fotos von damals betrachte, dann sehe ich eine moderne, starke und selbstbewusste Frau ohne Angst und Scheu. Meine Mutter war emanzipiert, ohne je von diesem Wort gehört zu haben.

Sie kam am 11. Dezember 1932 als erstes von fünf Kindern in der westtürkischen Stadt Bursa zur Welt. Bursa liegt 90 Kilometer südöstlich von Istanbul zu Füßen des Uludağ-Gebirges, das früher den Namen Bithynischer Olymp trug. Die Stadt ist bekannt für ihre Hamams, die türkischen Bäder und ihre Limonade. Sie ist umgeben von grüner Landschaft mit vielen heilkräftigen Schwefelquellen. Die Küste des Marmarameeres mit der Bucht von Gemlik ist nur 20 Kilometer entfernt. Es ist eine wunderschöne Stadt.

Meine Großeltern mütterlicherseits waren Einwanderer aus Bosnien, meine Urgroßmutter war Albanerin. Sie stammten aus der Umgebung des Ortes Goražde. Goražde ist im Osten von Bosnien-Herzegowina. Es liegt ca. 50 km südöstlich von Sarajevo an der Drina. Von 1423 bis 1878 stand es unter der Herrschaft des Osmanischen Reiches, danach bis 1918 unter der Vorherrschaft Österreich-Ungarns. Im Bosnienkrieg von 1992 bis 1995 war die Stadt zwischen bosnischen Serben und Muslimen heftig umkämpft.

Goražde war die einzige, mehrheitlich von Bosniaken bewohnte Stadt an der Drina, die sich in den kriegerischen Auseinandersetzungen aus eigener Kraft verteidigen konnte. Viele Bosniaken bezeichnen diese Stadt deswegen als Grad Heroja, was so viel bedeutet wie »Stadt der Helden«. Noch heute leben in Goražde Verwandte von uns, doch ein paar unserer bosnischen Verwandten haben die Stadt nach dem Krieg verlassen.

Einige sind in die USA ausgewandert und leben jetzt in New York. Mein kleiner Bruder hat sie dort besucht und sogar bei ihnen gewohnt. Manche leben mittlerweile in den Niederlanden. Obgleich wir nicht dieselbe Sprache sprechen, verstehen wir uns. Es gibt zwischen uns das tiefe Gefühl von Verbundenheit. Blut ist eben dicker als Wasser. Ihre Kinder werden als Amerikaner oder Niederländer aufwachsen, so wie meine Mutter als Türkin und wir als Deutsche erwachsen wurden. Die Idee von einer Nation, in der Staat, Volk und Land miteinander verbunden sind durch das Band einer gemeinsamen Geschichte oder gar durch das gemeinsame Blut – mit diesem Konzept kann meine Familie nicht viel anfangen. Blut bildet Familie, aber keinen Staat.

Meine Großeltern und meine Urgroßmutter hatten schon 1930 ihre Heimat verlassen müssen, als immer mehr Muslime Opfer der Gewalt serbischer Nationalisten wurden.

Über 20 Millionen Muslime vom Balkan hatten seit den 70er-Jahren des 19. Jahrhunderts ihre Heimat verlassen müssen.

Unzählige sind gestorben. Die Übrigen wanderten in die Türkei aus. Wer, der im Westen lebt, weiß das? Wer gedenkt ihres Leides? Niemand. Es ist Geschichte. Aber in unserer Familie erinnern wir uns daran.

Das erste Jahr verlebten meine Großeltern in der Edirne, in der Nähe der türkisch-bulgarischen Grenze. Edirne ist wie viele Städte in der Türkei uralt. Erste Siedlungen soll es bereits im 5. Jahrtausend v. Chr. gegeben haben. In Edirne wurden aus meinen bosnisch-albanischen Vorfahren Türken. Weniger als ein Jahr nach ihrer Ankunft dort bekamen sie türkische Papiere. Die Türkei war offen für Einwanderer und begrüßte Neuankömmlinge mit offenen Armen.

Muslime vom Balkan hatten einen guten Ruf in der Türkei. Sie galten als fleißig, anpassungsfähig und patriotisch. Als meine Großeltern ihre Heimat verließen, mussten sie nicht lange darüber nachdenken, wohin es gehen würde. Die Türkei sollte es sein. Das Land wandelte sich gerade atemberaubend schnell. Kemal Atatürk schmiedete aus den Trümmern des Osmanischen Reiches ein modernes Land.

Von Edirne zogen meine Großeltern nach Bursa. Dort lebte bereits eine Schwester meines Großvaters. Auch gab es in Bursa eine große Gemeinde von Balkanmuslimen. Boshaft könnte man behaupten, dass sich dort eine bosnische »Parallelgesellschaft« gebildet hatte. Es gab bosnische Bäckereien und bosnische Friseure. In bosnischen Cafés schlürften die Männer ihren Mokka. Bosnische Ärzte und Apotheker kümmerten sich um die Gesundheit ihrer Gemeinde, während sich bosnische Prediger um das Seelenheil ihrer Schäfchen sorgten. Eine bosnische Parallelgesellschaft mit allem Drum und Dran hatte sich gebildet – und das war auch gut so.

Zurück zu meiner Mutter. Schon früh im Leben war sie gezwungen, Verantwortung zu übernehmen. Mein Großvater Belül Kağba war Metzger und hatte anfangs einen gut gehenden Betrieb. Meine Mutter musste bereits als kleines Mädchen im Alter von vier oder fünf Jahren in Haus und Betrieb mit anpacken. Sie fütterte die Hühner und säuberte die Ställe. Sie war Hirtin und brachte die Tiere auf die Weide. Auf Schafe und Gänse zu achten, machte ihr nichts aus, doch hasste sie es, die Ziegen zu hüten. Die waren wild und störrisch, machten, was sie wollten, und waren von einem kleinen fünfjährigen Mädchen kaum zu bändigen.

Um Missverständnissen vorzubeugen: Es gab keine Heidi-Idylle mit einem lustigen Ziegenpeter an der Seite meiner Mutter und einem gütigen Alm-Öhi, der zu Hause wartete und etwas Leckeres für die Kleine auf dem Grill hatte. Verletzte sich eines der Tiere oder ging es verloren, gab es zu Hause Schläge. Oft suchte meine Mutter bis tief in die Nacht hinein nach einer davongelaufenen Ziege und traute sich nicht nach Hause.

Der Besuch einer Schule blieb ihr verwehrt. Einmal hatte sie im Alter von vier oder fünf Jahren die Schuluniform eines Nachbarkindes angezogen und diese voller Stolz ihrem Vater präsentiert. Als mein Großvater seine kleine Tochter in diesem Aufzug sah, schlug er ihr mit der Faust so fest ins Gesicht, dass sie noch ein halbes Jahrhundert später nur mit zitternder Stimme davon erzählen konnte. Als Mädchen sollte sie gar nicht erst auf die Idee kommen, eine Schul- oder Berufsausbildung zu erhalten. Auch sonst war mein Großvater kein Anhänger der gewaltfreien Erziehung. So wuchs meine Mutter mit Prügel auf. Das Lesen und Schreiben lernte sie von ihrem Bruder Muharrem, der eine Militärakademie in Istanbul besuchte und später Offizier wurde.

Ihr persönliches sowie das Unglück der ganzen Familie begann, als mein Großvater einen tatarisch-stämmigen Türken kennenlernte. Dieser Mann taugte nicht viel. Alles, was er meinem Großvater beibrachte, war das Pokern. In kurzer Zeit verfiel Großvater dem Spiel. So verzockte er den bescheidenen Wohlstand der Familie. Das war 1951. Bis heute hasst meine Mutter alles, was mit Glücksspiel zu tun hat.

Großvater war noch keine 40 Jahre alt, als er einen Herzinfarkt erlitt. Die Familie hatte aber kein Geld für einen Arzt. Alles, was sie tun konnten, war, an seinem Bett zu wachen und ihm drei lange Tage beim Sterben zuzuschauen. Großvater wusste, dass er sterben würde. Als seine Beine kalt wurden, sagte er meiner Mutter, der

Tod komme durch die Füße. Kurz darauf war er tot. Er hinterließ eine völlig mittellose Familie. Die Frauen hatten die Last zu tragen. Meine Urgroßmutter Şahzine, meine Oma Hadem und meine Mutter. Die anderen Kinder waren noch zu jung, um zu begreifen, was geschehen war. Alle wussten aber, dass ihnen nun schwere Zeiten bevorstanden. Zumindest hatten sie noch ein Dach über dem Kopf ... Aber auch das Haus entpuppte sich bald als Fata Morgana. Denn schon am Tag der Beerdigung stand ein Mann von der Bank vor der Tür und verlangte die Räumung innerhalb eines Monats. Großvater hatte ohne Wissen seiner Familie eine Hypothek von 350 Türkischen Lira auf das Haus aufgenommen. Das war damals sehr viel Geld. Weitere 700 Lira schuldete er allen möglichen Leuten in der Stadt.

Unter den Gläubigern war ein Polizeikommissar, der die Rückzahlung von 110 Lira verlangte. Auch er erschien am Tag nach der Beerdigung in Begleitung eines Gerichtsvollziehers. Gemeinsam durchstöberten sie die wenigen Habseligkeiten. Doch so sehr sie auch suchten, sie fanden nichts, was von Wert gewesen wäre. Doch dann sah der Kommissar eine Uhr am Handgelenk meiner Mutter. Die Uhr war ein Geschenk meiner Urgroßmutter an sie gewesen. Es war keine teure Uhr, aber es war das Wertvollste, was meine Mutter jemals besessen hatte. Der Kommissar ergriff den Arm meiner Mutter und wollte ihr die Uhr abnehmen. Meine Mutter wehrte sich und rannte auf die Straße, den brüllenden Polizisten auf ihren Fersen. Ein Nachbar, der als Offizier in der Armee diente, stellte sich schützend vor meine Mutter und fragte den Polizisten, ob er sich denn gar nicht schämen würde. Eingeschüchtert von der Uniform des Offiziers verschwand er, wobei er laut meinen Großvater und dessen Familie verwünschte. Aber er ließ nicht nach. Immer wieder tauchte er auf und verlangte seine 110 Lira, plus Zinsen.

Meiner Mutter gelang es, die Bank zu einer längeren Räumungsfrist zu überreden, und sie tat, was sie ihr Leben lang getan hatte:

schuften. Sie schaffte es tatsächlich, die Hypothek zurückzuzahlen und das Haus zu halten. Sie beglich auch bei allen anderen Gläubigern die Spielschulden ihres Vaters. Nach drei Jahren war die Familie schuldenfrei. Darauf ist meine Mutter heute noch sehr stolz. Aber dem Kommissar, dem hat sie nichts gezahlt. Der ging vollkommen leer aus. Auch darauf ist meine Mutter sehr stolz!

Doch zurück zu meiner Familie. Wir waren also schon immer ziemlich multi-kulturell. In meiner Kindheit fiel mir das nicht weiter auf. Wir waren eben Türken in Deutschland, sprachen zu Hause mit den Eltern Türkisch und unter uns Geschwistern Deutsch. Mein Vater unterhielt sich mit meinen Onkeln auf Arabisch, und meine Großmutter plauderte mit meinem Schulkameraden Zoran Serbokroatisch – das war doch normal! Es dauerte eine Weile, bis ich realisierte, dass das nur bei uns normal war, nicht jedoch bei den anderen – und schon gar nicht bei den Nachbarn in Niederschelden. Anfangs war mir meine Herkunft egal, ich fühlte mich nicht anders als alle anderen. Das sollte sich jedoch ändern.

Gründlich getürkt

Mit fortschreitendem Alter wurde ich immer türkischer. Nicht, dass ich viel über die Türkei gewusst hätte. Ich war ja nur höchstens einmal im Jahr dort und las keine türkischen Zeitungen. Türkisches Fernsehen gab es noch nicht. Dass ich türkisch wurde, lag allein daran, dass ich für die anderen »der Türke« war. Es gab Leute, die mich mieden oder als »Scheißtürke« beschimpften; teilweise waren es aber auch Deutsche, die ich mochte, die mich kannten und die mich dennoch penetrant nach den Verhältnissen in meiner »Heimat« fragten. Damit war dann Anatolien gemeint. Bei uns zuhause war die Türkei oder das Türkischsein kein großes Thema. Meinen Eltern war es wichtig, dass wir in der Schule vorankamen und Deutsch lernten. Über die Türkei haben wir uns nie groß unterhalten, weder über unsere Vergangenheit noch über eine mögliche Zukunft dort.

Als ich im siebten Schuljahr einmal gegenüber einem Lehrer angab, in Deutschland Jura studieren zu wollen, riet er mir davon ab, weil ich nach meiner »Rückkehr« in die Türkei ja dort nichts mit deutschem Recht anfangen könne. Er meinte es nur gut mit mir. Die meisten Menschen machen sich keine großartigen Gedanken über ihre Identität. Ich jedenfalls machte mir auch keine. Ich hatte andere Sorgen. Interessanterweise zerbrechen sich viele aber umso lieber den Kopf über die Identitäten von anderen – sei es, um sich selbst abzugrenzen, sei es, um einen anderen auszugrenzen.

Jedenfalls war ich plötzlich Türke. Dieser Wechsel vollzog sich nach meiner Grundschulzeit. Es war also ironischerweise ausgerechnet meine deutsche Umwelt, die aus mir einen Türken machte. Ich wurde von den Deutschen »getürkt« und fühlte mich auch »getürkt«.
Und weil ich ja nun offenbar Türke war, konnte ich logischerweise kein Deutscher mehr sein. Und als Nicht-Deutscher war ich ein Fremder. Blöderweise fühlte ich mich aber gar nicht fremd. Ich war doch in Niederschelden, wo ich geboren und aufgewachsen war. Ich hatte zwar keinen deutschen Pass, aber welche Rolle spielt ein Reisedokument schon in der Welt eines Kindes? Keine. Eine große Rolle spielt hingegen, wie dich die anderen behandeln – die anderen Kinder, die Lehrer, die deutschen Nachbarn. Sie müssen dich nicht unbedingt schlechter behandeln; es reicht schon, dass sie dich anders behandeln als die anderen Kinder. Und du fühlst dich ausgeschlossen.

Jeder Mensch erfährt irgendwann im Leben Ablehnung. So ist das eben. Für mich war es schwierig, damit umzugehen, weil ich noch so klein war und nichts verstand. Ich wurde vertrieben. Nicht nur

aus dem Haus des Arzt-Nachbarn, sondern aus der Dorfgemein-
schaft. Ich fühlte mich wie ein Flüchtling. Ich war da, aber irgendwie auch nicht. Für mich unsichtbar, verlief irgendwo zwischen
uns und manchen unserer Nachbarn eine undurchdringliche
Wand aus Panzerglas.

Mit der Zeit wurde mir die eigene Heimat fremd. Ich kannte das
Dorf, ich kannte die Leute, ich sprach den gleichen Akzent. Dennoch: Ich wurde zum Fremden im eigenen Land – und das für viele
Jahre. Genau genommen wurde nicht das Dorf mir fremd, sondern
ich wurde fremd, ohne wirklich fremd zu sein. Ich kannte ja jeden
Stein in diesem Dorf. Es gab keinen Baum, auf den ich nicht schon
geklettert war.
Aber ich war ja »der Türke«. Dass ich in Niederschelden geboren
war, zählte nicht viel.

Multiple Identitäten

Dabei habe ich doch, wie jeder andere Mensch auch, viele Identitäten. Ich bin Deutscher, ich bin Moslem, ich bin religionsskep-
tisch, ich bin ein Mann, ich bin Jurist, ich bin ein guter Mensch,
ich bin ein Arschloch. Normal, ein echter Psycho, Westfale, Araber,
Bosnier, Albaner, Europäer, Asiat. Ich habe multiple sexuelle Identitäten. Ich schlage und werde geschlagen. Phasengebunden bin
ich das eine mehr, das andere weniger. Das ist normal. Ich bin eben
Mensch. Hätte ich mir in jungen Jahren selbst die Frage gestellt,
wer ich bin: Meine Nationalität oder meine Religion wären mir
nicht als erste Antwort in den Sinn gekommen. Wahrscheinlich
wäre mir gar nichts eingefallen.

Andere konzentrieren sich bei der Definition meines Seins auf eine
einzige Identität. Manchmal auf die, die sie als einzige im Umgang

mit mir kennengelernt haben, aber meistens doch auf jene, die in ihr Sichtfeld oder in ihr Kalkül passt. Letzteres ist insbesondere im politischen Raum der Fall.

Oft werde ich gefragt, ob ich als Deutsch-Türke unter einer Identitätskrise leide. Die Antwort ist ein klares Nein. Ich habe einen guten Überblick über meine Identitäten, und mit den meisten komme ich gut zurecht. Trotzdem leide ich unter Identitätskrisen. Nämlich unter den künstlichen Identitätskrisen der anderen – denjenigen, die nur eine Identität von mir wahrnehmen wollen; denjenigen, die mich reduzieren und die in mir ausschließlich einen Ausländer, einen Türken oder einen Moslem sehen wollen. Sie brauchen einen Stempel, den sie mir auf die Stirn drücken können. Und nicht nur das: Sie verkünden dann auch gleich, was dieser Stempel bedeutet, und meistens ist das nichts Gutes. Wenn ich sage: »Ich bin Moslem«, hat es eine andere Bedeutung, als wenn sie sagen: »Du bist Moslem!« Ich beschreibe mich, *sie* kategorisieren mich. Was ich will, ist unbedeutend, denn das Urteil ist gesprochen. Alles, was ich tue, alles, was ich sage, wird dann nur noch durch diesen einen Identitätsfilter gesehen, gewichtet und gewertet. Ich bekomme nicht nur gesagt, was ich bin, sondern auch, was ich nicht bin: »Du bist kein richtiger Deutscher«, sagen manche Deutsche. »Du bist kein richtiger Türke«, sagen manche Türken. Muslimische Fundis sagen gern: »Du bist kein richtiger Muslim.« Christliche Fundis sagen: »Du bist Moslem!« Was sie alle gemeinsam haben, ist, dass sie mich nicht kennen und auch gar nicht kennen wollen. Ich bekomme eine exklusive Identität zugewiesen, die tatsächlich oder vermeintlich von der eigenen oder von jener der Mehrheit abweicht, und lande außerhalb der Gruppe, ohne die Möglichkeit der Dazugehörigkeit. Mittlerweile denke ich mir: »Rutscht mir den Buckel runter und lasst mich in Ruhe. Ich habe andere Sorgen!«

Neulich las ich eine Überschrift in einer Zeitung. Sie lautete sinngemäß: »Junge Migranten verprügeln deutsche Jugendliche eines Bonner Internats auf deren Abiturfeier.« Mit dieser Überschrift ist alles gesagt, die Rollen sind verteilt und die zu ergreifenden Maßnahmen liegen deutlich sichtbar auf der Hand, jedenfalls für das rechtskonservative Publikum: strengere Gesetze, härtere Strafen, Abschiebung. Würde es nicht zu einer ernsthafteren Diskussion führen, wenn man schriebe: »Arme Jugendliche überfallen privilegierte Jugendliche«? Oder: »Junge Menschen ohne Perspektive überfallen Jugendliche, die alle Chancen im Leben haben«? Ich möchte nicht die Tat als solche rechtfertigen. Darum geht es mir nicht. Wenn wir aber ernsthaft grundlegende Probleme lösen wollen wie die Jugendkriminalität oder die gesellschaftliche Segregation, dann müssen wir aufhören, Menschen zu labeln und in Schubladen zu packen.

In diesem Zusammenhang muss ich gestehen, dass auch ich früher von solcher Ignoranz getrieben wurde. Vor einigen Jahren las ich von einem Überfall rechtsgerichteter Jugendlicher in Mecklenburg-Vorpommern auf ein Zeltlager von Pfadfindern aus dem Westen. Aus sicherer Entfernung stellte ich eine Ferndiagnose und forderte, was zu fordern ist: harte Strafen für die Täter, mehr Geld für antifaschistische Initiativen etc. Noch heute bin ich der Ansicht, dass der Rechtsradikalismus und jede Art von Extremismus stärker bekämpft werden müssen, im Osten wie im Westen. Aber ich finde auch, dass wir dem Problem des politischen Extremismus nicht gerecht werden, wenn wir uns nicht die Mühe machen, nach den Ursachen zu fragen, die insbesondere junge Menschen in die Arme von Neonazis und anderen gewaltbereiten Gruppierungen treiben. Unsere Bemühungen sind zum Scheitern verurteilt, wenn wir uns nicht ein besseres Verständnis aneignen. Verstehen und Verständnis *haben* sind in diesem Zusammenhang übrigens nicht das Gleiche.

Abstammung

Zurück nach Bursa. Eine »Kindheit« im klassischen Sinn hat meine Mutter nie gehabt. Ebenso wenig eine unbeschwerte Jugend. Nach dem Tod meines Großvaters erlebte sie die volle Brutalität des Erwachsenenlebens in der Türkei der 50er-Jahre. Sie musste ihre Mutter, die Großmutter und die vier kleineren Geschwister ernähren, von denen das jüngste erst zwei Jahre alt war. Sie schuftete in Fabriken und putzte die Toiletten anderer Leute. Meine Urgroßmutter bettelte auf der Straße, wenn das Geld trotzdem nicht reichte. Es waren entbehrungsreiche Jahre, die meine Mutter zeit ihres Lebens prägen sollten. Meine Urgroßmutter starb übrigens erst 1970, im gesegneten Alter von 103 Jahren. Weil meine Mutter und meine Großmutter nach Deutschland gegangen waren, musste sie die letzten sieben Jahre ihres Lebens ganz allein verbringen. Alle ihre Verwandten waren tot oder lebten in Bosnien oder Deutschland. Wie schwer es diese arme Frau, meine liebe Urgroßmutter, in ihren letzten Lebensjahren gehabt haben muss ... Das war der Preis, den sie zahlen musste, damit wir, ihre Kinder, Enkel und Urenkel es einmal besser haben würden als sie, die nicht viel mehr im Leben gekannt hat als Flucht, Vertreibung, Armut und zuletzt Einsamkeit. Meine Mutter plagen noch heute Schuldgefühle, wenn sie daran denkt. So gebiert Armut nicht nur materielle Not, sondern auch Seelenqual, die den Menschen ein Leben lang fest im Griff hat.

Überhaupt waren es hauptsächlich die Frauen in meiner Familie, die einen viel größeren Wechsel auf die Zukunft zeichnen mussten als wir. Auch meine beiden älteren Schwestern mussten ja ihre ersten Lebensjahre ohne die Eltern verbringen. Die waren ja in Deutschland. Die beiden Schwestern, fünf und ein Jahr alt, wurden bei Verwandten gelassen. Erst waren sie bei Immi, der Mutter meines Vaters in Istanbul. Später wurden sie weitergereicht, nach Bursa zu Meiko und meiner Urgroßmutter. So klein zu sein und schon ohne die Eltern sein zu müssen, war schon schlimm genug. Aber bei Verwandten zu sein, die selber kaum genug zum Überleben hatten, hinterließ trotz aller Duldsamkeit und Tapferkeit Narben – sichtbare und unsichtbare.

Meine Urgroßmutter hatte eine Tochter, die auch in Bursa lebte. Sie hatte einen etwas seltsamen Mann geheiratet. Dessen Seltsamkeit ging über das in der Familie ohnehin schon hohe und übliche Maß hinaus. Irgendwann wurde er so sonderlich, dass man ihn nach Bakirköy, einen Stadtteil in Istanbul, brachte. Dort steht die größte Nervenheilanstalt der Türkei. Jemanden »nach Bakirköy bringen« bedeutet unter Türken, jedenfalls im Großraum Istanbul, dass der Betreffende verrückt ist und ins Irrenhaus muss. Die Erbauer dieser Anstalt zeigen Humor: Vor dem Eingang steht ein riesiges Replikat von Rodins »Der Denker«. Wie verrückt der Mann meiner Großtante war, ist nicht überliefert. Eines Tages bat sie meine Mutter, sie nach Istanbul zu begleiten, um bei ihrem Mann nach dem Rechten zu schauen. So machten sich die beiden Frauen schon frühmorgens auf dem Weg. Mit dem Bus ging es nach Yalova am Marmarameer. Dort bestiegen sie die Fähre nach Kartal auf der anderen Seite des Marmarameeres. Von Kartal ging es weiter mit der Bahn nach Haydarpaşa, dem Kopfbahnhof Istanbuls auf der asiatischen Seite. Dort bestiegen sie wieder eine Fähre, diesmal nach Sirkeci, dem Bahnhof auf der europäischen Seite. Da meine Großtante Angst hatte, dass sie zu spät kommen würden und die Besuchszeiten bei ihrer Ankunft schon vorbei sein könnten, entschloss sie sich schweren Herzens, Geld für ein Taxi auszugeben. Sie winkten eines heran. Der Fahrer, müde und übelgelaunt von einer 18-Stunden-Schicht, wollte eigentlich nach Hause und schlafen. Er überlegte es sich aber anders und hielt an. Die Nacht war nicht gut gelaufen und er konnte das Geld gut gebrauchen. Dieser Taxifahrer war mein Vater.

Mein Vater

Meine Mutter war auf dem Weg in eine Irrenanstalt und mein Vater ein schlechtgelaunter und übernächtigter Fahrer. Beste Voraussetzungen also für eine lebenslange Beziehung.

Ethnisch betrachtet war mein Vater ebenso wenig Türke wie meine Mutter. Er kam 1926 in der südostanatolischen Stadt Siirt zur Welt. Siirt war früher ein wichtiges Zentrum des östlichen Christentums. Neben den alten christlichen Konfessionen gab es auch protestantisch-armenische und katholisch-chaldäische Kirchen, deren Schulen von amerikanischen Missionaren und französischen Dominikanern geleitet wurden. Im 19. Jahrhundert war die Stadt für ihren Weinanbau bekannt. Davon finden sich heute allerdings keine Spuren mehr: Mit den Christen verschwand auch der Weinbau. Das kosmopolitische Flair der Stadt ebenso. Heute ist Siirt eine eher langweilige Provinzstadt, die nicht nur geografisch Damaskus viel näher ist als Istanbul. Erst langsam realisieren die Menschen dort und in der restlichen Türkei, dass es das Multikulturelle und die Offenheit waren, die die wahre Größe des Osmanischen Reiches ausgemacht haben.

Mein Großvater väterlicherseits starb früh. Ich weiß nur wenig über ihn.
In Siirt heiraten die Menschen früh. Mein Großvater wird noch keine 40 Jahre alt gewesen sein, als er starb. Mein Vater war 16 und das älteste von fünf Kindern. Eine Schule konnte er nie besuchen, stattdessen musste er arbeiten und schon in jungen Jahren lernen, Verantwortung für die gesamte Familie zu übernehmen. Deren Überleben hing plötzlich gänzlich von ihm ab. Zuhause herrschte oft Hunger. Dazu gab es Prügel und Gewalt. Dies war eine große Bürde für einen kleinen Jungen, der über Nacht erwachsen werden musste.

In Istanbul musste sich mein Vater im wahrsten Sinne des Wortes durchboxen. Auf den Wochenmärkten der Stadt arbeitete er als Gemüseverkäufer. Die Stände und ihre Standorte auf den zum Teil über ein ganzes Stadtviertel reichenden Basaren waren umkämpft: Je größer und zentraler ein solcher Stand war, desto mehr Gewinn konnte man machen. Da es keine rechtlichen Möglichkeiten gab, sich die Besitzrechte an einem Platz zu sichern, waren die Standorte so hart umkämpft. Es herrschte das Prinzip des Stärkeren, durchgesetzt mit der Faust. Es waren wohl diese Jahre, die meinen Vater zu einem harten, teils verbitterten Mann gemacht haben. Zwischendurch fuhr er Taxi.

Vater heiratete früh, schon in den 40er-Jahren. Arrangierte Ehen waren üblich. In Leo Tolstois »Anna Karenina« heißt es, jungen Leuten die freie Wahl des Ehepartners zu überlassen sei ungefähr so klug, wie kleinen Kindern eine geladene Pistole als Spielzeug zu geben. Durch Vermittlung meiner Großmutter ehelichte mein Vater seine Cousine und zeugte mit ihr in kurzer Zeit sechs Kinder, meine vier Halbschwestern und meine beiden Halbbrüder. Zwei meiner Halbschwestern sind nach Kanada ausgewandert. In jüngster Zeit werde ich immer wieder auf Facebook von jungen Kanadiern kontaktiert, die sich als meine Halb-Neffen und -Nichten entpuppen. Den einen oder anderen habe ich auch schon getroffen. Es ist richtig lustig, wenn wir türkisch miteinander sprechen, sie mit amerikanischem und ich mit deutschem Akzent. Die Brüder meines Vaters ehelichten übrigens auch alle Cousinen. Ein großer Nachteil dieser Verwandtschaftsehen ist, dass jeder Ehestreit das Potenzial zu einem großen Verwandtschaftsdrama hat. Ebenso wenig, wie ich die genauen Verwandtschaftsverhältnisse der Sippe meines Vaters kenne, habe ich einen Überblick darüber, wer gerade mit wem aus welchem Grund verkracht ist. Harmlose Besuche bei Verwandten werden da schnell zu Missionen auf vermintem Gebiet. Es wird genauestens registriert, wen man in Istanbul als erstes besucht, wie lange man bleibt und wie die genauen Umstände des Besuchs waren. Es gibt A-, B- und C-Besuche. Ein C-Besuch ist, wenn man wochentags an einem Nachmittag zu einer Tasse Tee vorbeischaut. Das ist fast so schlimm wie gar kein Besuch. Ein B-Besuch ist ein Abendessen, möglichst am Wochenende. Zur Not tut's aber auch ein Wochentag. Ein A-Besuch ist ein Abendessen mit anschließender Übernachtung und Frühstück am nächsten Morgen, vielleicht sogar ein Mittagessen dazu. Neugierige Nachbarn halten die nicht anwesenden Verwandten im Bild. Es herrscht absolute Transparenz und man muss sich jeden Schritt gut und genau überlegen.

Es hat eine Weile gedauert, bis ich eine Lösung für dieses Problem fand: Ich habe meiner Mutter verboten, irgendjemandem davon zu erzählen, wenn ich nach Istanbul komme. Auch reise ich immer erst nach Einbruch der Dunkelheit an und verlasse das Land noch vor dem Morgengrauen. Muss ich bei Tageslicht aus dem Haus, trage ich eine Baseballkappe und eine dunkle Sonnenbrille. Auf diese Weise komme ich meistens mit heiler Haut davon.

Zu meiner Stiefmutter habe ich ein gutes Verhältnis. Schließlich wäre sie ja, hätte sie meinen Vater nicht geheiratet, immer noch eine Großcousine von mir. Einmal wurde sie fast zum zentralen Gegenstand eines integrationspolitischen Skandals an meiner Schule. Auf einer Klassenfahrt im siebten Schuljahr, ich muss zwölf oder dreizehn Jahre alt gewesen sein, erzählte ich einer Lehrerin mit jugendlicher Unbekümmertheit von unseren familiären Verhältnissen – unter anderem auch von der Ex-Frau meines Vaters. Dummerweise verwechselte ich dabei »Stiefmutter« mit »Schwiegermutter«. Am darauffolgenden Montag erwartete mich in der Schule eine Minidelegation hochgradig alarmierter Lehrer, die sich einem krassen Fall kindlicher Zwangsverheiratung auf der Spur wähnten. Dies auch noch in verwirrender Konstellation – die Ex-Frau des Vaters nun die Schwiegermutter des kleinen Mehmet? Ich sorgte für Aufklärung; die Enttäuschung der verhinderten Verteidiger abendländischer Kultur und Werte war jedoch groß. »Alter«, dachte ich, »nun musst du aber wirklich mal Deutsch lernen.«

Arrangierte Ehen sind dafür bekannt, dass sie stabiler sind als Liebesehen. Dass sie auch immer glücklicher sind, wage ich zu bezweifeln. Die Ehe meines Vaters war es wohl nicht, trotz seiner sechs Kinder. Mitte der 50er-Jahre lernten sich also meine Eltern bei laufendem Taxameter in Istanbul kennen. Mein Vater trennte sich von seiner Frau, blieb aber mit ihr verheiratet. Meine Eltern wurden ein Paar und 1958 kam meine älteste Schwester Yasemin auf die Welt. 1961 folgte meine Schwester Nurcan.

Für viele Deutsche sind eine arrangierte Ehe und eine Zwangsverheiratung das Gleiche. Das ist aber Unsinn. Entscheidend ist die Freiheit der Brautleute: Heiraten sie aus freien Stücken oder nicht? Die einzigen, die das immer verstehen, sind Adelige. Bei denen waren und sind arrangierte Ehen auch nicht so ungewöhnlich. Türken und Adelige haben wohl eine Menge gemeinsam.

Ehetechnisch gingen meine Geschwister, auch meine Schwestern aber eigene Wege. Yasemin traf ihren zukünftigen Gatten Halil bei gemeinsamen Freunden in Niederschelden. Halil studierte damals Ingenieurswissenschaften in Siegen. Meine Eltern waren glücklich, nicht nur weil mit ihm ein kommender Akademiker als Schwiegersohn zur Familie stieß, sondern auch weil er Türke war.
Meine zweitälteste Schwester suchte sich ihren – deutschen – Ehemann selbst aus. Als sie übrigens mit 16 oder 17 Jahren ihren ersten deutschen Freund hatte, gab es zu Hause noch einen Mordsärger mit dem Ergebnis, dass sie auszog und ins Krankenschwesternwohnheim umsiedelte. Der Mordsärger legte sich jedoch schnell. Es ist alles eine Frage der Zeit. Zu diesem Zeitpunkt waren meine Eltern noch nicht so lange in Deutschland und gingen noch davon aus, dass sie bald wieder in die Türkei ziehen würden. Da

galt es, sich an türkischen Moral- und Sittenvorstellungen zu orientieren. Keine zehn Jahre später, als dieser Traum längst ausgeträumt war, hatte sich auch die Haltung zum Thema Partnerschaft verändert. Heute habe ich Cousinen, die wechseln ihre Freunde so oft wie andere Leute ihre Unterwäsche – und keiner regt sich auf. Alles nur eine Frage der Zeit. Das gilt auch für Verwandtenehen. Als einer meiner Cousins einmal Interesse an meiner Schwester zeigte, jagten ihn meine Eltern entsetzt aus dem Haus.

Meine Eltern hatten einige auffallende Gemeinsamkeiten: Beide hatten früh den Vater verloren und waren mit Hunger und Armut aufgewachsen. Sie waren schon früh extremer Gewalt ausgesetzt gewesen und mussten bereits in jungen Jahren (zu) viel Verantwortung übernehmen. Beide gehörten einer assimilierten ethnischen Minderheit an und landeten als Binnenmigranten (ich hasse das Wort »Migrant«, möchte aber nicht ständig »Einwanderer« schreiben) in Istanbul.

Wieso gingen sie nach Deutschland? Aus demselben Grund, der unzählige Generationen vor und nach ihnen dazu bewogen hat auszuwandern: damit die Kinder es einmal besser haben. Geplant waren vier oder fünf Jahre harter Arbeit in »Almanya«, um das Kapital für den Aufbau einer kleinbürgerlichen Existenz in der Heimat zu verdienen.
Deutschland war weder erste noch letzte Wahl: Es war schlicht die einzige. Die Anwerbung türkischer Gastarbeiter hatte gerade begonnen. Nervös gingen meine Eltern zu der Anwerbestelle in Istanbul. Entscheidend war die Gesundheitsuntersuchung. Ob gebildet oder nicht, fromm oder säkular, Türke oder Kurde, links oder rechts, des Deutschen mächtig oder nicht, diese Charakteristika spielten keine Rolle. Ausschlaggebend waren in erster Linie die Gesundheit und die damit verbundene Arbeitsfähigkeit. Dies war nachvollziehbar, hatte Deutschland Dichter und Denker doch be-

reits im Überfluss. Eine einzige Prozedur empörte meine Mutter, auch wenn sie sie tapfer über sich ergehen ließ: die Musterung ihrer Zähne durch den Amtsarzt, der ihren Unterkiefer packte und begutachtete wie eine Mähre auf dem Pferdemarkt. Einem geschenkten Gaul schaut man nicht ins Maul. Aber meine Eltern waren ja nicht geschenkt, also durfte auch ins Maul geschaut werden, wird sich der Doktor gesagt haben.

Meine Mutter arbeitete zunächst in einer Fabrik in München. Dort wohnte sie mit vielen anderen Frauen aus der Türkei in einem Wohnheim für Arbeiterinnen. Geschlafen wurde in dreistöckigen Betten. Das bescheidene Eigentum wurde in Kartons und Schachteln gestapelt. Eine Privatsphäre gab es nicht. Wozu auch? Nach der anstrengenden Arbeit, oft zwölf oder dreizehn Stunden am Tag, fielen die Frauen erschöpft ins Bett. Auch kannten sie ja niemanden und sprachen kein Wort Deutsch. Mit wem hätten sie sich außerhalb des Heims unterhalten oder verabreden sollen? Jeder Pfennig wurde gespart und in die Heimat überwiesen. Schließlich war es der Traum aller Frauen, irgendwann einmal stolze Eigentümerin einer Wohnung oder gar eines kleinen Hauses in der Heimat zu werden.

Später gingen meine Eltern nach Karlsruhe, und am Ende landeten sie zum großen Entsetzen meiner Mutter in Niederschelden. Dort stand ein Stahlwerk der Firma Krupp, in dem mein Vater Stahlarbeiter wurde.

Meine Mutter fand das Siegerland anfangs provinziell, kalt und dunkel, die Menschen verschlossen und misstrauisch. Es war für sie nicht einfach. Sie kannte Istanbul. Auch München und Karlsruhe waren große Städte. Das Nachkriegs-Siegerland hingegen konnte keinem derartigen Vergleich standhalten. Marketingexperten hatten sich in den 80er-Jahren den Spruch »Siegen – Provinz voller Leben« ausgedacht. Meine Mutter mochte den Spruch, glaubte aber nicht so recht an den »voller Leben«-Teil. Damals mag sie Recht gehabt haben. Aber Siegen hat sich gemausert und ist eine lebenswerte, junge Stadt geworden. Wir haben eine Universität, ein Theater und viele Kneipen und Restaurants.

In Niederschelden kamen später mein Bruder Toni und meine jüngere Schwester Aynur zur Welt. 1972 folgte als Nachzügler und Nesthäkchen mein kleiner Bruder Irfan. Zudem wohnte mein Halbbruder Murat bei uns, sodass wir ein 9-Personen-Haushalt wurden.

Ab 1970 wohnten wir in einem alten, windschiefen Fachwerkhaus in der Niederscheldener Rittergasse. Das Haus war baufällig, die Toiletten befanden sich im Keller und hin und wieder hatten wir ungebetenen Besuch von Ratten und Mäusen. Aus dieser Zeit rührt meine Ratten-Phobie. Sehe ich nachts eine über die Straße huschen, stehe ich kurz vor einem Herzinfarkt. In George Orwells Roman »1984« gibt es eine Stelle, in der Winston Smith, einer der Protagonisten des Buches, gezwungen werden soll, seine Geliebte Julia und die Liebe, die er für sie empfindet, zu verraten. Aber so sehr er auch gefoltert wird, er weigert sich. Erst als sein Kopf in einen Käfig mit zwei großen, hungrigen Ratten gesteckt werden soll, bricht er zusammen.
Beim Lesen dieser Zeilen brach mir der Schweiß aus und mein Herz raste. Wochenlang hatte ich Alpträume.

Unser Haus in der Rittergasse war so heruntergekommen, dass ich aus Scham nie jemanden zu mir nach Hause eingeladen habe. Aber es war groß, und die Miete war niedrig – und nur darauf kam es an. Das Haus steht noch. Manchmal schaue ich es mir auf Google Earth von oben an.

In Niederschelden und der Umgebung gab es einige stillgelegte Bergwerksstollen und Höhlen. Es war streng verboten, sie zu betreten, da sie zum Teil einsturzgefährdet und deshalb nicht ganz ungefährlich waren. Gerade deswegen weckten sie aber meine Abenteuerlust und mussten unbedingt erkundet werden. Einer der Stollen war während des Zweiten Weltkriegs als Luftschutzbunker genutzt worden. Auf unseren Expeditionen fanden wir oft noch Münzen aus der Nazizeit, was mich sehr faszinierte.

Da ist noch eine Sache, die das Landleben besonders attraktiv macht: Wir hatten ja nie Geld, aber irgendwie ist das auf dem Land für Kinder nicht so wichtig. Unsere Freizeitbeschäftigungen waren nie kostspielig. Baumkraxeln kostet nichts. Der Eintritt in Höhe von 50 Pfennig für das Naturfreibad Schinderweiher im Nachbardorf war in den Sommermonaten die einzige kleine Extravaganz, die wir uns leisteten.

In unserer Straße standen nur drei andere Häuser. Wir waren die einzige türkische Familie. Damals lebten in Niederschelden nur wenige Ausländer. Unsere Nachbarschaft in der Rittergasse und in den Nachbarstraßen war sehr gemischt. Viele waren kleine Handwerker oder Arbeiter im Stahlwerk, aber es gab auch einen Arzt und ein paar Unternehmer. Wir lebten weder in einem »Ausländer-Ghetto« noch in einem sozialen Brennpunkt.

Zu Hause wurde mal Deutsch und mal Türkisch gesprochen. Meine Eltern wechselten untereinander jedoch nie ein deutsches Wort. Auch mit uns Kindern sprachen sie ausschließlich Türkisch. Wir Geschwister sprachen unter uns meistens Deutsch oder ein Kauderwelsch aus Deutsch und Türkisch. Manchmal wechselten wir mitten im Satz die Sprache. Unsere Türkischkenntnisse beschränkten sich auf ein sehr begrenztes Vokabular. Auch die türkische Grammatik wurde nur selten unfallfrei angewendet. Waren wir zu Besuch in der Türkei, machten sich andere Türken über unser Türkisch lustig. Dies galt natürlich nicht für meine großen Schwestern. Diese hatten ja die ersten Lebensjahre noch in der

Türkei verbracht und waren dort eingeschult worden. Ihr Türkisch ist einwandfrei.

Meine Eltern haben übrigens nie zwischen ihren Söhnen und Töchtern unterschieden, wenn es um die Bildung ging. Nach Möglichkeit sollten wir alle eine gute Ausbildung, am besten an einer Universität, bekommen. Dass meine ältesten Schwestern nicht die Chance auf Abitur und Studium hatten, lag an ihrem »Pech«, die Ältesten zu sein. Sie waren erst spät aus der Türkei nach Deutschland gekommen und mussten bald auf uns Kleine aufpassen, während die Eltern arbeiteten. Für Yasemin und Nurcan wird es nur ein schwacher Trost sein, dass immerhin meine kleine Schwester Aynur studieren und Diplom-Kauffrau werden konnte.

Grundschule

Im Alter von sechs Jahren wurde ich 1974 eingeschult. Ich ging auf die örtliche Grundschule, die Burgschule hieß und auch ein bisschen aussah wie eine Burg. Das Schulgebäude befand sich nur wenige Meter von unserem Haus entfernt. Morgens brauchte ich nicht länger als zwei Minuten für den Schulweg.

Zur Einschulung kauften mir meine Mutter und meine beiden älteren Schwestern eine große Schultüte mit Süßigkeiten. Eigentlich freute ich mich auf die Schule – wäre da nicht mein Klassenlehrer gewesen, vor dem ich mich irgendwie fürchtete. In der ersten Schulstunde rief er alle Kinder einzeln beim Namen auf, woraufhin jeder aufstehen und Guten Tag sagen musste. Als er den Namen »*Gue*rkan« aufrief, meldete sich niemand – ich wäre nie auf die Idee gekommen, dass ich gemeint war. Zuhause wurde ich immer »Arap« gerufen. Allerdings war ich der einzige Türke in der Klasse. Mein Lehrer kam also zu mir, zog mich am Ohr und sagte, dass ich mich melden müsse, wenn er mich aufruft. Das tat weh. Zudem verstand ich gar nicht, was ich verkehrt gemacht hatte. Ich war doch genauso brav gewesen, wie ich es Yasemin und Mutti versprochen hatte. Dieser missratene erste Schultag sollte nicht ohne Folgen bleiben. Weil ich nun noch größere Angst vor dem Mann an der Tafel hatte, sagte ich gar nichts mehr. Ich machte meine Hausaufgaben, lernte lesen und schreiben, spielte mit den anderen Kindern, aber im Unterricht schwieg ich beharrlich. Ich meldete mich nie, und wenn mein Klassenlehrer mich dennoch etwas fragte, schaute ich ihn nur mit großen Augen an. Einmal machte ich mir sogar in der Klasse in die Hose. Wenn einer auf die Toilette wollte, musste er aufstehen und um Erlaubnis fragen. Da ich mich aber nicht traute, auch nur einen Laut von mir zu geben, pinkelte ich mir in meiner Not lieber in die Hose. Das Toleranzniveau meines Lehrers war niedrig, wenn es um renitente Kinder ging. Er zog mich an den Ohren, gab mir schmerzhafte Kopfnüsse oder eine Ohrfeige, schrie mit rotem Kopf oder warf mit der Kreide nach mir. Ich schwieg. Nach einigen Wochen gab er alle Hoffnung auf und schickte meinen Eltern einen Brief, in dem er lapidar meine Versetzung auf eine Sonderschule ankündigte. Offensichtlich sei ich behindert und geistig nicht in der Lage, dem Unterricht zu folgen. Meine Eltern wussten nicht, was eine Sonderschule ist, dachten jedoch, es wird schon recht sein, wenn der Lehrer es sagt. Schließlich hatte er studiert und wusste am besten, was gut für die Kinder ist. Yasemin allerdings erkannte die Gefahr sofort und war fest entschlossen, etwas zu unternehmen. Hier kam Phillipine Gaumann ins Spiel.

Phillipine Gaumann wohnte bei uns im Haus. Als wir 1969 in die Rittergasse zogen, wohnte sie bereits seit über 20 Jahren dort. Sie war damals 61 Jahre alt. Ihr Mann hatte auch im Stahlwerk gearbeitet, wo er Anfang der 60er-Jahre bei einem Unfall ums Leben gekommen war. Wir Kinder nannten sie immer Oma Phillipine oder einfach nur Oma. Oma Phillipine war eine resolute und sehr fromme Frau. Jeden Sonntag ging sie zur »Versammlung« ihrer freikirchlichen evangelischen Gemeinde; vor jedem Essen dankte sie Gott für seine Gnade. Die Bibel lag stets griffbereit. Dennoch hat Oma Phillipine nie versucht, uns zu missionieren. Auch achtete sie immer darauf, dass es kein Schweinefleisch gab, wenn wir bei ihr aßen. Sie hatte keinen Fernseher und kein Radio. Ich war sehr erstaunt, als einmal die Rede auf den Papst kam und sie lauthals schimpfte. Ich hatte immer gedacht, dass der Papst der Chef aller Christen sei, jedenfalls nach Jesus. Jetzt musste ich erfahren, dass es solche und solche Christen gab.

Oma Phillipine war es auch, die mir mein erstes deutsches Wort entlockte: WARUM. Oma Phillipine unterhielt sich einmal mit einer Nachbarin und ich hörte dieses Wort, das mir auf Anhieb gefiel. Die nächsten Tage antwortete ich auf alle Fragen und Feststellungen konsequent mit »Warum«. Omas Besucher wussten natürlich nicht, dass mein gesamter deutscher Wortschatz nur aus diesem einen Wort bestand, und antworteten geduldig. So lernte ich schnell Deutsch und nahm sogar noch den Siegerländer Akzent an, der durch sein ausgeprägtes und rollendes »r« auffällt. Es gab natürlich zahlreiche Begriffe und Wörter, die ich nur im Siegerland zu hören bekam: »Schur« für Hallo oder »Schossee« für breite Straße.

Oma Phillipine war es, die uns bei den Hausaufgaben half, wenn wir alleine nicht weiterwussten. Sie weckte meine Freude am Lesen, indem sie mir die ersten Bücher schenkte. Wir Kinder wussten, dass man älteren Menschen besonderen Respekt zeigt, und das taten wir auch.

Yasemin ging also mit dem Schreiben meines Lehrers zu Oma. Dort wurde ich einer strengen Befragung unterzogen und erzählte die ganze Geschichte. Daraufhin marschierte Oma gemeinsam mit Yasemin zur Schule. Die alte Dame erklärte dort, dass ich ein normaler, vielleicht ein bisschen schüchterner Junge sei. Die Tatsache, dass ich jeden Tag selbstständig und weitestgehend ohne jede Hilfe meine Hausaufgaben machte, spreche doch für sich und meinen Verbleib auf der Grundschule. Mein Lehrer zog seine Entscheidung zurück. Ich musste aber versichern, mein »Schweigegelübde« zu brechen. Das tat ich dann auch. Ich versprach hoch und heilig, dass ich wieder im Unterricht sprechen würde, insbesondere bei besagtem Lehrer, dem Ohrenlangzieher. Allerdings legte ich mich nicht auf einen Termin fest.

Fürs Erste begnügte ich mich damit, auf alle Fragen zu antworten, zumindest bei den anderen Lehrern. Und dies auch nur, wenn ich direkt gefragt wurde. Ansonsten schwieg ich weiterhin. Doch hörte mein Lehrer auf, mich zu bedrängen, und kam zum Glück auch nicht mehr auf die Idee, mir die Vorzüge der deutschen Sonderschulpädagogik näherbringen zu wollen. Meine Noten waren nämlich gut. Besonderen Spaß machten mir Sachkunde, Erdkunde und Deutsch. Mit Mathematik, Kunst und Sport konnte und wollte ich nichts anfangen. Ich habe mich in diesen Fächern immer irgendwie durchgeschlängelt. Dabei blieb es auch bis zum Abitur.

In meiner Klasse hatte ich anfangs einen schweren Stand. Nicht weil ich Türke war, sondern weil es meine Mutter und meine Schwestern am Tag meiner Einschulung mit mir besonders gut gemeint hatten. Sie hatten mich in eine braun-orange karierte Hose und ein blau-weiß gestreiftes Jackett mit breitem Revers gesteckt. In dieser Kluft hätte man in jedem altehrwürdigen englischen Kricketklub einen roten Teppich für mich ausgerollt. Nicht so in der Burgschule. Schon am ersten Tag wurde ich – von Mädchen! – verkloppt. Die Namen der Täterinnen kenne ich noch heute.
Mit Blick auf meine eingeschränkte Redseligkeit wurde ich nach der Versetzung in die dritte Klasse vor ein echtes Dilemma gestellt: Unsere kleine Burgschule hatte keine eigene Schulbücherei. Deshalb kam einmal in der Woche ein Mann mit einem Wagen voller Bücher vorgefahren. Bei den Büchern handelte es sich um Aben-

teuerbücher, Westerngeschichten und Märchenbücher, die für die Kinder der dritten und vierten Klasse bestimmt waren.

Jedenfalls stand der fremde Mann mit den vielen Büchern bei seinem ersten Besuch vorne bei meinem Klassenlehrer. Jeder, der sich Bücher leihen wollte, musste aufstehen und seinen Namen und die Adresse sagen. Der Büchermann trug diese in seine Liste ein. Wer auf des Büchermanns Liste stand, war im Himmel und durfte sich jede Woche die tollsten Bücher ausleihen. Ich wollte auch! Bei uns zu Hause gab es kaum etwas zu lesen, erst recht keine deutschen Bücher. Aber wie sollte ich das anstellen? Nur noch zwei Jahre, und ich hätte die Grundschule verlassen können, ohne je freiwillig ein Wort von mir gegeben zu haben. Eine verlockende Aussicht. Noch verlockender waren allerdings die Bücher. Was tun? Mein Dilemma war groß. Nachdem sich jeder Bücherwurm hatte eintragen lassen, packte der *Herr der Bücher* seine Sachen ein und war im Begriff zu gehen. In letzter Sekunde stand ich auf und sagte laut: Gürcan Daimagüler, Rittergasse 1 in Niederschelden. Einen kurzen Augenblick herrschte Stille. Die anderen Kinder starrten mich mit offenem Mund an; mein Lehrer ebenso. Dann geschah etwas gänzlich Unerwartetes: Meine Mitschüler fingen an zu klatschen und mit den Füßen zu trampeln. Selbst mein Lehrer schmunzelte. Der Einzige, der nichts verstand, war der Mann mit den Büchern. »Eine seltsame Klasse«, wird er sich gedacht haben. Jubeln los, weil ein kleiner Türke seinen Namen gesagt hat. Ab diesem Tag war ich ein ganz normaler Junge in der 3a. Ein normaler Junge mit Zugang zu Büchern – das war es mir wert gewesen.

In meiner früheren Kindheit waren es Oma Phillipine und meine Schwester Yasemin, die am meisten dafür Sorge trugen, dass wir Jüngeren in der Schule zurechtkamen. Das gilt insbesondere für mich. Von uns Geschwistern ist Yasemin sicher die klügste. Sie ist vielseitig interessiert und weiß eine Menge über Literatur, Kunst und Kultur, Politik und Gesellschaft. In der Türkei hatte sie die

Mittlere Reife abgelegt. Statt aber ihrem Talent entsprechend einen Beruf zu erlernen und sich weiterzuentwickeln, musste sie auf uns Geschwister aufpassen.

Über einige Umwege und dank abendlicher Weiterbildungen konnte meine Schwester schließlich in einem Heim für Behinderte als Betreuerin anfangen. Dies ist eine Arbeit, die die Angestellten physisch und psychisch an ihre Grenzen treibt und miserabel bezahlt wird. Meine Schwester hat sich nur selten beklagt. Doch manchmal gab es leise Vorwürfe gegen meine Eltern, weil sie sich um ihr Leben betrogen fühlte. Ich lenkte dann ein und riet ihr stets, die Vergangenheit ruhen zu lassen. Heute weiß ich, dass das falsch war. Es muss eine große Bürde sein, mit dem Wissen zu leben, weit hinter seinen Möglichkeiten, seinen Ideen und seiner Kreativität zurückgeblieben zu sein. Und es ist wahr: Meine Schwester Yasemin ist teilweise um ihr Leben betrogen worden. Zum Teil gilt das auch für meine Schwester Nurcan. Sie hatten einfach das Pech, die Ältesten unter den Geschwistern zu sein. Ich empfinde Scham, wenn ich daran denke, wie vergleichsweise einfach ich viel Geld verdiene, dass ich privat krankenversichert bin, dass ich sofort einen Arzttermin und alle nötigen Medikamente bekomme. Yasemin, durch die harte Arbeit der letzten 30 Jahre multipel chronisch erkrankt, muss Monate warten und wird halbherzig behandelt. Das ist einfach nicht fair.

Ich glaube, dass sie die Erste war, die in unserer Familie die immense Bedeutung der Bildung verstand und sich deswegen so für unsere Schulausbildung eingesetzt hat. Von ihren fünf Geschwistern konnten drei studieren: mein Bruder Irfan, meine Schwester Aynur und ich. Meine Schwester Nurcan hat eine fundierte Ausbildung als Kinderkrankenschwester und diplomierte Fachschwester für Hygiene erhalten. Mein Bruder Toni machte eine Ausbildung zum Bürokaufmann.

Den beiden Söhnen meiner Schwester Yasemin, Tolga und Timur, ist nun das vergönnt, was ihr verwehrt blieb. Tolga promoviert an einem der renommiertesten Forschungsinstitute Deutschlands über Bio-Informatik. Timur machte das zweitbeste Abitur seiner Schule und studiert, in die Fußstapfen seines Onkels tretend, Jura an der elitären Bucerius Law School.

Was meine schulischen Leistungen angeht, bin ich nicht besonders stolz. Allerdings schaffte ich als Einziger in meinem Abiturjahrgang auf dem Gymnasium am Rosterberg (heute das Peter-Paul-Rubens-Gymnasium) eine glatte Eins in Deutsch, was mich sehr freute. Meiner Deutschlehrerin sei Dank. Mein Neffe Timur machte es mir 20 Jahre später nach und holte sogar noch einen Punkt mehr.

Meine Schwester kann stolz sein – auf ihre Söhne und vor allem auf sich selbst. Sie und mein herzensguter Schwager Halil haben, was die Erziehung meiner Neffen angeht, alles richtig gemacht. Und die Reise geht weiter: Tolga hat seine langjährige Freundin Katrin geheiratet, ein Supermädel. Beide sind jetzt Eltern des süßen Ilyas und des kleinen Enes, was mich zum Großonkel macht.

Aber alles der Reihe nach. 1985 zogen wir von dem Haus in Niederschelden nach Gosenbach, einem Nachbarort. Oma lebte danach allein. Doch sie konnte sich darauf verlassen, dass mindestens einmal in der Woche einer von uns vor ihrer Tür stand. Sie freute sich immer über einen kleinen Plausch und nahm bis zuletzt Anteil an unserem Leben.

1995 erlitt sie einen Schlaganfall und wurde in das örtliche Krankenhaus in Siegen eingeliefert. Meine Schwester Yasemin, Omas Tochter, ihre Enkelin und ich waren bei ihr, als sie die Augen für immer schloss.

Einige Tage später fand in Niederschelden die Beerdigung statt. Ich kam als einer der Letzten in das Volkshaus und suchte mir in den hinteren Reihen einen Sitzplatz. Der Saal war voll, und ich kannte viele der Gesichter, obwohl ich schon Jahre zuvor unser Dorf verlassen hatte. Plötzlich winkte mich Onkel Walter, Omas

Schwiegersohn, nach vorn. Zu meiner Überraschung sah ich, dass Omas Familie uns Daimagülers in der ersten Reihe Plätze frei gehalten hatte. Eigentlich sind diese Plätze nach Niederscheldener Brauch ausschließlich für die Familie des Verstorbenen bestimmt. Als wir uns nun dort hinsetzten, gab es viele erstaunte Blicke. Niemals zuvor und danach habe ich mich in Deutschland so sehr zu Hause gefühlt wie in diesem Moment. Ich kann behaupten, dass kein anderer uns stärker integriert hat als Oma – im Leben und sogar über den Tod hinaus. Sie hat uns fast im Alleingang nach Deutschland geholt. Ich weiß, dass meine berufliche Karriere anders – schlechter – verlaufen wäre ohne diese Frau.

Urlaub in Istanbul

Die vier Jahre meiner Grundschulzeit vergingen wie im Fluge. Die Sommerferien erschienen uns unendlich lang. Meine Eltern nahmen das ganze Jahr keinen Urlaub, um dann im Sommer ganze sechs Wochen in der Türkei zu verbringen. Genau genommen waren es nur fünf Wochen. Denn wir fuhren ja mit dem Wagen in die Türkei. Vater hatte eigens für diesen Zweck einen Ford Transit gekauft. Der Wagen wurde vollgestopft mit unserem Gepäck und den Geschenken für die liebe Verwandtschaft. War alles sicher verstaut, musste noch der Proviant für die lange Reise untergebracht werden. Hierfür kochten und backten meine Mutter und meine Schwestern tagelang – hier galt noch die klassische Rollenverteilung. Das war aber auch gut so. Hätten wir Jungs gekocht, wären wir alle spätestens in München verhungert oder mit Vergiftungserscheinungen in ein Krankenhaus eingeliefert worden. Es gab Nudelsalat, Eiersalat und Hirsesalat. Dazu jede Menge Köfte. Das sind leckere türkische Frikadellen, die mit Petersilie zubereitet und stark gewürzt werden. Unterwegs machten wir an Rastplätzen halt. Mit Hilfe eines kleinen Gasofens wärmten wir das Essen auf oder kochten starken türkischen Tee oder einen Mokka. Der war dann aber nur für die Großen bestimmt.

Wir beluden unseren Ford schon am Abend vor der Reise, denn am frühen Morgen ging es los. Wir Kinder zählten schon lange vorher die Tage und Nächte, bis zur Abfahrt, aber wenn es dann endlich losging, wollten wir lieber weiterschlafen. Doch mein Vater kannte keine Gnade: Er wollte jeden Stau vermeiden und möglichst weit kommen am ersten Tag. Wir taumelten schlaftrunken in den Wagen, wo wir sofort weiterschliefen und erst wieder aufwachten, wenn wir am Mittag Salzburg erreicht hatten. Es ging dann quer durch Österreich in das damalige Jugoslawien. In der Nähe von Maribor oder Laibach endete die erste Etappe. Mein Vater war erschöpft. Von der Fahrt, aber auch von meiner Mutter, die ihn ständig ermahnte, langsamer zu fahren, nicht zu überholen, zu blinken oder nicht so dicht aufzufahren.

Am frühen Morgen des nächsten Tages ging es dann weiter. Am späten Vormittag erreichten wir Belgrad. Belgrad war die einzige Stadt auf unserer Reise, wo wir den Autoput, die schier endlos scheinende Straße von der österreichischen bis zur bulgarischen Grenze, verließen. Denn in Belgrad gab es täglich einen Markt. In den Jahrhunderten unter osmanischer Herrschaft hatten die Serben das eine oder andere von den Türken übernommen. Dazu zählt sicherlich die anatolische Kochkunst. Jedenfalls gab es auf diesem Markt Börek. Das ist eine mit Schafskäse oder Hackfleisch gefüllte Blätterteigtasche. Meine Eltern waren fest davon überzeugt, dass man nirgends, nicht einmal in der Türkei, einen so köstlichen Börek bekomme. Sie hatten Recht. Nie wieder habe ich Börek gegessen, der an die Qualität des unbekannten Belgrader Bäckers herangereicht hätte.

Am Ende des zweiten Tages erreichten wir irgendwo hinter Niš die Grenze zu Bulgarien. In Niš gabeln sich die Hauptverbindungswege von Mitteleuropa in die Türkei und nach Griechenland.

Am dritten Tag ging es dann über Plowdiw und Sofia in die Türkei. In Edirne überfuhren wir die türkische Grenze und erreichten am Abend Istanbul. Wir Kinder wurden immer aufgeregter und wetteten, wer als Erster das Meer sehen würde. Das Marmarameer wurde dann mit großem Jubel von uns begrüßt. Schließlich war die Aussicht auf möglichst viele Besuche am Meer eine der Hauptattraktionen der Reise, jedenfalls für uns Kinder. Manchmal, wenn wir gut in der Zeit lagen, hielt mein Vater einfach irgendwo an der Küste und wir sprangen schon mal in die Fluten. Sogar meine Eltern machten dann mit!

Fünf Wochen später ging es in umgekehrter Richtung wieder zurück. In all den Jahren haben wir großes Glück gehabt. Manchmal hatten wir eine Panne oder gerieten in einen nicht enden wollenden Stau. Dann dauerte die Reise nicht drei, sondern bis zu sechs oder sieben Tage. Das eine oder andere Mal wurden wir unterwegs von Polizisten angehalten, die zunächst unter fadenscheinigen Vorwänden die Verkehrstauglichkeit unseres Fords bemängelten, um dann zehn Mark oder eine Stange Westzigaretten als Wegzoll zu kassieren. Einmal überfuhr mein Vater in Bulgarien ein Schaf. Der Hirte hatte seine Herde in stockfinsterer Nacht über die Straße getrieben. Zum Glück erwischte mein Vater aber nur das eine. Nachdem der Hirte entschädigt worden war, konnte es weitergehen. Nie gerieten wir in einen schweren Unfall. Das war nicht selbstverständlich. Entlang der ganzen Strecke sahen wir links und rechts am Straßenrand immer wieder zerstörte Autos mit Berliner, Kölner und Münchner Kennzeichen, oft mit Toten oder Verletzten.

Nach der Grundschule

Im Januar 1978 wurde ich zehn Jahre alt, und fünf Monate später war meine Grundschulzeit an der Burgschule vorbei. Mein besagter Lehrer war mir als mein Klassenlehrer bis zuletzt erhalten geblieben. Nun ging es darum, was als Nächstes kommen würde. Meine Noten waren gut, und in einigen Fächern war ich der Klassenbeste, ohne besonders streberhaft zu sein, wie ich glaube.

Eines Tages gab mir mein Lehrer einen Brief für meine Eltern mit, den ich gleich bei Yasemin ablieferte. Meine Eltern waren zwar nun schon 17 Jahre in Deutschland, sprachen aber noch immer nur gebrochen Deutsch, vom Schreiben und Lesen ganz zu schweigen. Sie sahen keinen Sinn darin, es zu lernen. Es war ja immer noch geplant, »allerspätestens nächstes Jahr« in die Heimat zurückzukehren. Und wann sollten sie es auch lernen? Sie schufteten ja den ganzen Tag.

In dem Schreiben teilte uns die Schule lapidar mit, dass das Schuljahr bald vorbei sei. Meiner Versetzung in die fünfte Schulklasse stünde nichts entgegen. So weit, so gut. Im nächsten Satz verkündete er dann, dass meine weiterführende Schule die Hauptschule sei. Meine Schwester war alarmiert. Sie wusste, dass ich ein guter Schüler war. Die Entscheidung des Lehrers war ihr vollkommen unerklärlich. Oma Phillipine war nicht erreichbar. Sie war wohl, wie jedes Jahr zum Sommeranfang, im Urlaub am Bodensee. Jedenfalls marschierten meine Schwestern Yasemin und Nurcan mit mir im Schlepptau zu meinem Klassenlehrer, um ihn umzustimmen. Er nahm uns sehr freundlich auf und hörte aufmerksam zu, als meine Schwestern ihm mein Zeugnisheft mit den guten Noten der letzten vier Jahre präsentierten. Am Ende lächelte er sogar, was uns hoffen ließ. Dann sagte er in einem jovialen Tonfall etwas wie: »Kinder, Kinder, wie stellt Ihr Euch das denn vor? Ein Türkenjunge auf dem Gymnasium!« Dabei musste er laut auflachen. Als wären meine Schwestern etwas schwer von Begriff. Als hätten sie ihn gerade gebeten, mir zum Geburtstag eine Boeing 747 zu schenken. Es war mehr als die paternalistische Herablassung, die man zuweilen erlebt. Es war pure Verachtung.

Ich bin mir nicht sicher, ob mein Lehrer ein Rassist war. Er war weit gereist. Auf seinem alten Mercedes klebten Aufkleber von Ägypten bis zum Iran. Auch hatte er bis zu diesem Augenblick nie meine Herkunft zum Thema gemacht. Es war 1978, und wir lebten auf dem Land. Der Pfarrer, der Lehrer und der Arzt waren Respektspersonen. Die Arbeiter, ob auf dem Hof oder in der Fabrik, gehörten der proletarischen Schicht an. Und Proletarierkinder gehörten nun einmal auf die Hauptschule und nicht auf das Gymnasium. Vielleicht war es das, was dieser Mann uns vermitteln wollte. Aber gesagt hat er *Türkenjunge*, und nicht Arbeiterkind.

War er Rassist? Ich weiß es nicht. Zweifellos aber war er ignorant und ungerecht. Einige meiner Klassenkameraden, die oft bei mir abgeschrieben hatten, durften auf das Gymnasium und ich nicht. Alle diese Kinder waren Deutsche, und die meisten kamen aus Akademikerfamilien. Klüger oder fleißiger als ich waren sie nicht. Damals war die rechtliche Stellung eines Klassenlehrers viel stärker als heute. Eine »Schulempfehlung« war alles andere als eine bloße »Empfehlung« an die Schulbehörde. Es war eine Entscheidung, an der es nichts zu rütteln gab. Von den Möglichkeiten eines Widerspruchsverfahrens oder einer Verwaltungsklage wussten wir natürlich nichts. Da unterschieden wir uns nicht von unseren proletarischen deutschen Nachbarn.
Zum ersten Mal wurde ich mir meiner Herkunft wirklich bewusst. Ich realisierte, dass es nicht gut ist, Ausländer, Arbeiterkind *und* arm zu sein.
Im August 1978 kam ich als Fünftklässler auf die Hubenfeldschule. Die Hubenfeldschule war Ende der 60er-Jahre gegründet worden.

Sie lag oben auf dem Berg, gleich neben dem Gymnasium. Morgens sah ich meine ehemaligen Klassenkameraden auf ihrem Weg zur Schule. Es dauerte nicht lange, bis das Grüßen und das Miteinanderspielen aufhörten. »Die« waren nun angehende Akademiker und »wir« waren die Arbeiter in spe. Das Sein bestimmt auch bei Kindern das Bewusstsein. Ich konnte damals nicht ahnen, dass die folgenden Jahre auf der Hauptschule zu den lehrreichsten meiner Schulzeit werden sollten – im Guten wie im Schlechten.

Rassistische Anfeindungen

Der Unterricht machte mir großen Spaß. Die Lehrer waren sehr engagiert und aufmerksam. Sie forderten und förderten. So viel Pech ich mit meinem Grundschullehrer hatte, so viel Glück hatte ich mit meinen Lehrern auf der Hauptschule auf dem Hubenfeld. Zwar sollte die Hauptschule uns »nur« auf das Leben als Arbeiter oder kleine Angestellte vorbereiten, aber sie war bei Weitem nicht in einem solch erbärmlichen Zustand wie heute, wo man Hauptschullehrer wie Hauptschüler achselzuckend ihrem Schicksal überlässt. Damals konnte ein Hauptschüler davon ausgehen, nach der Schulzeit eine Ausbildungsstelle oder einen Arbeitsplatz zu finden. Im Gegensatz zu heute waren wir Hauptschüler früher nicht stigmatisiert.

In der Grundschulzeit hatte ich grundsätzlich Schwierigkeiten mit meinem Klassenlehrer, aber niemals mit anderen Kindern. Das sollte sich nun ändern. Es begann schon kurz nach meiner Versetzung in das fünfte Schuljahr. Einige ältere, vor allem auch größere Jungs lauerten mir nach der Schule auf. Sie schubsten mich erst herum und versetzten mir, als ich nicht reagierte, einige Faustschläge ins Gesicht und in den Magen. Als ich nach Luft japsend auf dem Boden lag, gab es noch ein paar Tritte. Einer rief im Gehen noch: »Der einzige Unterschied zwischen Türken und Juden ist, dass die Juden es schon hinter sich haben.« Das war das erste Mal, und es sollte nicht bei diesem einen Vorfall bleiben. Aber ich hörte auf, es mir einfach gefallen zu lassen. Ich wehrte mich. Ich trat, ich schlug. Am Ende lag ich trotzdem immer auf dem Boden. Auch mit zehn Jahren war ich noch der Kleinste von allen. Aber ich verkaufte meine Haut so teuer wie möglich. Sah ich meine Peiniger morgens aus der Ferne vor dem Schultor stehen, hätte ich problemlos einen kleinen Umweg nehmen und durch das hintere Tor in die Schule gelangen können. Das habe ich aber nie gemacht, auch wenn es für mich oft Prügel bedeutete.

Diese Auseinandersetzungen waren anders als die Rangeleien in der Grundschule. Sie waren nicht mehr kindlich. Auch die ständigen Beschimpfungen »Scheißtürke« und »Kanake« waren neu. Ich glaube zwar nicht, dass einer dieser Jungs später dauerhaft in die rechtsextreme Szene abgerutscht ist, aber definitiv waren sie gemein, feige und hochgradig aggressiv. Ihre Aktionen reichten allemal, um mir das Leben schwer zu machen.
In den zwei Jahren auf der Hauptschule veränderte ich mich. Bis dahin war ich eher schüchtern und still gewesen. Stille, schüchterne Jungs werden verprügelt – insbesondere, wenn sie klein, schmächtig und türkisch sind. Ich trainierte mir eine große Klappe an. In der freien Wildbahn legen sich die wehrlosesten Kreaturen schrille Farben zu oder plustern sich auf. Dadurch wirken sie stark oder gefährlich und werden weniger oft von den wirklich Großen und Starken gefressen. Das war auch meine Strategie auf der Hauptschule. Wichtig war, niemals liegen zu bleiben oder um Gnade zu bitten. Zu weinen kam schon gar nicht in Frage. Stattdessen stand ich immer wieder auf und ging auf den Stärksten der Gruppe los. Natürlich lag ich einige Sekunden später wieder im Dreck, und das Ganze begann von vorn. Durch diese harte Tour erwarb ich mir aber zumindest den Ruf, ein zäher kleiner Bursche zu sein. Irgendwann wurde ich nur noch verhauen, wenn die an-

deren genug Zeit hatten, um sich mit mir herumzuschlagen. Immerhin ein Fortschritt. Mir wurde bewusst, dass ich immer bloß der Fußabtreter anderer Leute sein würde, solange ich so klein blieb. Ich musste groß werden! Und zwar nicht nur körperlich.

Auf dem Weg zu diesem Ziel blieben meine kindliche Unschuld und das Grundvertrauen zu anderen Menschen auf der Strecke. Doch das ist wohl nichts weiter als der normale Lauf der Dinge, wie er vielen Menschen blüht.

Den Lehrern habe ich von alldem nie etwas gesagt. Zum einen war Petzen verpönt. Zum anderen glaube ich auch nicht, dass das irgendetwas gebracht hätte. Ein gewisser »rustikaler« Umgang war bei uns auf dem Land – und gerade auf der Hauptschule – nicht ungewöhnlich.

Meinen Eltern habe ich nichts davon erzählt. Ich hätte mich viel zu sehr geschämt, einzugestehen, dass ich ständig verhauen wurde. Insbesondere mein Vater durfte dies nie erfahren. Er hielt mich ohnehin für einen Schwächling. Nicht die Schlägereien als solche hätte er verurteilt, sondern, dass ich als Verlierer vom Platz ging. Gewalt war für meinen Vater nicht nur ein Mittel zur Durchsetzung der eigenen Interessen. Körperliche Kraft, Durchsetzungsvermögen und ein eiserner Wille waren in seinen Augen Attribute, ohne die ein Mann kein richtiger Mann war. Diese Einstellung war zwar alles andere als zeitgemäß, dennoch war sie Teil meiner alltäglichen Realität. Dabei war mein Vater kein übler Geselle. Er war nur leider selbst mit Gewalt aufgewachsen und hatte sie als selbstverständliche Komponente des Lebens und der Erziehung absorbiert.

Wenn früher in der Türkei Kinder eingeschult wurden, sagte häufig der Vater zum Lehrer das türkische Sprichwort: »Eti benim, kemiği senin.« Mir gehört sein Fleisch, dir gehören die Knochen. Damit gab er dem Lehrer offiziell die Erlaubnis, sein Kind zu züchtigen.

Gewalt auf der Straße

Hatten wir Kinder etwas ausgefressen, gab es bei uns nicht die klassischen deutschen Strafen wie Zu-Bett-gehen-ohne-Abendessen, Stubenarrest oder die Streichung des Taschengeldes. Meinen Eltern wäre es nie in den Sinn gekommen, ihren Kindern das Abendessen zu verweigern. Stubenarrest? Wozu sollte das gut sein? Und Taschengeld gab es ohnehin keins.

Stattdessen gab es Gewalt. Von der Ohrfeige bis hin zu Faustschlägen und Tritten. Eingesetzt wurde, was gerade griffbereit war. Ein Gürtel, ein Knüppel. Es waren regelrecht eruptive Ausbrüche von Gewalt. Mein Vater plante nicht, uns zu verprügeln. Auch die Dauer bemaß er willkürlich und situationsabhängig. Doch jedes Mal war es fürchterlich.

Mein Vater hat seine Kinder geliebt, dessen bin ich mir ganz sicher. Ganz besonders hing er an meiner kleinen Schwester und an meinem kleinen Bruder. Aber je älter er wurde, desto weniger konnte er es zeigen. Meinen älteren Halbbruder Murat und mich schädigte er in unterschiedlicher Weise ganz besonders. Ich war ohnehin eine komplette Enttäuschung, ein Schwächling und ein Mama-Söhnchen. Einmal fuhren wir in die Stadt. Ich muss damals 13 oder 14 Jahre alt gewesen sein. Er saß vorne mit Mustafa, einem Freund der Familie. Dieser drehte sich zu mir um und sagte: »Kerim, der Mehmet, das ist ein guter Junge. Der wird im Alter für dich sorgen.« Mein Vater entgegnete in verächtlichem Ton: »Der da? Dieser Hund steht ja noch nicht einmal auf, wenn ich das Zimmer betrete.« Mein Vater forderte Respekt von seinen Kindern. Doch indem er ihn notfalls mit Gewalt von uns einforderte, erwies er sich selbst als respekt*loser* Charakter. Und wie sollte ich jemanden respektieren, der mich das Gegenteil lehrte?

Auch mein Halbbruder Murat spürte oft die harte Hand meines Vaters. Er war aber anders als ich und entwickelte sich selbst sehr früh zu jemandem, der zuschlägt. Im Unterschied zu mir genoss er als erstgeborener Sohn jedoch die besondere Wertschätzung meines Vaters. Dennoch wurde er oft wegen Nichtigkeiten verprügelt. Andererseits übte mein Vater kurioserweise in Situationen, in denen durchaus väterliche Strenge geboten gewesen wäre, nicht nur Nachsicht, sondern verhätschelte ihn geradezu. Dieser lernte daher keine echten Werte. Wenn wir Kinder uns im Sommer am Apfelbaum des Nachbarn gütlich taten und uns dabei erwischen ließen, wurden wir windelweich geprügelt. Gern vor dem Nachbarn selbst, damit dieser sich davon überzeugen konnte, dass im Hause Daimagüler Zucht und Ordnung herrschten. Schließlich ging es auch darum, den Stand des Familienvaters als ehrenhaften Mann zu verteidigen. Die Vermittlung von Werten, in diesem Fall das siebte Gebot: Du sollst nicht stehlen, stand weniger im Vordergrund. Als mein Halbbruder eine Ausbildung zum Kfz-Mechaniker begann, brachte er wie selbstverständlich Zündkerzen und weitere Utensilien aus der Werkstatt mit. Ich bezweifle, dass die Mitbringsel ein Geschenk der Werkstatteigentümer an ihren Lehrjungen waren. Davon konnte auch mein Vater nicht ausgehen. Anstatt seinen Erstgeborenen zur Rede zu stellen oder ihn zu ermahnen, baute er jedoch das Diebesgut erfreut in seinen Wagen ein und machte sich somit zum Komplizen seines Sohnes. So versündigte sich mein Vater doppelt an ihm: als prügelnder Vater und gleichzeitig als jemand, der meinem Halbbruder nie die Grenzen aufzeigte, die jeder Jugendliche braucht. Wie soll ein junger Mensch ohne Regeln lernen, richtig und falsch zu unterscheiden? Vor allem, wenn der Vater ihm hier höchst konträre Vorstellungen vermittelt?

Aber bevor mein Vater moralisch verurteilt wird, muss ich es noch einmal anmerken: Wir waren arm. Als reicher Mensch kann man viel besser gut sein – zumindest theoretisch.

Ich liebe die »Dreigroschenoper« von Bertolt Brecht. Dort heißt es in der »Ballade über die Frage: Wovon lebt der Mensch?«:

Ihr Herrn, die ihr uns lehrt, wie man brav leben
Und Sünd und Missetat vermeiden kann
Zuerst müsst ihr uns was zu fressen geben
Dann könnt ihr reden: damit fängt es an.
Ihr, die ihr euren Wanst und unsre Bravheit liebt
Das Eine wisset ein für allemal:
Wie ihr es immer dreht und immer schiebt
Erst kommt das Fressen, dann kommt die Moral.
Erst muss es möglich sein, auch armen Leuten
Vom großen Brotlaib sich ihr Teil zu schneiden.

Es dauerte nicht lange, und Murat geriet mit dem Gesetz in Konflikt. Zunächst gelegentlich, dann häufiger. Es war nie etwas wirklich Schlimmes dabei, doch die Summe aller kleinen und größeren Gaunereien, der Schlägereien und der Sachbeschädigungen machten ihn bald zu einem Fall für die Justiz. Dazu kam sehr bald der Alkoholkonsum, der ihn vollkommen unberechenbar und irgendwann zu einer Gefahr für sich selbst und die ganze Familie werden ließ.

Gewalt zu Hause

Ich habe in meinem Leben mehr Nasen als Herzen gebrochen. Das mag manche überraschen. Nicht nur, weil ich eher von kleiner Statur bin – gerade mal 1,70 groß –, sondern weil ich Akademiker bin und »gebildete« Leute angeblich ihre Konflikte mit Worten statt mit den Fäusten lösen. Ich selber bin nur erstaunt, weil ich Gewalt eigentlich hasse. Ich kann mir Schlägereien kaum im Fernsehen anschauen, ohne dass mir ein wenig schlecht wird. Hätte ich Kinder,

würde ich versuchen, jegliche Form von Gewalt von ihnen fernzu-
halten. Und doch: Gewalt ist Teil meiner Vergangenheit, Teil meiner Gegenwart und vielleicht auch Teil meiner Zukunft. Gewalt ist
Teil meines Lebens.

Bis zum Alter von neun oder zehn Jahren war ich mit Gewalt kon-
frontiert, die irgendwie akzeptabel war. Hier eine kleine Ohrfeige
von den Eltern, dort Raufereien mit anderen Kindern. Zimperlich
ist auf dem Land niemand. Nachtragend auch nicht. Da wird nicht
gleich bei jedem kleinen Nasenstüber nach den Eltern gerufen.
Mit der Zeit wurde es jedoch schlimmer. Nicht nur, weil es jetzt
Faustschläge und Tritte gab, wo vorher gestoßen oder geohrfeigt
wurde, sondern weil jetzt oft blanker Hass im Spiel war.

Es ist ja nicht nur so, dass ich Gewalt erlebt und gelebt habe. Es ist
auch so, dass eine Art Ideologie der Gewalt Teil meiner Erziehung
war. Mein Vater – und es war allein mein Vater, meine Mutter hat
immer versucht, mich von Gewalt fern zu halten – hat mir beige-
bracht, dass ich ein richtiger Mann sein muss. Manche Aspekte
des Mannseins haben damals viel Sinn gemacht und machen auch
heute noch für mich Sinn: Ein richtiger Mann, so hat es mich mein
Vater gelehrt, sorgt für seine Familie. Ein richtiger Mann arbeitet
hart und sorgt dafür, dass die Familie ein Dach über dem Kopf und
Essen auf dem Teller hat. Ein richtiger Mann verlässt seine Familie nicht. Ein richtiger Mann treibt sich abends nach der Arbeit
nicht in Kneipen herum. Ein richtiger Mann, auch das ist so, ist
kinderlieb.

Ein richtiger Mann aber lässt sich auch Ungerechtigkeiten nicht
gefallen. Er lässt sich Beleidigungen nicht gefallen, weder gegenüber sich selbst noch gegenüber seiner Familie. Er strahlt so viel
Autorität aus, dass niemand auf die Idee kommt, ihn oder seine
Familie zu beleidigen. Die Familienehre ist wichtig. Von ihr hängt
das Ansehen in der Gesellschaft ab. Ein richtiger Mann sucht kei-

nen Streit, aber er geht ihm auch nicht aus dem Weg. Denn das könnte als Feigheit gedeutet werden, was wiederum die Ehre verletzt.

»Şerefsiz« war einer der schlimmsten Ausdrücke, mit denen mein Vater einen anderen Mann bezeichnen konnte. Es bedeutet »ehrlos«.

Mein Vater predigte uns nicht, bei der Erreichung unserer Ziele Gewalt anzuwenden. Er sagte bloß, dass wir uns wehren sollten. Gegen Leute, die uns angriffen. Dabei war es irrelevant, ob nun ein Angriff durch Taten oder durch Worte erfolgte. Für mich war das mehr als problematisch. Denn ich war als Kind viel kleiner und schmächtiger als meine Schulkameraden. Oft genug musste ich mich mit ihnen anlegen, obwohl ich das eigentlich gar nicht wollte. Die waren ja nicht blöd. Sie wussten, dass sie einfach nur etwas Gemeines über meine Mutter sagen mussten, um den Schalter bei mir umzulegen. Sobald ich dann versuchte, mit meinen kleinen Fäustchen die Familienehre wiederherzustellen, fing ich mir eine. Manchmal kam es noch dicker. Dann wurde ich zusätzlich von den Lehrern niedergemacht, weil ich »ja angefangen hatte mit der Schlägerei«. Wenn ich versuchte zu erklären, dass ich »beleidigt« worden war, hieß es immer: »Das sind doch bloß Worte. Stell dich nicht so an!«

Für mich bestand hier ein echter Wertekonflikt, denn nach der Erziehung meines Vaters waren es eben nicht bloß Worte. Sie betrafen den schützenswerten Kern der männlichen Existenz. Ich musste also losziehen und Schlachten schlagen, auf die ich absolut keine Lust hatte.

Vielleicht war es meinem Vater in seiner Jugend auch so ergangen? Frei war er letztendlich auch nicht. Seine Kindheit hatte er in einer Welt fernab von Gesetzen und Organen verbracht. In seiner Heimat, diesem äußersten östlichen Winkel der Türkei, war es wichtig gewesen, von der Gemeinschaft als Mann akzeptiert und respektiert zu werden. Das Ansehen, die Autorität eines Mannes spielten eine wichtige Rolle. Die Normen der Gemeinschaft waren vorrangig vor den Gesetzbüchern des Staates und sogar wichtiger als die Gesetze der Religion. Denn im Notfall waren sowohl der Staat als auch Allah zu weit weg, um helfen zu können. Die tradierten Gesetze des ländlichen Ostens waren außerdem viel älter als der Staat, älter als der Koran. In dieser festgefahrenen Welt war mein Vater aufgewachsen; nach ihren Regeln war er erzogen worden. Daher war sie ein manchmal schlicht notwendiges Übel. Seine Devise lautete: Greif niemanden an, sei aber auch kein Feigling! Lass dir nicht alles gefallen!

Gewalt ist also nicht grundsätzlich schlecht und unter allen Umständen zu vermeiden. Es gibt Situationen, in denen man sich im Sinne des Notwehrrechts des Strafgesetzbuchs mit Gewalt wehren darf; dann nämlich, wenn man angegriffen wird. Geschützt werden sollen Leben, Leib, Freiheit, Eigentum und ja, auch die Ehre.

Entscheidend für meine Einstellung zur Gewalt war meine eigene Gewalterfahrung, erst zuhause, später in der Schule und auf der Straße. Mir ging es im Prinzip so wie allen meinen türkischen Freunden und Bekannten. In diesem Punkt decken sich meine persönlichen Erfahrungen auch mit wissenschaftlichen Untersuchungen. Demnach werden in zwanzig Prozent aller türkischen Haushalte in Deutschland Kinder unter Anwendung von Gewalt erzogen. Dass schlagende Väter ein problematisches Vorbild für ihre Söhne sind, ist unstrittig. Geschlagene Kinder schwanken zwischen Minderwertigkeitsgefühlen und der Vorstellung, sich nur durch Härte und Aggressivität durchsetzen zu können. Gewaltfreie Konfliktlösung wird nicht erlernt und als »unmännlich« abgelehnt.[3]

---

3. Siehe dazu: U. Fuhrer/H. Uslucan, Familie, Akkulturation & Erziehung, Stuttgart 2005

Erziehung mit Hilfe von Gewalt war früher in der Türkei gebräuchlich. Diese Zeiten sind auch in der Türkei weitgehend passé. Doch haben viele Türken in Deutschland ein Türkeibild im Kopf, das aus den 60er-Jahren stammt, der Zeit, in der sie das Land verließen. Während in der Türkei selbst eine zeitgemäße Entwicklung gesellschaftlicher Regeln und Konventionen stattfand, herrscht in den Köpfen der hier ansässigen Türken in Erziehungsfragen oftmals Stillstand. Diese Flucht vor der Moderne ist unter Türken in Deutschland ein weit verbreitetes Phänomen. Die Türken in der Türkei sind paradoxerweise oft moderner und westlicher als die deutschen Türken mitten in Westeuropa.

Die Gewalt, die man zuhause lernt, gibt man weiter. Eine Untersuchung des früheren niedersächsischen Justizministers Christian Pfeiffer zeigte vor einigen Jahren, dass auf 100 türkische Jugendliche nach deren eigenen Angaben pro Jahr fast dreimal so viele Gewalttaten kommen wie auf gleichaltrige Deutsche. Aber auch das sei hier aus eigener Erfahrung gesagt: Als Türke in Deutschland kommt man einfach öfter in Konfliktsituationen. Man wird öfter angemacht, beleidigt, bedroht.

Für mich war Gewalt in den ersten 17, 18 Jahren meines Lebens ganz normaler Bestandteil meines Alltags. Nach dem Tod meines Vaters und nachdem wir nach Gosenbach gezogen waren, wohnten wir in einer Sozialsiedlung. Kaum waren wir eingezogen, kam mein kleiner Bruder mit blutender Nase nach Hause. Was war geschehen? Mein Bruder ist der friedlichste Junge, den ich kenne. Einmal ist er mit seinem Wagen in den Straßengraben gefahren, weil er eine Taube nicht überfahren wollte. Jedenfalls erzählte er mir, dass ein Nachbarjunge auf dem Spielplatz ihm ohne jeden Grund ins Gesicht geschlagen habe. Dieser Nachbarjunge war in meinem Alter, also älter als mein Bruder und auch größer als mein Bruder oder ich. Dies war ein wichtiger Fakt! Wäre er nämlich im Alter meines Bruders gewesen, so hätte mein Bruder alleine klar kommen müssen. Wenn aber ein älterer und stärkerer Junge sich an meinem kleinen Bruder vergriff, dann war ich als sein großer Bruder gefordert. Und es ging dabei nicht nur um meinen Bruder. Es ging auch um mich. Und darum, dass dieser Nachbarjunge demonstriert hatte, dass er weder meinen Bruder noch mich fürchtete, ergo auch nicht respektierte. Auch wenn ich darauf keine Lust hatte, musste ich also raus und die Sache klären. Ich ging auf den Spielplatz. Dort saß der Bursche mit seinen Kumpeln. Als ich mich näherte, lachten sie. Ich ging auf den Täter zu. Er sagte so etwas wie: »Da kommt schon der Näc…« Den Satz sprach er nicht zu Ende. Ohne ein Wort schlug ich ihm erst mit aller Wucht ins Gesicht und brach ihm die Nase. Ich konnte sie knacken hören. Dann zwei Schläge, so fest ich konnte, in die Magengrube. Dann lag er schon auf dem Boden. Noch zwei, drei Schläge ins Gesicht, um sicher zu gehen … Ich stand auf, schaute mich herausfordernd um und ging dann langsam wieder nach Hause. Dabei fühlte ich mich gut und elend zugleich.

Im Strafrechtsunterricht lernte ich Jahre später, dass Strafe zwei Ziele verfolge: Spezialprävention und Generalprävention. Spezialprävention bedeutet: Der Bestrafte wird durch die Strafe so geläutert, dass er nie wieder etwas anstellt. Generalprävention bedeutet: Alle anderen werden durch die Bestrafung des Täters davor abgeschreckt, selber die Regeln zu brechen. In der Praxis funktioniert weder das eine noch das andere. Sonst gäbe es keine Straftäter mehr. Bei mir in Gosenbach hatte es funktioniert. Nach diesem einen Kampf gab es weder mit dem Nachbarjungen noch mit seinen Freunden irgendeinen Ärger. Die Botschaft war angekommen.

Ich weiß, Gewalt ist schlecht. Das ist so und nicht zu bestreiten. Nicht jeder türkischstämmige Junge oder Mann in Deutschland schlägt ausschließlich aus Notwehr zu. Auch ich habe damals nicht aus Notwehr zugeschlagen, sondern wegen meiner Erziehung, der elterlichen Erwartungen, meines Beschützerinstinkts.

Obwohl es manche kaum für möglich halten, leben auch türkische Männer am liebsten in Harmonie und im Gleichklang mit ihrer Umwelt. Auch sie wollen lieben und geliebt werden wie alle Menschen. Ich bin glücklich, wenn ich durch den Wald spaziere und ein scheues Reh sehe. Im Umgang mit anderen Menschen sind mir Fairness, Vertrauen und Akzeptanz sehr wichtig. In diesen Aspekten unterschieden sich meine Erziehung und die meiner türkischen Freunde nicht von der unserer deutschen Umwelt. Es ist nicht so, dass wir morgens aufstehen und eine wahnsinnige Aggressivität verspüren. Tatsache ist aber, dass wir manchmal eine Wahnsinnswut in uns haben. Wut ist etwas anderes als Aggression. Aggression ist die Folge von Wut. Sie ist weder bei uns noch bei anderen angeboren, sondern ein reaktives Verhaltensprogramm. Wenn man aber ein Leben lebt, in dem man entweder tatsächlich oder vermeintlich in einem permanenten emotionalen Belagerungs- oder Kriegszustand ist, dann reagiert man empfindlicher auf bedrohliche oder als bedrohlich wahrgenommene Situationen als jemand, der keine Erfahrungen der Ausgrenzung, Gewalt, Furcht oder Armut gemacht hat. Alles, was wir erleben, alles, was wir tun, und alles, was uns angetan wird, verändert uns, unser Gehirn und auch unser Verhalten.

Wir müssen uns intensiv dem Kampf gegen Zwang und Gewalt vor allem im häuslichen Bereich widmen. Jedes Kind, das von seinem Vater verprügelt wird, das mit ansehen muss, wie seine Geschwister und seine Mutter verprügelt werden, wird sein Leben lang große Schwierigkeiten haben, ein normales Selbstwertgefühl oder eine Empathiefähigkeit zu entwickeln. Es wäre viel erreicht, wenn wir Gewalt in Familien anprangern würden, anstatt unsere Augen davor zu verschließen. Als ich einmal im Alter von elf oder zwölf Jahren mit einem blauen Auge und violetten Flecken auf meinen Armen in den Schwimmunterricht kam – mein Vater hatte mit mir etwas »besprochen« –, wies die Bademeisterin meinen Klassenlehrer darauf hin. Der meinte nur, in diese »Türkengeschichten« wolle er sich nicht »einmischen«. In solchen Fällen ist aber keine pseudo-taktvolle »Das-geht-mich-nichts-an-Mentalität« angebracht, sondern sofortiges Handeln.

Türken sind nicht »so« oder »so«, Türken *werden* »so« oder »so«. Der Männlichkeitswahn ist nur ein Teil der Wahrheit. Ein viel größerer Teil ist das, was das Leben aus uns macht. Ich hasse Gewalt, aber wie gesagt: Ich habe mehr Nasen als Herzen gebrochen. Und die Verantwortung hierfür will ich nicht von mir abwälzen. Dennoch sind die Gründe letztlich auch sozialpolitischer Natur. Und hieran können und müssen wir in Zukunft arbeiten.

Zwei Dinge kommen hinzu: Fortwährend schlechte Erfahrungen machen den Menschen krank. Viele meiner türkischen Freunde sind depressiv. Ich bin es auch. Erhöhte Aggressionsbereitschaft ist eine der (für viele Seiten) ärgerlichen Nebenfolgen von Depressionen bei Männern. Depressionen lösen auch Angstzustände aus. Angst vor dem Job, Angst vor dem Verlust geliebter Menschen, Angst vor dem Leben. Ein Mittel, diese Angst zu dämpfen, ist Alkohol. Alkohol beruhigt. Alkohol macht optimistisch. Allerdings führt er auch zu Kontrollverlust. Wenn dann plötzlich eine Situation kommt, in der man sich bedroht fühlt von einem anderen Menschen, wird man zu einer nicht zu besänftigenden Emotionsrakete: Angst, Wut, Aggression, Männlichkeit, Tapferkeit, Ehre – das volle Programm.

Ich habe in meinem Leben sehr vielen Männern gezeigt, dass ich mich nicht herumschubsen lasse. Es waren große Männer, kleine Männer, starke und schwache, Türken wie Deutsche. Doch eines hatten sie gemeinsam: Sie wollten es nicht anders. »Fair and square«, wie die Amerikaner sagen.
Ein einziges Mal war es anders. Nicht, dass mein Gegenüber kein »Arschloch« gewesen ist, aber er hatte mich »nur« beleidigt. Seit meinen Niederscheldener und Gosenbacher Zeiten stand für mich

fest: Ich wehre mich mit aller Kraft und mit Gewalt *nur*, wenn ich auch körperlich angegriffen werde. Auf verbale Beleidigungen würde ich nicht mehr reagieren, so souverän wollte ich sein. Außerdem wäre es ein Halbtagsjob geworden, hätte ich jedem, der mich blöd anmachte, gleich eins auf die Nase gegeben. Schließlich war ich türkischstämmig, manchmal in den Medien und damit Zielscheibe. Doch in diesem einen Fall war es anders – weil ich betrunken war. Ich war betrunken, weil mich meine Depressionen überwältigt hatten. Leider war ich zu stolz, ja auch zu männlich, um Hilfe bei einem Arzt zu suchen. Ich war nicht mehr frei. Und dann kam dieser Augenblick, in dem ich diesen Typen verprügelte. Seine Unverschämtheit, Bigotterie und Verlogenheit brachten buchstäblich das Fass zum Überlaufen. Meine ganze Wut und mein Zorn, angestaut seit Jahren, brachen aus. Eine Rose sagt mehr als 1000 Worte. »Eins auf die Fresse« aber auch, so dachte ich wohl. Es war nicht richtig. Ich war drauf und dran, von dem »gerechten Rächer«, als der ich mich sah, zu einem dieser Schlägertypen zu mutieren, die ganz ohne Grund herumpöbeln.

Bis dahin hatte ich mich immer als einen der Guten gesehen. Ich hatte älteren Menschen in der U-Bahn immer meinen Sitzplatz angeboten, ich half regelmäßig der Oma an der Ecke, ihre Einkäufe ins Haus zu tragen, ich spendete für »Brot für die Welt« und eines Nachts war ich sogar in einen dunklen Fluss gesprungen, um eine lebensmüde Frau aus dem Wasser zu ziehen – doch nun musste ich plötzlich die Halbschlechtigkeit meines Seins erkennen. Das war bitter.

Auch wenn es sich total kitschig anhört: Ich glaube, fehlende Liebe ist der Schlüssel von alldem. Wer dauerhaft traurig ist, wer depressiv ist, kann keine Liebe verspüren, geschweige denn sie geben, weder anderen noch sich selbst. Wer depressiv ist, führt einen dauernden Kampf gegen sich selbst, Tag und Nacht. So ging es mir. Ich war depressiv, viele Jahre lang. Doch es dauerte eine Weile, bis ich mir dessen bewusst wurde. Ich hatte keine Ahnung, dass es für meine Stimmungsschwankungen einen Namen gab – Depression – und dass Millionen Menschen unter dem gleichen Krankheitsbild litten ...

Später habe ich versucht, mich aus sicherem Abstand intellektuell an die Sache heranzutasten. Ich verstand, dass in meinem Hirn die Versorgung des Nucleus accumbens mit dem Glückshormon Dopamin nicht funktioniert. Das Cingulum, das für die Bewertung von Emotionen zuständig ist, ist hyperaktiv. Dadurch wird das Stresshormon Cortisol wie verrückt ausgeschüttet und beeinträchtigt im Hippocampus das Gedächtnis sowie die Konzentrationsfähigkeit. Gleichzeitig laufen in einem anderen Teil des Gehirns, in der Amygdala, die Aktivitäten auf Hochtouren. Die Amygdala ist das Angstgedächtnis. Während man also kein Glück empfinden kann, verspürt man Angst ohne Ende, ist durcheinander und hat seine Gedanken nicht im Griff. Ursachen für die Entstehung einer Depression können genetische Veranlagung und/oder das Erleben traumatischer Ereignisse sein. Manche Forscher glauben, dass diese Ereignisse so schwerwiegend sein können, dass sie buchstäblich in Fleisch und Blut übergehen und die Störung sogar an die nachfolgende Generation vererbt werden kann. Man spricht in diesem Zusammenhang von der Epigenetik und Lamarckismus. Die Epigenetik befasst sich mit Zelleigenschaften, die auf Tochterzellen vererbt werden und nicht in der DNA-Sequenz sind. Hierbei erfolgen Veränderungen an den Chromosomen, wodurch Abschnitte oder ganze Chromosomen in ihrer Aktivität beeinflusst werden. Man spricht von epigenetischer Prägung.

Von meiner Analyse und der Selbst-Diagnose dauerte es noch einmal Jahre, bis mein Leidensdruck groß genug war, um wirklich Hilfe zu suchen. Auf dem Weg dahin wurde ich im wahrsten Sinn des Wortes immer asozialer. »Asozial« ist man, wenn man sich nicht an die geforderten und mehrheitlich anerkannten gesellschaftlichen Normen hält. Ich war so mit mir beschäftigt, dass ich andere Menschen und ihre Interessen zunehmend aus den Augen verlor. Ich tat, was ich tat, ohne Rücksicht auf elementare Regeln der Rücksichtnahme. So wurde nicht nur ich selbst Opfer des täglichen Krieges in meinem Kopf, auch viele andere Menschen, Familie, Freunde, Bekannte, Kollegen und manchmal sogar Fremde waren betroffen.

Als am Ende des Jahres 2009 der Torhüter der Deutschen Fußballnationalmannschaft, Robert Enke, seine Depressionen nicht mehr ertrug und den Freitod wählte, gab es für eine kurze Weile viel Berichterstattung zum Thema Depressionen. Das war gut und wichtig. Aber eigentlich wurden immer nur zwei gleiche Typen depressiver Menschen und ihre Geschichten beschrieben: Entweder waren es Menschen, die irgendwann Hilfe gesucht und gefunden hatten, oder es wurde von Menschen berichtet, die sich selbst nicht mehr ausgehalten und schließlich umgebracht hatten. Beide Typen wurden mit sehr viel Sympathie und Verständnis beschrieben. Es sind die »netten« Depressiven. Was aber fehlte, waren Berichte über Menschen, die mitten in der Depression stecken, sowie Berichte über das Ausmaß der Destruktivität ihres Handelns. Depressionen sind ja nicht nur eine echte Zumutung für den Erkrankten, sondern auch für seine Umwelt. Das Verständnis für Depressive und ihre Probleme ist hoffentlich in den letzten Monaten gestiegen, aber damit wird es schlagartig vorbeisein, wenn ein Erkrankter eben nicht nur still vor sich hintrauert und sich vielleicht am Ende aufhängt, sondern in seiner Wut um sich schlägt. So wie ich damals.

Ich war wütend. Mit jedem Tag, den meine depressive Phase andauerte, wurde ich wütender. Am meisten ärgerten mich meine Hilflosigkeit und der Verlust der Kontrolle über mich selbst. Meine Emotionen waren unkontrollierbar. Und sie wurden immer schlimmer: die Trauer, die Schlaflosigkeit, die 1000 Ängste, die mich plagten. Beziehungen, Freundschaften, Karrieren blieben auf der Strecke. Ich fühlte mich, als sei ich zu allem in der Lage, aber zu nichts fähig. Nach Jahren und Jahrzehnten hatte die Vergangenheit mich wieder eingeholt.

Als ich anfing zu studieren, als ich »Karriere« machte, glaubte ich, mich im Griff zu haben. Ich war diszipliniert und »funktionierte«. Meine Alpträume behielt ich für mich; ebenso meine Todesängste und meine Todessehnsucht. Schließlich war ich ein Mann und ein türkischer dazu. Ein Indianer kennt keinen Schmerz – und was ist schon ein Indianer im Vergleich zu einem waschechten Türken?

Aber irgendwann konnte ich das Schutzschild des starken Türken nicht mehr aufrecht halten. Immer musste ich daran denken, wie meine Kindheit geendet hatte, an die Schläge und Schuld, die ich meinem Vater gegenüber auf mich geladen hatte. Die Depression machte mich einsam. An eine Beziehung war nicht zu denken. Manchmal verspürte ich Verliebtheit, aber es war immer eine kranke Verliebtheit. Zeigte die andere Seite auch Interesse an mir, dachte ich sofort: »Hier stimmt doch irgendwas nicht. Wenn jemand *mich* mag oder gar liebt, dann muss mit dieser Person etwas nicht in Ordnung sein.« Graucho Marx von den Marx Brothers hat einmal gesagt, dass er nicht Mitglied in einem Club werden wolle, der schlecht genug sei, ihn aufzunehmen. Das trifft die Sache ganz gut. Deshalb habe ich mich immer sofort zurückgezogen, wenn sich eine Beziehung am Horizont abzeichnete. Blieb mein Interesse aber unerwidert, dann steigerte sich meine »Verliebtheit« ins Unendliche und ich verbrachte Monate und Jahre meines Lebens, um still über meine »Chancenlosigkeit« zu trauern. Völlig irre!

Ich verhielt mich also ganz und gar nicht wie jemand, der erfolgreich ein Studium absolviert hatte und auch sonst einigermaßen kultiviert war. Ich hatte mich nicht mehr wirklich im Griff.

Doch ich beschloss, um mich und mein Leben zu kämpfen. Ich suchte Hilfe, begann eine Gesprächstherapie. Es war nicht einfach für mich, mich mit mir selbst zu konfrontieren, aber nach einem Jahr hatte ich zum ersten Mal das Gefühl, dass ich es schaffen könnte. Wenn ich morgens aufstand, sagte ich mir: »Heute stirbst du nicht, morgen auch nicht, aber an übermorgen musst du noch arbeiten.«

Was bleibt aus der Zeit meiner Wut, meiner Ungerechtigkeiten anderen gegenüber, meiner Prügeleien, ob gerechtfertigt oder nicht? Scham. Unendliche Scham. Wie konnte ich nur? Wie konnte ich nur meine Familie, meine Freunde, mich selbst so enttäuschen? Ich habe lange nachgedacht. Wie kann ich mein Verhalten ändern? Im ersten Schritt musste ich, das war meine Überlegung, mir selbst »Prinzipien« geben, die mein Handeln im idealen Fall leiten. Diese Prinzipien habe ich mir aufgeschrieben und einen Pakt mit mir selbst geschlossen:

- Ich will versuchen, mehr Empathie für andere Menschen zu entwickeln, insbesondere für jene, die leiden.
- Ich will ehrlich sein zu mir und zu anderen.
- Ich will versuchen, alle Menschen, unabhängig von Kultur, Rasse oder Religion, als meine Brüder und Schwestern zu betrachten, auch wenn sich das kitschig anhört.
- Ich werde Glück suchen und mich über das Glück freuen, sei es mein eigenes oder das Glück anderer.
- Ich will mehr Respekt für die Meinungen anderer Menschen entwickeln, insbesondere, wenn diese Meinungen nicht meinen eigenen entsprechen oder gar im Widerspruch dazu stehen.
- Ich will das Gespräch suchen, um Konflikte zu lösen, und nicht auf Macht oder Gewalt zurückgreifen.
- Ich will die Natur achten und meinen Beitrag dazu leisten, dass sie zukünftigen Generationen erhalten bleibt.
- Ich will meine Philosophie von Leben und Tod nicht anderen Menschen aufdrängen.

Ich weiß nicht, ob ich diesen Pakt erfüllen werde, aber ich weiß sicher, dass ich es versuchen und hart daran arbeiten werde. Es ist interessant zu beobachten, dass schon der *Versuch* mir ein gutes Gefühl gibt. Und obwohl diese Prinzipien aus meiner persönlichen, existenziellen Not heraus entstanden sind, haben sie, wenn ich sie mir nun mit zeitlichem und gedanklichem Abstand anschaue, eine allgemeine Bewandtnis, bilden sie doch die Grundidee sozialen Zusammenlebens ab. Unabhängig von Größe und Organisation muss jede Gemeinschaft auf gegenseitigem Respekt, Toleranz und Kommunikation basieren. Mangelt es an einem dieser Faktoren, wird erst der Mensch und dann das System krank.

Parallelgesellschaften

Parallelgesellschaften sind wichtig und gut sowohl für Einwanderer als auch für die Mehrheitsgesellschaft. Sie wirken als integrative Durchlauferhitzer für Menschen, die Orientierung und Hilfe in ihrem neuen Leben brauchen. Parallelgesellschaften pauschal zu verteufeln, das ist Unsinn. Sie erfüllten in jedem Einwanderungsland zu jeder Zeit eine wichtige Funktion. Allerdings darf die Existenz von Parallelgesellschaften kein generationenübergreifender Dauerzustand werden.

Ich wohnte einmal in einem Hotel in Chinatown in San Francisco. An der Rezeption arbeiteten drei Generationen: Die Großeltern waren nach dem Zweiten Weltkrieg nach Amerika gekommen. Sie sprachen kaum Englisch. Ihr Sohn und die chinesisch-stämmige Schwiegertochter waren der englischen Sprache mächtig und führten das Hotel. Sie wohnten auch in Chinatown. Eine gute Schulausbildung hatten sie nicht genossen. Die Tochter aber, die an den Wochenenden im Hotel aushalf, studierte an der renommierten University of California in Berkeley. Sie war eine waschechte Amerikanerin, die stolz auf die chinesische Tradition ihrer Familie war. Auf die Idee, später einmal wie die Eltern in Chinatown zu wohnen, kam sie aber nicht. Sie wollte ein Haus mit einem Garten.

Das ist mein Konzept von einer idealen Parallelgesellschaft, das allerdings nur funktioniert, wenn auch die aufnehmende Gesellschaft sich darauf einlässt. Wenn Neueinwanderer und ihre Nachkommen ständig auf Ablehnung stoßen, wenn sie auf eine verschlossene Gesellschaft treffen, dann bleibt ihre Parallelgesellschaft dauerhaft bestehen.

Diese Art von Parallelgesellschaft haben wir auch in Deutschland. Nicht jeder, der in Kreuzberg geboren wird, bleibt dort. Wenn jemand in Kreuzberg bleiben möchte, ist das in Ordnung. Schließlich ist Kreuzberg faszinierend. Wichtig ist aber, dass man versteht, dass Kreuzberg in Berlin liegt und Berlin ein Teil Deutschlands ist. Das realisieren manche schneller, manche langsamer. Auf jeden Fall kostet es Zeit.

Mitte der 90er-Jahre war ich einmal auf der Steuben-Parade in New York City. An jedem vierten Samstag im September paradieren die Mitglieder von Vereinen deutscher Auswanderer und ihrer Nachkommen durch die Straßen der Stadt. Deutsche Musik und deutsche Trachten werden vorgeführt. An den Ständen gibt es deutsches Bier und deutsche Würstchen. Am Rande dieser Parade traf ich auf einen deutschen Bundestagsabgeordneten. Dieser war ganz ergriffen und meinte: »Großartig, wie diese Menschen nach Jahrzehnten und Jahrhunderten sich ihrer deutschen Wurzeln bewusst sind.« »Stimmt«, dachte ich. Aber die türkische Frau, die auch nach 30 Jahren in Deutschland ihr Kopftuch nicht ablegen will, die ist integrationsfeindlich und gehört zurück nach Anatolien – jedenfalls, wenn es nach dem Willen vieler Parteifreunde dieses Herrn geht.

Zuhause in Niederschelden

Herzinfarkt des Vaters

»Jede Familie hat schlimme Erinnerungen«, sagt Don Corleone in *Der Pate*. Ende der 70er-Jahre erlitt mein Vater seinen ersten Herzinfarkt. Dem folgte rasch ein zweiter. Danach konnte mein Vater nicht mehr arbeiten.

Unser Leben änderte sich grundlegend. Geld wurde noch knapper. Wir mussten von der Frührente meines Vaters leben. Wir Kinder arbeiteten, wo wir konnten. Ich trug jeden Tag, bis auf sonntags, die »Siegener Zeitung« aus. Ich hasste die Tage, an denen viele Werbebroschüren in die Zeitung gelegt wurden. Das war meistens mittwochs und samstags der Fall. Dann waren die Zeitungen doppelt so dick wie sonst. Noch immer war ich klein und schmächtig, und die Zeitungstaschen wogen fast so viel wie ich. Aber immerhin hatte ich Geld. Ich war elf oder zwölf Jahre alt, als ich meinen ersten Job hatte. Und seitdem verdiene ich mein eigenes Geld.

Außerdem war unser Haushalt kleiner geworden. Yasemin hatte schon 1977 geheiratet. Nurcan begann ihre Ausbildung als Kinderkrankenschwester und zog in ein Schwesternwohnheim. Damit veränderte sich aber die »Statik« unserer Familie. Meine Schwestern waren »tragende Säulen« und, wenn man so will, bürgerliche Elemente in unserer Familie. Meine Eltern arbeiteten hart und kamen erschöpft nach Hause. Es waren immer meine Schwestern gewesen, die darauf geachtet hatten, dass wir zu festen Zeiten aßen. Dass wir, als wir kleiner waren, unseren Mittagsschlaf hielten. Meine Schwestern haben mir dabei geholfen, Geschmack für Kleidung und Musik zu entwickeln. Sie hatten mir und meinen Geschwistern bei den Hausaufgaben geholfen. Zusammen mit meiner Mutter und Oma Phillipine hatten sie den Haushalt in Schuss gehalten. Als sie weg waren, brach die gewohnte Ordnung zusammen und unser Leben geriet ins Wanken. Prompt wurde mein Vater krank.

Mit der Krankheit veränderte sich mein Vater. Wir hatten schon vorher nicht viel miteinander gesprochen. Er war immer ein schweigsamer Mann gewesen, aber nun herrschte meistens eine totale Sprachlosigkeit zwischen uns. Er fand meinen schulischen Erfolg gut, aber er tat nichts, um meine Geschwister oder mich in irgendeiner Weise zu unterstützen. Seit 1980 war ich auf der Aufbaurealschule. Diese befand sich aber in Siegen. Morgens musste ich mit dem Bus nach Siegen fahren und dort noch einmal umsteigen. Erst nach fast einer Stunde war ich am Ziel. Die Busse aus Niederschelden verkehrten in einem 90-Minuten-Rhythmus. Verpasste ich einen Bus, war ich erst zur dritten Stunde in der Klasse. Das geschah zum Glück nur selten, höchstens ein oder zweimal im Jahr. Hatte ich aber doch einmal den Bus verpasst, stand ich vor einer schwierigen Entscheidung. Konnte ich es mir leisten, den Unterricht zu verpassen? Stand eine Klausur oder ein Test an? Würde der Lehrer Schwierigkeiten machen? Konnte ich es riskieren, so wartete ich auf den nächsten Bus und nahm den Stundenausfall in Kauf. Beantwortete ich aber eine der Fragen mit einem Ja, waren die Folgen nicht minder schwer. Ich musste zurück nach Hause rennen, meinen Vater wecken und ihn fragen, ob er mich zur Schule fährt. Die Chancen dafür, dass er es tat, waren gering. Garantiert war eine Schimpftirade. Wie blöd ich sei, den Bus zu verpassen. Manchmal kam dazu ein Tritt. Aber immerhin, manchmal fuhr er mich tatsächlich. Ich kam damals gar nicht auf die Idee, ihm zu erzählen, dass manche meiner Schulkameraden von ihren Vätern jeden Tag zur Schule gefahren wurden, obwohl die noch einen Job hatten. Das wirklich Demütigende war, vom wichtigsten Mann in meinem Leben keinerlei Achtung zu erfahren. Ich musste vor seinem Bett stehen und ihn anflehen, mich zur Schule zu bringen. Und er drehte sich oft einfach um und schlief wieder ein, meine Verzweiflung über die Konsequenzen meines Fehlens in der Schule ignorierend. Ich fühlte mich dabei wie der letzte Dreck. Dass mein Vater nicht nur körperlich, sondern wahrscheinlich auch psychisch krank war, dass er an Depressionen litt wie ich später und wie viele andere in meiner Verwandtschaft, ahnte ich nicht. Das, was ich für Faulheit, Verantwortungslosigkeit und Desinteresse hielt, waren eine extreme Abkehr vom Leben und eine totale Antriebslosigkeit, wie ich sie Jahre später an mir selbst erleben sollte.

Die ganze Aufmerksamkeit meines Vaters galt meinem Halbbruder Murat. Er war der älteste Sohn im Haus. Wie bei jedem Menschen haben viele Faktoren zu seiner Persönlichkeitsentwicklung beigetragen. In seiner Kindheit war er von meinem Vater verzogen worden, weil er der älteste Sohn war. Das ist sicherlich einer der Gründe dafür, dass er auf die schiefe Bahn geriet. Ein anderer Grund war die Armut.
Später kamen falsche Freunde dazu. Zielsicher hat er die anderen schwarzen Schafe des Dorfes gefunden. Auf seine Art hatte er sich perfekt integriert: Er sprach Deutsch und dachte deutsch. Vor allem aber glaubte er, er sei ein ganz normaler deutscher Jugendlicher, dem das Leben übel mitgespielt hatte, weil er nicht das besaß, was die anderen hatten. Andere Jungs in seinem Alter hatten Fahrräder und Mofas, er nicht. Also nahm er sich, was ihm vermeintlich zustand.

Jedenfalls wies er schon früh einen Hang zu Handlungen auf, die unter die Rubrik »Jugendkriminalität« fallen. Diebstähle, Autofahren ohne Fahrerlaubnis und immer wieder Körperverletzungsdelikte. Nach kurzer Zeit – er war gerade 14 und somit strafmündig geworden – stand er zum ersten Mal vor Gericht. Den richterlichen Verwarnungen und Ermahnungen folgten bald Verurteilungen. Erst wurden ihm Sozialstunden und Geldstrafen auferlegt, schließlich landete er zum ersten Mal im Jugendarrest. Mit Engelszungen redeten meine Eltern auf ihn ein und appellierten an sein Verantwortungsgefühl als ältester Sohn. Sie warnten ihn, dass er sein Leben in Deutschland aufs Spiel setze, dass er anders als seine deutschen Freunde ausgewiesen werden könne. Vater brüllte, tobte und verprügelte ihn, solange er das noch konnte, aber es war alles vergebens.

Irgendwann gab mein Vater auf und ließ ihn als Autonarren im Urlaub in der Türkei ans Steuer: Zuckerbrot statt Peitsche! Ich weiß nicht, was mein Vater sich dabei dachte. Was mein Halbbruder daraus lernte, war, dass Gesetze nicht ernst genommen werden müssen und dass es nur darauf ankommt, sich nicht erwischen zu lassen. Extrem in die andere Richtung schwang das Pendel, wenn Vater ihn verprügelte. Vaters Handeln war unkalkulierbar. Es fehlte an einem Regelwerk, das verbindlich für alle, ihn selbst eingeschlossen, festlegte, was erlaubt und was verboten war und wie die Folgen einer Regelwidrigkeit aussehen würden. Stattdessen schallten im Kern hohle Phrasen wie »Respekt vor den Eltern«, »Mann sein« oder »Wir verlieren unser Gesicht« in vielen Situationen durch den Raum.

Einmal hatten ein paar Jungs aus dem Dorf Unfug mit den Kühen eines Bauern aus dem Nachbardorf getrieben. Sie hatten versucht, mit den grasenden Rindern Rodeo zu spielen. Der Bauer rief die Polizei. Die Beamten schnappten sich die Jungs und hielten ihnen eine Standpauke. Anschließend wurden alle in den Wagen verfrachtet und zu den Eltern gefahren. Zum großen Glück meines kleinen Bruders – er gehörte natürlich zu den verhinderten Cowboys – waren nur wir Geschwister zu Hause. Wir erzählten den Eltern nichts von dem Vorfall, zumal unser Bruder erst sechs oder sieben Jahre alt war. Kurze Zeit später bekamen es meine Eltern leider doch mit. Wir wohnten schließlich auf dem Land, und eine befreundete türkische Familie hatte meinen Eltern brühwarm von der »Verhaftung« des Knirpses berichtet. Kaum waren meine Eltern zu Hause, schnappte sich mein Vater jeden Einzelnen von uns und prügelte mit allem, was greifbar war, auf uns ein. Wir hätten ihn blamiert und er habe gegenüber den Nachbarn sein Gesicht verloren. Sicherlich war es falsch, den Eltern nichts zu erzählen, aber wir wussten ja, was dem kleinen Bruder blühen würde, und hatten die Angelegenheit deshalb für uns behalten. Außerdem sollten Geschwister sich doch nicht gegenseitig verraten.

Ein anderes Mal war die ganze Familie gemeinsam im Urlaub. Es muss 1980 oder 1981 gewesen sein. Ich war demnach 12 oder 13 Jahre alt. Mein Vater hatte jahrelang gespart und sich einen gebrauchten, lindgrünen Mercedes Benz 200 gekauft. In Istanbul wollte er jemanden treffen, und ich durfte mitfahren. Allerdings sollte ich im Auto warten, während er ins Haus ging und sein Gespräch führte. Ich wartete also auf der Straße neben dem Auto. Ein paar türkische Jungs in meinem Alter schauten neugierig und fragten, woher ich käme, wie das Leben in Deutschland sei. Ich war ganz stolz, dass mein Vater einen Mercedes fuhr und diese Jungs mich interessant genug fanden, mit mir ein Gespräch zu beginnen. Plötzlich kam ein großer Mann von etwa 30 oder 40 Jahren auf uns zu. Er hatte einen seltsamen Blick, schrie wahllos Passanten an und machte insgesamt einen verwirrten Eindruck. Die Jungs zogen mich sofort in einen Hauseingang. Dieser Mann sei geistig behindert, aber harmlos, solange man ihn in Ruhe lasse. Fühle er sich aber provoziert, dann sei er gewalttätig. Man munkelte, er habe sogar schon einmal einen Mann erschlagen. In der Nachbarschaft kenne man ihn als »Deli Ali«, was so viel wie »Verrückter Ali« bedeutet. Ausgerechnet am Mercedes-Stern unseres Wagens fand Deli Ali Gefallen. Er zog so lange daran, bis er den Stern in den Händen hielt. Ich wagte nicht einzugreifen. Der Mann war nicht nur nicht Herr seiner Sinne, sondern auch bestimmt einen halben Meter größer als ich. Deli Ali nahm also den Stern und zog fröhlich von dannen. Kurz darauf kam Vater. Kaum saßen wir im Wagen, fiel ihm der fehlende Stern auf. Ich versuchte, ihm alles zu erklären. Auch die Jungs kamen und berichteten von der Gefährlichkeit Deli Alis, als sie meinen Vater bei offenen Autofenstern fluchen hörten. Das machte ihn aber nur wütender. Er ohrfeigte mich. Was für ein Feigling von einem Mann ich sei, der das Eigentum der Familie nicht verteidigen könne. Ich war aber gar kein Mann, sondern ein Junge, und ein ziemlich kleiner dazu. Was mich schmerzte, war nicht die Ohrfeige. Es waren die mitleidigen Blicke der Jungs. Für ein paar Minuten hatte ich im Mittelpunkt gestanden und mich als jemand ganz Besonderes gefühlt, doch nun war ich wieder klein, schwach und zu nichts Nutze.

Wenn ich auf jene Jahre zurückblicke, erscheint mir mein Vater als jemand, der irgendwann mit seinem Leben nicht mehr zurechtkam. Er war immer ein stolzer Mann gewesen, arm, aber stark. Jetzt jedoch war er nur noch arm. Begriffe wie *Stolz*, *Ehre*, *Respekt*, mit denen er aufgewachsen war und die ihm ein Leben lang Halt gegeben hatten, hatten in Niederschelden keine oder eine andere Bedeutung. Er war enttäuscht von seinen Kindern, vor allem von seinen Söhnen. Seine Krankheit hatte ihn schwach gemacht. Und je schwächer er wurde, desto mehr schlug er. Und je mehr er mich schlug, desto mehr floh ich in meine Welt aus Büchern und stundenlangen Spaziergängen in den Wäldern.

Trotz aller Gewalt bin ich mir sicher, dass mein Vater uns liebte. Wir waren zwar nie eine Familie, die über Gefühle sprach, aber es gab einmal eine Zeit, in der Vater seine Gefühle durch kleine Gesten ausdrückte, in der er uns in seine Arme nahm oder wir auf seinem Schoß saßen. Aber diese Zeiten waren schon 1980 so lange her, dass ich mich kaum an sie erinnern kann. Vater ließ sich auch äußerlich gehen. Er rasierte sich seltener und war nachlässig mit seiner Kleidung. Früher hatte er sehr auf sein Erscheinungsbild geachtet. Auf manchen Fotos sieht man ihn in geschmackvollen Anzügen mit sorgfältig abgestimmten Hemden und Krawatten. Das aber war vorbei. Ich glaube heute, dass er schon lange vor seinem Tod mit vielem abgeschlossen hatte. Er hatte einfach resigniert.

Mein Vater hat in seiner Kindheit einfach zu viel Schlimmes erlebt. Zwar hatte er sich davon freigemacht, hatte meine Mutter kennengelernt, war nach Deutschland gegangen und hatte versucht, alle schlechten Erinnerungen hinter sich zu lassen, aber seine Traumata konnte er so nicht heilen. Das menschliche Gedächtnis ist tückisch. Das Schmerzhafte bewahrt es nicht nur, sondern macht es mit der Zeit immer bedeutungsvoller. Irgendwann ist die Vergangenheit nicht nur da, sondern sie ist mächtiger als die Gegenwart und auch mächtiger als die Zukunft. Ich bin sicher, dass mein Vater kaum Luft zum Atmen hatte. Wie sollte er dazu noch mit den Problemen zurechtkommen, die ihn gegenwärtig plagten? Er war krank und arm, und sein ältester Sohn schien am Anfang einer kriminellen Karriere zu stehen.

Ich als sein zweitältester Sohn war ihm auch kein Trost. Ich verweigerte ihm ja den Respekt und machte ihm keinen Platz auf dem Sofa, wenn er ins Zimmer kam. Ich war schwach, undankbar und hatte eine große Klappe. Zudem waren unsere Rollen oft auf den Kopf gestellt: Bekam er einen auf Deutsch verfassten Brief, musste ich ihm erklären, was darin stand. Hatte er einen Termin bei den Behörden, war ich dabei und übersetzte. Mein Vater muss sich sehr hilflos vorgekommen sein, abhängig von seinen halbwüchsigen Kindern. Ich habe mir damals allerdings keine Gedanken über seine Gefühle gemacht. Mich hat es nur genervt, dass ich schon wieder Dolmetscher spielen musste.

Wenn ich ehrlich bin, habe ich in diesen Momenten meine »Macht« genossen und dabei meinen Vater im Grunde genommen verachtet. Für sein ungepflegtes Äußeres, für das ich mich schämte. Für seine Deutschkenntnisse. Vor allem aber verachtete ich ihn dafür, wie er vor diesen kleinen Beamten auf dem Ausländeramt buckelte oder mit den Händen an der Hosennaht auf deren Entscheidungen wartete.

Damals habe ich nicht begriffen, wie viel für uns auf dem Spiel stand. Vater war jetzt Frührentner. Seine Rente war klein. Die Voraussetzung für die Verlängerung der Aufenthaltsgenehmigung aber war ein ausreichendes Auskommen. Zwar wollten wir damals (1984 oder 1985) ohnehin zurück in die Türkei, doch meine Eltern wollten vermeiden, dass wir Kinder ohne einen Schulabschluss in der Türkei ankamen. Dabei ging es vor allem um mich. Ich sollte die Mittlere Reife in der Tasche haben, wenn wir zurückgingen. Im Sommer 1982 oder 1983 hatte mich mein Vater in eine deutsche Schule in Istanbul gebracht, um sich dort nach den Aufnahmebedingungen zu erkundigen. Mir kam die Schule grau und dunkel vor, und ich verfluchte meinen Vater innerlich dafür, dass er mich in diese Kaserne stecken wollte. Erst Jahre später erfuhr ich, dass das »İsviçre Alman Lisesi« in Istanbul zu den besten Privatschulen der Türkei zählt. Voraussetzung für die Aufnahme in die Oberstufe war aber die Mittlere Reife. Mir war lange Zeit ein Rätsel, wie meine Eltern die Gebühren hätten aufbringen wollen. Es ging ja nicht nur um mich, sondern auch um meine Schwester und meinen Bruder.

Ich habe meine Mutter vor kurzem gefragt, wie sie diese finanzielle Bürde hätten tragen wollen. Sie antwortete nur lapidar, dass sie dann eben an anderen Dingen gespart hätten. Zudem planten sie damals auch den Verkauf der kleinen Wohnung, die sie sich als Altersruhesitz gekauft hatten. Mein Vater hatte wohl auch gesagt, dass er in Istanbul keinen Wagen brauche. Er hätte tatsächlich seinen geliebten Mercedes verkauft und damit für ein paar Monate das Schulgeld aufgebracht. Von alledem ahnte ich nichts ...

Ich hatte ganz eigene Probleme. Seit dem Herbst 1980 war ich Schüler der Aufbaurealschule auf dem Giersberg in Siegen. Auf der Hauptschule hatte ich immer zu den Klassenbesten gehört. Damit war es nun vorbei. Das lag nur zum Teil daran, dass der Stoff schwerer war. Ich ging einfach nicht gern zur Schule. In meiner Klasse war ich der einzige Türke und der einzige Schüler, der aus Niederschelden kam. Martin, ein Klassenkamerad, saß zu Beginn einer Stunde einmal neben mir und rief plötzlich:

»Boah, der stinkt!« Ich weiß nicht, ob ich wirklich stank. Aber plötzlich entwickelte sich eine ganz seltsame Klassendynamik. Fortan wurde ich nur noch der »Stinker« gerufen. Stellte ich mich neben eine Gruppe anderer Schüler und Schülerinnen, liefen sie, sich theatralisch an die Nase fassend, davon. Niemand wollte neben mir sitzen. Wollte ich mich im Bus neben jemanden setzen, hieß es, der Platz sei besetzt. Außerdem gingen die Schlägereien wieder los, und meistens zog ich den Kürzeren. Keiner meiner Schulkameraden hatte jemals das Wort »Mobbing« gehört, aber sie waren zweifellos Naturtalente darin. Und die Lehrer? Einmal kam ich aus der Pause in die Klasse zurück und sah meine Schulsachen auf dem Boden verstreut. Zwei Jungs hatten meinen Ranzen ausgeschüttet und lasen jetzt in aller Ruhe in meinen Mickey-Mouse-Comics. Ich hatte immer etwas zu lesen dabei, weil ich ja so lange im Bus saß. In diesem Moment betrat unser Klassenlehrer den Raum und fragte im Vorbeigehen, was los sei. Ich war so sauer und berichtete ihm, was die beiden Jungs getan hatten. Er meinte nur desinteressiert: »Comics gehören nicht in die Schule.« Danach war ich erst recht Freiwild für die anderen.

Irgendwann bekamen wir Sozialkundeunterricht als neues Fach. Unser Lehrer sagte gleich am Anfang: »Mehmet, verlass bitte den Raum.« Ich war mir keiner Schuld bewusst und protestierte. Aber es half nichts. Ich musste 'raus. Ich lauschte aber an der Tür und konnte hören, wie die Klasse gefragt wurde, ob sie sich wohl fühlen würden, wenn man ganz allein sei und alle anderen sich gegen einen verschworen hätten. Dass es schwer sei, wenn die Eltern aus einem anderen Land kämen, nicht so gut Deutsch sprechen würden und einem nicht bei den Schulaufgaben helfen könnten. Danach änderte sich – nichts. Die anderen machten weiter wie gehabt. Ich aber war erleichtert. Ich war doch nicht völlig allein.

Einige Jahre später hatten wir unser Abschlussfest. Alle Schülerinnen und Schüler, dazu Eltern und Lehrer saßen auf langen Bänken.

Die jeweils Schulbesten der vier Leistungskurse wurden von unserem Schuldirektor nach vorn gerufen und bekamen vom Leistungskurslehrer eine Urkunde und ein Buch überreicht. Zu meiner Überraschung – und zur Freude meiner stolzen Mutter – rief der Direktor meinen Namen auf. Ich hatte zwar gute Noten, aber trotzdem wäre ich nicht auf die Idee gekommen, dass auch ich dazu gehören würde. Jedenfalls überreichte mir mein Sozialkundelehrer ein Soziologiebuch. Er hatte mir eine Widmung ins Buch geschrieben. Dort standen einige Worte aus dem traurig-schönsten Buch der Welt, *Der kleine Prinz* von Antoine de Saint-Exupéry. Es war die Szene, in der der Fuchs Abschied nimmt von seinem Freund, dem kleinen Prinzen. *»Adieu«, sagte der Fuchs. »Hier ist mein Geheimnis. Es ist ganz einfach: Man sieht nur mit dem Herzen gut. Das Wesentliche ist für die Augen unsichtbar.«* Diesen wunderbaren Lehrer habe ich an diesem Sommertag des Jahres 1985 zum letzten Mal gesehen. Ich werde ihm immer dankbar sein für seine Mitmenschlichkeit. Sein Name ist Berthold Betz.

Sitzenbleiben

Im Jahr 1980 konnte ich noch nicht ahnen, dass meine Zeit am Giersberg ein gutes Ende nehmen würde. Mit meiner Laune und den Noten ging es bergab, und am Ende des Jahres stand es Schwarz auf Weiß: Ich war sitzengeblieben. Eine Katastrophe. Die Gewissheit, gut in der Schule zu sein, war die einzige Quelle meines Selbstwertes. Ich war am Boden zerstört und zum ersten Mal überlegte ich mir lange und ernsthaft, ob ich mich nicht besser umbringen sollte.

Auch sonst war in meinem Leben nichts mehr in Ordnung. Zwischen Vater und mir herrschte Schweigen, es sei denn, er verprügelte oder beschimpfte mich. In der Schule wurde ich noch immer gemobbt, was mich vollkommen mürbe gemacht hat. Dazu kam, dass ich mit niemandem sprechen konnte. In der Schule tat ich immer so, als wäre zu Hause alles in bester Ordnung. Ich prahlte damit, dass wir im Sommer wieder in die Türkei fahren würden, ans Mittelmeer, während es bei den anderen höchstens an die Ostsee ging. Beliebter machte mich das nicht gerade, aber ich wollte unter allen Umständen die Fassade wahren. Prügel gab es nur bei asozialen Familien, nicht bei uns. Ich sehnte mich nach Bürgerlichkeit oder nach dem, was ich dafür hielt.

Auch mein Halbbruder Murat wurde zunehmend schwieriger. Nun wurde ich nicht mehr nur von meinem Vater, sondern auch von meinem hochgradig aggressiven Halbbruder verprügelt. Einmal traf es mich sogar knüppeldick aus allen Richtungen: An einem Freitagnachmittag auf dem Weg nach Hause schlug mir jemand aus meiner Schule mit voller Wucht auf die Nase. Sofort sprudelte das Blut. Ich war so schockiert, dass ich mich noch nicht einmal wehrte. Aber egal, es war Wochenende und ich hatte fast drei Tage Ruhe vor der Meute in der Schule. Ich kam nach Hause und verkroch mich in mein Zimmer, um zu lesen. Am nächsten Tag befahl Vater mir, im Keller Holz zu hacken. Ich wollte eigentlich lernen, aber dem Befehl meines Vaters war Folge zu leisten. Während ich mühsam das Holz spaltete – die Axt war sehr schwer und das Holz fest –, packte mich plötzlich jemand von hinten. Noch vollkommen erschrocken, schlug mir plötzlich unser Nachbar ins Gesicht, nicht einmal, sondern drei oder vier Mal. Was war geschehen? Onkel Richard, wie er von uns Kindern genannt wurde, hatte ein Mittagsschläfchen gehalten. Meine Holzhackerei hatte ihn geweckt. Anscheinend schallte der Lärm bis über die Straße. Jedenfalls lief ich mit blutender Nase nach oben, um empört meinem Vater davon zu berichten. Die Schuldfrage war ja völlig klar. Ich hatte auf seine Anweisung Holz gehackt. Onkel Richard hatte das marode Schloss der Kellertür aus seiner Verankerung gerissen, war ins Haus eingetreten und hatte mich, meines Vaters Sohn, verprügelt und als Kanacke beschimpft. Was tat mein Vater? Er meinte nur, dass ich das Holz später im hinteren Keller weiterhacken und dabei leise sein solle. »Was muss denn geschehen«, dachte ich, »damit er für Dich einsteht? Bin ich denn gar nichts wert?« Das bezaubernde Wochenende hatte allerdings noch kein Ende gefunden. Am nächsten Abend, am Sonntag, saßen wir vor dem Fernseher, mein Vater, meine Mutter und ich. Plötzlich kam Murat ins Haus, den wir schon seit ein paar Tagen nicht gesehen hatten. Er war betrunken. Auf der Straße hatte er wohl Onkel Richard getroffen, der sich über mich beschwert hatte. Murat, ganz der Wächter über den Nachbarschaftsfrieden, kam also 'reingestürmt und schlug mir mit der Faust ins Gesicht. Meine Eltern sagten nichts, konnten auch nichts sagen, denn sie waren mit der Aggressivität ihres Erstgeborenen völlig überfordert. Mein Halbbruder war und ist kein übler Kerl, jedenfalls nicht übler als andere. In Nächten wie diesen habe ich ihn, mehr noch, mein ganzes Leben gehasst, und auch mich selbst. Ich gab mir die Schuld an allem. Am nächsten Morgen ging ich wieder zur Schule. Kaum war ich in der Klasse, rief einer: »Hey Stinker, verpiss Dich.«

Das Schlimmste in dieser Zeit aber waren die Sorge und die ständige Müdigkeit. Murat war nicht er selbst, wenn er getrunken hatte. Er war noch aggressiver als sonst. (Das haben wir beide gemeinsam.) Instinktiv versuchte ich, meine Geschwister und auch meine Eltern vor ihm zu beschützen. Nachts ging ich erst ins Bett, wenn ich halbwegs sicher war, dass er nicht mehr kommen würde. Richtig einschlafen konnte ich trotzdem nicht. Oft tauchte er nämlich mitten in der Nacht auf. Wenn meine Eltern schon im Bett waren, gab es keine Probleme, wenn sie aber noch wach waren und vor dem Fernseher saßen, stand ich auf und setze mich dazu. Das war eine unausgesprochene Abmachung zwischen uns, und manchmal konnte ich tatsächlich die Eskalation eines Konflikts verhindern.

Ich war wütend und schämte mich zutiefst für unsere Verhältnisse, war dauermüde, immer traurig und versuchte, mit dem letzten Rest an Energie, den ich besaß, mir nichts anmerken zu lassen. Meine Konzentrationsfähigkeit nahm mit jedem Tag ab. Gleichzeitig wurden meine Stimmungsschwankungen immer stärker. Obwohl ich die Aggressivität meines Halbbruders und die zeitweilige Gewalttätigkeit meines Vaters hasste, musste ich feststellen, dass ich selbst ebenfalls deren tyrannisches Wesen in mir trug. Aus Nichtigkeiten entwickelten sich in der Schule Schlägereien. Keine Beleidigung blieb mehr ungesühnt. Gegen meinen Willen wurde ich mehr und mehr wie mein Halbbruder und wie mein Vater. Es stürzte mich in ein zusätzliches emotionales Chaos, zu sehen, wie ich zu diesem Monster wurde, das ich nicht sein wollte. Und ich machte mir ständig Sorgen. Sorgen um die Schule, Sorgen über unsere Armut, Sorgen darüber, ob mich die Sorgen jemals verlassen würden.

Beginn eines Doppellebens

Nachdem ich das siebte Schuljahr wiederholen musste, hatte ich Glück. Meine neuen Klassenkameraden waren ausnahmsweise mal wirklich nett. Auch meine Klassenlehrerin war super. Plötzlich machte mir die Schule wieder Spaß. Ich wollte alles dafür tun, dass ich nicht wieder ein Außenseiter wurde. Dafür musste ich mich aber tarnen. Meine Familienverhältnisse durfte niemand kennenlernen. Also begann ich ein Doppelleben. Zuhause lebte ich, wie ich leben musste. Von dieser Welt wussten nur meine Familie und ich. Damit es so blieb, lud ich nie jemanden zu mir nach Hause ein. Ich befürchtete, dass man mich und meine Familie als asozial abstempeln und ich dann wieder von allem ausgeschlossen werden würde. Wenn ich morgens den Schulbus bestieg, ließ ich diese Welt hinter mir und betrat meine »öffentliche« Welt. Ich war einfach still und lachte mit, wenn gelacht wurde. Schnell entwickelte ich ein feines Ohr dafür, was »normal« war. Wenn die anderen Geschichten von zu Hause erzählten, die keine Gewalt oder ähnlich Unschönes enthielten, merkte ich mir diese Geschichten, variierte sie leicht und gab sie bei anderer Gelegenheit als eigene aus. »Ja, wir überlegen uns, ob wir uns einen Hund kaufen sollen, aber meine Eltern wissen nicht, ob es ein Labrador oder ein Weimaraner sein soll«, kam dann zum Beispiel dabei heraus. Dann redete man 20 Minuten über Vorzüge und Nachteile dieser oder jener Hunderasse, und wieder war eine große Pause überstanden.

Meine Strategie ging auf. Ich hätte damals aber auch gar nicht gewusst, wie ich die Dramen, die sich zu Hause abspielten, in Worte hätte fassen können. »Wovon man nicht sprechen kann, darüber muss man schweigen.« Mit diesem Satz endet der *Tractatus logico-philosophicus* des Philosophen Ludwig Wittgenstein, der in seinem Frühwerk den Versuch unternahm, durch eine Untersuchung der logischen Struktur der Sprache zu bestimmen, was sich überhaupt sinnvoll sagen lässt, um so das Sagbare und Denkbare gegen das Unsagbare abzugrenzen. Wie sollte ich die Furcht vor meinem Leben in Worte fassen? Wie sollte ich die Panik, die Tag und Nacht in mir tobte, beschreiben? Wie hätte ich meinen damaligen Mitschülern mein Gefühl völliger Wertlosigkeit erläutern können? So war es richtiger für mich, zu schweigen und zu lügen, wenn ich doch etwas sagen musste. Ich hatte gar keine andere Wahl.

Allerdings merkte ich bald, dass ein solches fiktives Leben sehr anstrengend ist …

Depressionen

Ohne es zu wissen, war ich im Alter von 14 oder 15 Jahren hochgradig depressiv geworden. Ich hatte keinen Funken Selbstwertgefühl in mir. Morgens kam ich völlig übermüdet aus dem Bett und fragte mich: »Soll ich in die Schule gehen oder doch lieber in den Wald, um mich aufzuhängen?« Dieser Gedanke an Suizid machte mir anfangs Angst, doch im Laufe der Jahre wurde er mir vertraut. Der Gedanke und ich haben uns die Hände geschüttelt, wir haben uns kennengelernt und sind wie zwei alte Freunde, die gemeinsam schon durch Dick und Dünn gegangen sind. Fürs Erste haben wir uns arrangiert.

Doch ich hatte meinen Gegner, meine Misere unterschätzt: Es kam noch schlimmer.

Die Realität ist teilweise besser als die Stimmung

Mich nerven manche meiner türkischen Freunde, die für jedes Pech im Leben »die Deutschen« oder »Deutschland« verantwortlich machen. Wenn ich dann einen Umzug in die Türkei empfehle, finden sie interessanterweise meistens 1000 gute Gründe, um doch hier zu bleiben.

Mich ärgern auch viele Deutsche, die für alles Übel in Deutschland »die Ausländer« verantwortlich machen wollen. Die Integration sei gescheitert, wir säßen auf einem gesellschaftspolitischen Pulverfass. Das ist in meinen Augen einseitige Schwarzseherei. Weil wir den ganzen Tag über Probleme der Einwanderung sprechen, übersehen wir die vielen Erfolge im Alltag.

Bürger Deutschlands mit türkischem Hintergrund haben viel für unser Land geleistet und tun das auch weiterhin. Erfolgreiche Deutsch-Türken finden sich überall. Kunst und Kultur in Deutschland wäre buchstäblich ärmer ohne sie. Der erfolgreichste Regisseur Deutschlands ist Fatih Akin. »Gegen die Wand«, »Soul Kitchen« oder »Auf der anderen Seite« und viele andere Werke wurden weltweit gefeiert. Er war es, der die großartige Schauspielerin Sibel Kekilli entdeckte. Die Schriftstellerin und Journalistin Hatice Akyün ist eine der scharfsinnigsten Chronistinnen unseres Alltags geworden. Der deutsche Fußball wäre ohne seine Deutsch-Türken immer noch gut, aber bestimmt nicht Weltspitze. Der ehemalige Dortmunder Nuri Şahin ist jetzt bei Real Madrid unter Vertrag, der ehemalige Bremer Spielmacher Mesut Özil ebenso. In Spanien werden sie als »Deutsche Giganten« von den Fans gefeiert. Einer der engagiertesten Bildungspolitiker Deutschlands ist der Berliner Özcan Mutlu. Cem Özdemir ist bekannt wie ein bunter Hund. Die beiden Spitzenfrauen Aygül Özkan und Bilkay Öney sind die ersten, aber bestimmt nicht die letzten deutschen Ministerinnen mit einem türkischen Namen.

Den türkischen Dönerverkäufer um die Ecke kennt jeder. Und türkische Unternehmer finden sich mittlerweile in allen Branchen. Von der Software-Entwicklung bis zur Touristik-Industrie gibt es erfolgreiche Geschäftsleute türkischer Herkunft. Bekannte Namen sind der Reiseunternehmer Vural Öger, der Textilproduzent Kemal Şahin oder der Zulieferer für die Luftfahrtindustrie Şenol Yegin. Die Quote jener, die den Sprung in die Selbstständigkeit wagen, ist unter den Deutsch-Türken höher als unter den Deutsch-Deutschen. Dies ist auch ein Hinweis für das Vertrauen, das diese Menschen in Deutschland setzen. Insgesamt gibt es fast 80.000

türkischstämmige Unternehmerinnen und Unternehmer auf deutschem Boden und bis 2015 werden es ca. 120.000 sein. Natürlich sind nicht alle Großunternehmer. Aber auch die vielen kleinen Ladenbesitzer oder Obsthändler verdienen großen Respekt. Sie sind es, die morgens um drei Uhr zum Großmarkt fahren, bis abends im Geschäft stehen und ihren Kunden das Leben leichter machen. Nicht nur unsere Wirtschaft, sondern auch unser Alltag wäre ohne die Opfer- und Risikobereitschaft dieser Menschen viel ärmer. Wenn jemand wie Sarrazin sich gerade über diese Menschen despektierlich äußert, dann hat das etwas Tragisch-Komisches: Es ist doch Sarrazin, der ein Leben lang als Beamter oder Angestellter am warmen Herd der öffentlichen Hand gesessen hat und der weder beruflich etwas riskiert noch einen einzigen Job geschaffen hat.

Na also: Es geht doch! Dennoch dürfen wir uns auf unseren Erfolgen nicht ausruhen. Die deutschen Juden waren 1933 auch vollständig integriert. Doch das hat ihnen nicht geholfen. Ein krasser Vergleich, ich weiß! Und natürlich ist die Bundesrepublik Deutschland nicht das Dritte Reich, wir Deutsch-Türken sind keine Juden und die (meisten) Deutschen keine Nazis. Ich will damit nur verdeutlichen, dass eine vielschichtige Gesellschaft nur dann funktioniert, wenn eine Mehrheit will, dass sie funktioniert.

Deutschland hat seinen Einwanderern viel zu verdanken, und seine Einwanderer haben Deutschland viel zu verdanken. Ein wenig beiderseitige Dankbarkeit wäre gut für die Stimmung in unserem Land. Stattdessen hört man auf beiden Seiten ein ständiges Jammern und Schuldzuweisungen, wenn die Integration stockt. Die Realität ist viel besser als die Stimmung. Wir fokussieren uns viel zu sehr auf die Schwierigkeiten und geben uns dem Pessimismus hin, anstatt auch einmal das Erreichte zu würdigen. Auch und gerade im Vergleich zu unseren europäischen Nachbarn sind wir in Sachen Integration mehr als wettbewerbsfähig.

Das obsessive Fokussieren auf Probleme statt auf Lösungen macht uns zu einem kranken Land.

Fremd in der Heimat

Heimat sind Bilder, Geräusche, Gerüche, Menschen. Heimat ist elementare, mächtige und verbindende Emotion. Geographie, Landkarten, Politik und Gesetze bilden vielleicht einen Staat, aber sie bedeuten für mich nicht Heimat. Meine Heimat ist nicht Deutschland, ist nicht Siegen und auch nicht das Siegerland. Meine Heimat ist Niederschelden, wo ich die Menschen kenne und wo die Menschen mich kennen.

»Heimat« ist wie die Beziehung zwischen Menschen, die sich kennen, die sich lieben. Und ebenso wenig, wie ein Mensch Zehntausend andere Menschen lieben kann, ist es mir möglich, Zehntausend andere Orte in Deutschland zu lieben wie diesen einen, in dem ich das Licht der Welt erblickte.

Es ist nicht so, dass ich an Niederschelden nur die besten Erinnerungen hätte. Es ist auch möglich, sogar wahrscheinlich, dass andere Menschen diesen Ort sterbenslangweilig finden. Ich habe just in diesen Tagen eine vielleicht etwas morbid anmutende Entscheidung getroffen: Ich möchte einmal in Niederschelden bestattet werden. Wieso sollte ich in der Türkei meine letzte Karriere als Kompost starten, obwohl mich dort niemand kennt? Eine größere Liebeserklärung kann ich unter den gegebenen Umständen einem Ort nicht machen.

Deutschland bedeutet mir sehr viel. Alles, was ich heute habe, und alles, was ich heute bin, verdanke ich ausschließlich meiner Familie, meinen Freunden und diesem Land. In welchem anderen Land hätte ich so viele Optionen gehabt? Es waren deutsche Schulen und Universitäten, die mir ein Leben in Selbstbestimmung ermöglicht haben. Es waren deutsche Stiftungen, die mir mit Hilfe von Begabtenstipendien ein Studium an guten Universitäten finanzierten. Es waren deutsche Literaten, die mir zu träumen halfen – und die Sprache meiner Träume ist deutsch. Ich finde Deutschland großartig und ich finde, unser Land kann sich sehen lassen in der Welt. Wenn ich lange auf Reisen war, vermisse ich mein Land. Und dennoch käme ich nie im Leben auf die Idee zu sagen: »Ich bin stolz darauf, ein Deutscher zu sein!«

Worauf genau wäre ich denn dann stolz? Stolz entspringt der ganz subjektiven Überzeugung, etwas Außergewöhnliches oder besonders Anerkennenswertes geleistet zu haben oder zumindest daran beteiligt gewesen zu sein. Bezüglich meines »Deutsch-seins« habe ich das aber nicht. (Wer hat das schon?) Es ist keine Leistung, sondern ein Fakt. Daher kann und will ich nicht sagen, dass ich stolz darauf bin, Deutscher zu sein. Oder Türke. Oder Chinese.

Ich bin weit davon entfernt, ein unkritischer Geist zu sein. Ich bin auch niemand, der die Augen verschließt. Natürlich sehe ich den Rassismus in diesem Land, die vielen großen und kleinen Ungerechtigkeiten. Es gibt Zehntausend Dinge, die mir hier nicht gefallen. Ich glaube aber, dass gerade dies wichtig ist – irgendwann an den Punkt zu gelangen, an dem man sagen kann: Mir missfallen all diese Dinge, und dennoch stehe ich zu diesem Land und seiner Gesellschaft. Ich bin gerne Deutscher und lebe gerne in Deutschland. Einige Male wurde mir schon gesagt, als Einwanderer oder als »Passdeutscher« stünde mir Kritik an Deutschland nicht zu. »Und wo einer fremd ist, darf er sein Maul nicht auftun«, heißt es im Alten Testament. Ich finde aber, dass sich die Zeiten seit Moses und David geändert haben sollten. Außerdem fühle ich mich – wie gesagt – nicht fremd in Deutschland.

Manche Deutsche sind irritiert, wenn ich sage, dass die Türkei mir sehr wichtig ist. Sie vermuten und unterstellen mir dann Loyalitätsprobleme. Ich finde diese Denkweise in einer durch und durch globalisierten Welt antiquiert und frage andersherum: Wie kann man von mir erwarten, dass mir die Türkei egal ist? Meine Eltern stammen von dort. Viele meiner Verwandten leben in der Türkei. Ich habe in diesem Land im Alter von 16 Jahren meinen Vater beerdigt. Die Gräber meiner Großeltern liegen dort. Ich mag die Herzlichkeit der Menschen, die reiche und alte Kultur des Landes und seine Multi-Ethnizität. Und auch dort gibt es viele Dinge, die mir nicht gefallen: die ungleiche Verteilung des Reichtums zum Beispiel. Als armer Mensch ist man oft der Gewalt des Staates und seiner Organe ausgeliefert. Dazu kommt die anhaltende Korruption, vor der niemand gefeit ist. Ich habe allen Grund, wegen mancher Zustände des türkischen Staates wirklich aufgebracht zu sein, und bin es auch. Aber ich weiß, dass die Dinge langsam besser werden, dass die heutige Türkei viel offener und moderner ist als die Türkei vor zehn Jahren, und ich hoffe, dass diese Entwicklung sich fortsetzt.

Mir wurde immer wieder vorgeworfen, ein Türkei-Lobbyist zu sein. Das bestreite ich nicht. Wenn Lobbyismus das Bestreben ist, Vorurteile abzubauen und für Verständnis zu werben, dann bin ich bestimmt ein Lobbyist im besten Sinn des Wortes. Aber im gleichen Maß, in dem ich in Berlin ein Türkei-Lobbyist bin, bin ich in Ankara ein Deutschland-Lobbyist. Manche Menschen in der Türkei stellen sich Deutschland als einen Staat vor, in dem

Deutsch-Türken täglich ihr Leben gegen Horden wild gewordener Nazis verteidigen müssen. Ich habe mich stets dafür eingesetzt, dieses Bild zu korrigieren. Das Gleiche tun übrigens, weitestgehend unbemerkt von der deutschen Öffentlichkeit, fast alle deutsch-türkischen Politiker wie Özcan Mutlu und Cem Özdemir von den Grünen oder Bilkay Öney von der SPD.

2007 war ich auf einer Konferenz des Weltwirtschaftsforums in Istanbul. Zu meiner Überraschung bat mich Klaus Schwab, Gründer und Präsident des Forums, auf der Abschlussveranstaltung vor etwa 600 Gästen einige Worte zu sprechen. Ich sollte aus deutsch-türkischer Sicht die Entwicklung in der Türkei bewerten. Der türkische Premierminister Recep Tayyip Erdoğan sprach unmittelbar vor mir, natürlich auf Türkisch. Weil mein Türkisch erbärmlich ist und die meisten Gäste kein Deutsch verstanden, hielt ich meine Rede auf Englisch, was mir auch einigermaßen »unfallfrei« gelang. Nach meiner Rede kam Herr Erdoğan auf mich zu, und wir wechselten einige Worte – auf Türkisch. Natürlich entging ihm meine holprige Aussprache nicht und er meinte lächelnd: »Mehmet, dein Englisch mag ja super sein, aber an deinem Türkisch musst du noch arbeiten.« Nach einer Schrecksekunde entgegnete ich: »Herr Ministerpräsident, ich finde, für einen Deutschen ist mein Türkisch ganz gut.« Über diese Antwort musste er sehr lachen.

Wir begegneten uns danach noch mehrfach. Auf dem Weltwirtschaftsforum des Jahres 2009 in Davos lernte ich auch seine Gattin Emine kennen. Es stellte sich heraus, dass sie aus Siirt stammt und eine entfernte Verwandte meines Vaters ist. Beim Abendessen anlässlich des 65. Geburtstages von Gerhard Schröder im April 2009 trafen wir uns wieder. Er fragte mich nach meiner Einschätzung der Lage der Türken in Deutschland, und obgleich ich das Gefühl hatte, dass er meine Sicht nicht teilte, hörte er doch sehr aufmerksam zu und stellte gute Fragen. Ich habe die Erfahrung gemacht, dass mit dem Aufstreben eines Politikers in der Machthierarchie seine Aufmerksamkeitszeitspanne konstant abnimmt. Bei Erdoğan trifft dies nicht zu. Man kann seine Politik beurteilen, wie man möchte. Persönlich ist er ein ungemein aufmerksamer, gewinnender und sympathischer Mensch. Sollte er es wirklich schaffen, die Türkei umfassend zu reformieren und auch den kurdischen und christlichen Bürgern des Landes jene demokratischen Rechte zu geben, die ihnen zustehen, dann wird er in die Geschichte eingehen.

Über meine Loyalität zu Deutschland muss sich niemand Sorgen machen. Wenn wir unbedingt deutschen Bürgern Illoyalität vorwerfen wollen, dann sollten wir vielleicht eine andere Personengruppe ins Auge fassen. Es gibt viele reiche Leute, die in Deutschland leben, die alle Vorteile eines funktionierenden Rechtsstaates genießen, die ihre Kinder auf öffentliche Schulen schicken, städtische Theater und Krankenhäuser nutzen und trotzdem ihr Geld auf irgendwelchen Schwarzkonten im Ausland bunkern. Solche Art von Illoyalität ist real, sie existiert in jeder Stadt, und sie schadet uns allen.

Vom Siegerland
über das Siebengebirge an
die Kieler Förde

Tod des Patriarchen

Im Dezember 1983 erlitt mein Vater einen dritten Herzinfarkt. Sein Zustand war kritisch, und er wurde sofort auf die Intensivstation im Siegener Marienkrankenhaus verlegt. Im Januar stabilisierte sich sein Zustand, und es ging ihm besser. Schließlich wurde er auf eine normale Station verlegt. Dort besuchte ich ihn ein- bis zweimal in der Woche. Ich war gerade 16 Jahre alt geworden. In der Schule lief es gut. Mitte Januar hatte ich ein Praktikum bei der Deutschen Bank begonnen. Alle Schüler der achten Jahrgangsstufe machten ein Betriebspraktikum. Für mich waren Bankangestellte die Inkarnation von Bürgerlichkeit. Deshalb war ich sehr glücklich über meinen Praktikumsplatz.

Am 7. Februar 1984 kam ich gegen 19 Uhr nach Hause. Vor unserer Haustür standen die Autos unserer Verwandten und Freunde. Während ich die Rittergasse herunterging, dachte ich, mein Vater sei bestimmt aus dem Krankenhaus entlassen worden und alle seien zu seiner Begrüßung gekommen.
Ich ging ins Haus und nahm den Eingang durch die Küche. Als ich die Tür öffnete, wusste ich sofort Bescheid. In den Gesichtern meiner Verwandten las ich ernste Mienen; alle sprachen in Flüsterlautstärke. Ich fragte sie, was los sei. Niemand sagte etwas, aber sie mussten auch nichts mehr sagen. Ich ging durch die Zimmer. Überall standen sie wortlos herum. Im Wohnzimmer saß meine Mutter weinend und erzählte mir, dass mein Vater gestorben war. Ja, ich hatte es gewusst.

Ich ging aus dem Haus. Schließlich hatte ich meine Lektionen ja gut gelernt. Nur Feiglinge zeigen Schwäche, Männer nicht. Richtige Männer weinen nicht, schon gar nicht vor anderen. Also lief ich zur Sieg hinunter. Dort saß ich in der Dunkelheit, bis ich mich ein wenig beruhigt hatte. Dann ging ich zurück und besprach die Beerdigung meines Vaters.

Für einige Tage war er in einer Totenkammer im Marienkrankenhaus aufgebahrt. Dort besuchte ich ihn noch ein letztes Mal. Die Beerdigung fand einige Tage später in Istanbul statt. Wir fuhren die gleiche Strecke entlang, die wir aus so vielen Fahrten in den Urlaub kannten. Diesmal war alles anders. Draußen war es kalt und dunkel. Wir schwiegen alle und manchmal hörte ich in der Nacht ein leises Weinen. Der Mann meiner Tante fuhr. Toni saß auf dem Beifahrersitz. Meine Mutter, Yasemin und ich saßen hinten. Eigentlich hätte meine Mutter fliegen sollen, aber ich hatte noch keinen eigenen Reisepass und war noch in dem meiner Mutter eingetragen. Wir hätten also zusammen fliegen müssen, aber das konnten wir uns nicht leisten. und ich wollte unbedingt bei der Beerdigung dabei sein. Dadurch konnten auch Yasemin und Toni mitkommen. Nurcan, die zu diesem Zeitpunkt hochschwanger mit meinem Neffen Davut war, blieb zuhause. Die Fahrt wäre für sie zu strapaziös gewesen. Meine Geschwister Aynur und Irfan waren noch zu klein.

Als wir Istanbul erreicht hatten, erfuhren wir, dass die Leiche meines Vaters in der Wohnung meiner Stiefmutter aufgebahrt war. Für meine Mutter war es sicher seltsam, in der Wohnung meiner Stiefmutter zu sein. Aber sie war sehr nett, und die beiden Frauen verstanden sich plötzlich sehr gut. Viele meiner Verwandten waren da. Die Brüder meines Vaters, seine Schwester, Cousins und Cousinen. Deren Kinder und Kindeskinder. Dutzende von Menschen. Es wurde der Koran rezitiert. Auf türkischen Trauerfeiern geht es in der Regel laut zu, nicht still und leise wie in Deutschland. Türkische Frauen klagen laut und schreien ihre Trauer hinaus. Ich glaube, es ist wichtig, dass alle zusammen dieses Klagen hören und erleben. Es macht den Abschied irgendwie leichter. Vielleicht ist es so, weil man hören und sehen kann, dass man nicht allein ist. Irgendwie haben wir Deutschen das gemeinsame Trauern verlernt.

Am nächsten Tag gingen wir in die Moschee. Ich machte beim Gebet die Bewegungen meiner Onkel nach: nach vorne beugen, auf die Knie gehen, den Kopf nach links oder rechts drehen. Dazu sprach ich die leisen arabischen Gebete nach, die um mich herum gesprochen wurden, die ich aber nicht verstand. Ich hatte keine Ahnung vom *Namaz kılmak*, dem rituellen Beten. Es war auch das letzte Mal, dass ich in einer Moschee gebetet habe.

In dem Raum, in dem die Toten nach muslimischem Brauch gewaschen werden, konnte ich meinen Vater ein letztes Mal sehen. Er wurde in ein weißes Baumwolltuch gewickelt und in einen einfachen Holzsarg gelegt. Man brachte ihn zum großen Friedhof am Topkapı, dem Kanonentor. Wir fuhren in einem langen Autokorso hinterher. Begleitet von den unzähligen Trauergästen trugen Toni, meine Onkel und ich den Sarg zum Grab. Hier wurde der Körper meines Vaters aus dem Sarg genommen. Muslime werden nur in ein Tuch gehüllt bestattet. Zwei Männer standen im Grab und nahmen den Leichnam meines Vaters entgegen. Sie legten ihn auf die Erde. Dort, tief unten, war es nass und kalt; eine große Regenpfütze hatte sich gebildet. Das schneeweiße Tuch um den Körper meines Vaters hatte schnell einige schmutzig-braune Schlammflecken. Als die beiden Männer aus dem Grab stiegen, verrutschte am Bein meines Vaters der Stoff. Während unter den lauten Gebeten der Männer Erde auf meinen Vater geschaufelt wurde, starrte ich wie gebannt auf dieses kleine Stück nackter Haut meines Vaters, bis es gänzlich von Erde bedeckt und der Körper meines Vaters in der Erde Istanbuls verschwunden war. Das war das einzige Mal, dass ich an seinem Grab stand.

Ich fühlte mich schuldig am Tod meines Vaters; war ich doch ein schlechter Sohn, weil ich ihm den verdienten Respekt versagt hatte. Mein Vater hatte immer für uns gesorgt, uns ein Dach über dem Kopf und genug zu essen verschafft. Und er hatte uns nicht, wie andere Väter ihre Söhne, dazu gedrängt, so bald wie möglich zu arbeiten, sondern hat uns Zeit für eine gute Schulbildung gegeben. All diese Leistungen überwogen in meiner Wertung plötzlich die nun unnötig wirkenden Dispute und gelegentlichen Hiebe. Wie hatte ich nur so undankbar sein können? Ich hatte meinen eigenen Vater ins Grab gebracht, soviel stand für mich fest.

Ich hatte nie gebetet, aber jetzt betete ich jede Nacht. Ich betete zu meinem Vater und bat ihn um Verzeihung. Aber ich wusste auch, dass es keine Vergebung geben würde, nicht jetzt, nicht in der Zukunft. Nur mein eigener Tod konnte, wenn überhaupt, Sühne genug sein. In dieser Zeit – ich war gerade 16 Jahre alt geworden – entdeckte ich bei meinem morgendlichen Blick in den Spiegel zum ersten Mal einige graue Strähnen in meinem Haar. Doch das überraschte mich nicht. Die Schuldgefühle zehrten mich geradezu aus. Eugen Drewermann schrieb einmal: *»Dass Menschen in Schuld geraten, ist schlimm. Aber sich schuldig zu fühlen und nicht an Vergebung glauben zu können, das ist die Hölle.«* So war es. Ich hatte damals meine ganz persönliche Hölle gefunden.

Ich glaube, mein Vater hat gewusst, dass er im Sterben lag. Die Intensivstation hatte er lediglich verlassen dürfen, weil die Ärzte ihm keine Chance mehr gaben. Am Abend vor seinem Tod hatte ich ihn im Krankenhaus besucht. Unser Gespräch bezog sich auf Belanglosigkeiten, und ich blieb nicht lange bei ihm. Als ich schon an der Tür war, ging ich zurück, hielt seine Hand und küsste sie. Ich weiß nicht, warum ich das tat. So sahen wir uns zum letzten Mal im Leben. Jahre später erfuhr ich, dass er einige Tage zuvor meine Schwester Yasemin um Vergebung gebeten hatte. Mir hätte es gereicht, wenn er mir die Chance gegeben hätte, *ihn* um Vergebung zu bitten. Hat er mich so sehr gehasst? Oder verachtet? Er wusste, dass er starb, und hatte dennoch kein letztes Wort übrig für mich. Ich war nicht *liebenswürdig*, hatte keine Liebe verdient, nicht von meinem Vater, nicht von irgendwem.

Aufenthaltsgenehmigung

Als ich aus Istanbul zurückkam, lag ein Schreiben von der Ausländerbehörde Siegen an mich im Briefkasten. Darin wurde mir mitgeteilt, dass ich mit 16 Jahren eine eigenständige Aufenthaltserlaubnis brauche. Da ich diese bislang nicht ordnungsgemäß beantragt habe, sei mir keine erteilt worden. Dementsprechend hielte ich mich illegal in Deutschland auf. Unter Androhung von Abschiebehaft und Abschiebung wurde ich aufgefordert, das Land innerhalb einer kurzen Frist zu verlassen. Ich bekam schreckliche Angst. Am nächsten Tag fuhr ich frühmorgens zum Amt. Ich erklärte, dass ich erst vor drei Wochen 16 Jahre alt geworden sei und nicht gewusst hätte, dass ich sofort eine Genehmigung bräuchte, da ich ja in Deutschland geboren sei. Außerdem sei mein Vater gerade gestorben, weswegen ich das Schreiben erst jetzt zur Kenntnis habe nehmen können … Erst nach vielen Diskussionen wurde mir eine Aufenthaltsgenehmigung erteilt, allerdings eine auf sechs Monate befristete. Ich war zwar in Deutschland geboren, musste aber trotzdem froh sein, dass ich überhaupt ein weiteres halbes Jahr bleiben durfte. Es war, als hinge plötzlich ein Damoklesschwert über mir. Die Ausländerbehörde in Siegen blieb bei ihrer strikten Linie und verlängerte meine Genehmigung grundsätzlich nur jeweils um ein halbes oder, wenn ich Glück hatte, um ein ganzes Jahr. Erst, als ich nach Bonn zog, erteilten mir die dortigen Behörden »großzügig« eine unbefristete Aufenthaltsgenehmigung.

Eigentlich hatten wir ja ohnehin geplant, in Kürze in die Türkei »zurückzugehen«. Es wurde uns aber schnell klar, dass meine Mutter, allein verantwortlich für drei minderjährige Kinder, die Organisation unserer Rückkehr unmöglich bewältigen konnte. So entschieden wir uns einmal mehr, »vorerst« in Deutschland zu bleiben. Das gestaltete sich jedoch schwieriger als angenommen, denn wir durften keine Sozialhilfe in Anspruch nehmen. Wir Kinder bekamen eine kleine Halbwaisenrente, meine Mutter musste jedoch ohne finanzielle Unterstützung vom Staat auskommen, weil meine Eltern ja nie geheiratet hatten. Hätten wir allerdings Sozialhilfe beantragt, wäre unsere Aufenthaltsgenehmigung nicht verlängert worden.

Meine kleine Schwester, mein Bruder und ich verteilten Zeitungen und verdienten etwas dazu. Eines Tages überreichte uns Oma Philippine einen Umschlag mit Geld. Unsere Nachbarn und viele andere Menschen im Dorf, die wir gar nicht kannten, hatten etwas Geld für uns gesammelt, um uns zu unterstützen, obwohl die meisten selbst jeden Pfennig umdrehen mussten. Das werde ich »meinen« Niederscheldenern nie vergessen!

Die Brüder und Cousins meines Vaters, die wir bis zum Tod meines Vaters jeden Sommer sahen, bei denen wir wohnten und von denen der eine oder andere auch noch Schulden bei meinem Vater hatte – materielle wie immaterielle –, meldeten sich nie wieder bei uns. Es war beinahe so, als wären wir zusammen mit meinem Vater gestorben. Einzig zum jüngsten Bruder meines Vaters und zu seiner Schwester entwickelte sich nach vielen Jahren wieder so etwas wie normaler familiärer Kontakt. Den anderen habe ich nie vergeben, dass sie uns, als wir sie so dringend brauchten, unserem Schicksal überlassen haben. Dazu gehören insbesondere die zwei Brüder meines Vaters, angeblich besonders fromme Muslime, die bei jeder Gelegenheit vom Propheten berichteten. Dass Mohammed auch gepredigt hatte, dass man Witwen und Waisen helfen solle, war ihnen wohl entfallen.

Da wir uns das Haus in der Rittergasse nach Vaters Tod nicht mehr leisten konnten, zogen wir also in das Nachbardorf Gosenbach. Dort mieteten wir zu fünft eine 60 Quadratmeter große Dreizimmerwohnung. Es war schrecklich! Nie war man allein. Außerdem war das Haus sehr hellhörig, sodass wir ungewollt Zeuge eines jeden Streits in der Nachbarschaft wurden.

Dazu kamen Murats ständige Eskapaden. Er trank wie eh und je. Manchmal brachte er nachts seine Freunde mit nach Hause, die dann bis zum Morgen lautstark feierten. Manchmal stand mitten in der Nacht plötzlich ein fremder, betrunkener Mann in Irfans und meinem Zimmer, der sich auf dem Weg zur Toilette verlaufen hatte. Manchmal landeten sie auch im anderen Zimmer, wo meine Mutter und meine kleine Schwester schliefen. Also blieb ich wach, wenn »Besuch« da war, um notfalls eingreifen zu können. Zum Glück passierte aber nichts. Dennoch war es schlicht widerlich, morgens aufzuwachen, und die ganze Wohnung stank nach Bier. Während Murat und seine Kumpane ihren Rausch bis zum Mittag ausschliefen, musste meine Mutter in der kleinen Küche hocken und warten. Wenn Murat mit dem Essen nicht zufrieden war, schleuderte er seinen Teller an die Wand. Ich hatte ja nicht wirklich damit gerechnet, dass er jetzt, da er der älteste Mann im Hause war, Verantwortung für sich und für uns übernehmen würde, und ich war froh, wenn er einige Tage nicht zu Hause auftauchte. Die Prügel, die ich regelmäßig bezog, machten mir schon lange nichts mehr aus. Es war nur irgendwie lästig, wenn ich wieder ein blaues Auge oder ein anderes »Souvenir« von ihm erhielt, weil ich mir dann wieder irgendeine Geschichte für die Schule ausdenken musste.

Meine Mutter wurde von ihren vielen Sorgen erdrückt: der Terror meines Halbbruders, die Ausländerbehörde, die ständige Not um das Geld. Manchmal hatten wir nichts zu essen. Immer öfter fiel meine Mutter in Ohnmacht und lag reglos auf dem Sofa, die Augen weit aufgerissen und die Hände zu Fäusten geballt. Manchmal ging sie nachts aus dem Haus. Ich folgte ihr dann unauffällig mit einigen Metern Abstand. In dieser Zeit hatte ich oft Angst, dass sie sich etwas antun würde. Daher behielt ich sie immer im Auge. Die Nächte verbrachte ich in einem unruhigen Halbschlaf. Im Grunde lag ich immer auf der Lauer und lauschte nach verdächtigen Geräuschen. Kommt Murat mit Freunden? Was machen sie? Geht

Mutter aus dem Haus? Ich war immer zum Sprung bereit, immer angespannt. Und todmüde. Morgens stand ich wie gerädert auf, machte Frühstück für alle und lief zum Bus. Die Schule war die reinste Erholung, aber mein Gedächtnis machte mir zu schaffen. Auf nichts konnte ich mich konzentrieren; für jede Aufgabe brauchte ich dreimal so lange wie meine Mitschüler. Mein Gefühlshaushalt war ein einziges Chaos. Ich war leicht reizbar und aufbrausend. Damit niemand merkte, wie es um mich stand, entwickelte ich ein aufgesetztes Selbstbewusstsein, weswegen mich viele für ein arrogantes Arschloch hielten und dies auch lautstark kund taten. Manchmal wurde ich auch »türkisches Arschloch« genannt. Meine Antwort war meist ebenso deutlich. Ob nun Arschloch mit oder ohne rassistischem Zusatz: Der Betreffende bekam sofort meine Fäuste zu spüren. Zumindest, wenn der Peiniger ein Junge war. Die Mädchen durften ungestraft sagen, was sie wollten. Mädchen zu schlagen ist unmännlich und tabu.

Gegenüber meinen kleinen Geschwistern war ich unterdessen auf dem besten Weg, alle Fehler meines Vaters zu wiederholen. Darunter hatte besonders mein kleiner Bruder Irfan zu leiden. Ich war streng, schrieb ihm vor, wann er nach der Schule zu Hause sein musste, und ließ ihn nachts in der Kälte vor der Tür schmoren, wenn er zu spät war. Einmal ohrfeigte ich ihn in Anwesenheit meiner Cousins und Cousinen, als ich ihn rauchend erwischte. Ich bin mir sicher, dass ihm die Ohrfeige weniger unangenehm war als die mitleidigen Blicke der Verwandten. Ich war meines Vaters Sohn, kein Zweifel. Mein kleiner Bruder ist ein großzügiger Mensch, in jeder Hinsicht. Wäre er es nicht, würde er heute zu Recht kein Wort mehr mit mir wechseln.

Im Laufe der Jahre wurden meine Depressionen immer schlimmer. Meine Alpträume verließen mich nicht mehr. Zwar entwickelte ich Überlebenstechniken und schien dank meines antrainierten Lächelns auf den Lippen nach außen hin zufrieden, doch im Inneren war ich meistens traurig und emotional abgestumpft. Alles wurde unendlich mühsam, jeder Schritt, jeder Handgriff. Mein Nachname »Daimagüler« bedeutet übrigens: »der immer Lächelnde«. Was soll ich sagen? Nomen ist nicht immer omen.

Morgens aufzustehen erforderte fast übermenschliche Kraft. Ich wollte liegenbleiben und mit Hilfe der geschlossenen Gardinen die Dunkelheit konservieren. Ich zog mir die Decke bis über die Ohren, um jegliche äußeren Reize abzuwehren. Mich aus dem Bett zu quälen, ins Badezimmer zu gehen, zu duschen, mich zu rasieren und mich für die Schule fertig zu machen, das konnte bis zu drei Stunden dauern. Also stand ich morgens schon um drei oder vier Uhr auf. Meistens war ich sogar schon wach, bevor der Wecker klingelte. Meine Träume waren bestimmt von meinen Ängsten: von Verlust von Verwandten und Freunden, von Kälte, Einsamkeit und Tod. Irgendwann hatte ich regelrecht Angst vor dem Einschlafen.

Manchmal ging es mir einige Tage besser, und wenn ich großes Glück hatte, sogar ein paar Wochen. »Besser« bedeutete jedoch nicht »gut«. Es bedeutete lediglich, dass ich einige Stunden Schlaf fand, am Tage halbwegs meine Gedanken steuern konnte und nicht ununterbrochen Selbstmordszenarien durchspielte. Diese »guten« Phasen waren leider durchweg von kurzer Dauer.

Hin und wieder kam mir der Gedanke, jemanden in meinen Gemütszustand einzuweihen, Hilfe zu suchen. Letztlich bin ich davor aber doch immer wieder zurückgeschreckt. Ich wollte und konnte nicht zugeben, dass ich schwach und krank war. Ich wollte einfach nur »normal« sein und versuchte, meine Situation zu banalisieren: »Jeder hat doch einmal eine traurige ›Episode‹ im Leben.« Meine »Episode« dauerte zwar schon viele Jahre, aber ich beharrte auf der Hoffnung, sie werde schon irgendwann von selbst vorübergehen.

Abitur mit links

Im Sommer 1985 war meine Realschulzeit auf dem Giersberg zu Ende. Mein Abschlusszeugnis war sehr gut, und ich hatte sogar ein paar Einsen in Fächern, die nicht gerade zu meinen Lieblingen gehörten. Nun wollte ich das Abitur machen und danach studieren. Ich bewarb mich beim Gymnasium am Rosterberg, und als Wochen später der Brief mit der Aufnahmebestätigung kam, öffnete ich ihn klopfenden Herzens. Ich verspürte Genugtuung. Noch sieben Jahre zuvor hatte es geheißen, ein Türkenjunge gehöre nicht auf das Gymnasium. Doch nun würde ich, noch dazu als erster aus meiner Familie, das Abitur machen. Das Schreiben besitze ich noch heute.

Im Nachhinein hat es meinem Werdegang nicht geschadet, dass ich erst zur Hauptschule und anschließend zur Aufbaurealschule gegangen bin. Tatsächlich halte ich den Unterricht auf der Hauptschule und auf der Realschule für sehr viel praxisbezogener und vom Niveau her gleichwertig. Doch die Umstände, die zu diesem »Umweg« geführt haben, prangere ich an. Sie waren nicht gerecht.

Ich habe mich auf dem Rosterberg sehr wohl gefühlt. Dort machte ich zwischen 1985 und 1988 eine verblüffende Erfahrung: Manche Mädchen (und auch – für mich etwas überraschend – manche der Jungs) machten mir tatsächlich schöne Augen! Ich litt unter einem stark gestörten Selbstwertgefühl und hielt mich daher auch nicht für besonders attraktiv. Geld hatte ich auch keines, und obendrein war ich eine türkische Halbwaise. Trotzdem fanden mich ein paar recht anziehend. Das fand ich zwar seltsam, aber natürlich auch sehr schön. Vor diesem Hintergrund ereignete sich der einzig wirklich bedeutsame negative Zwischenfall meiner Gymnasialzeit. Ich kam kurzzeitig mit einem sehr netten und schönen Mädchen namens Katrin zusammen. Ich war natürlich erstaunt darüber, dass sie sich mit mir abgab, aber ich war jung und verliebt und fühlte mich ausnahmsweise einmal richtig gut. Wir waren nur kurz zusammen, aber die Zeit war toll! Nach langer Zeit erfuhr ich, dass einige Jungs aus meiner Schule sie regelrecht gemobbt und als »Türkenflittchen« beschimpft hatten. Darunter waren einige, von denen ich glaubte, sie seien meine Freunde. Ich war enttäuscht. Doch auch hier glaube ich nicht, dass bei meinen Mitschülern eine nazistische Gesinnung vorlag. Sie hatten es wohl einfach nicht ertragen können, dass dieser Ex-Realschüler in der Schule auftaucht und dass eines der hübschesten Mädchen sich mit ihm abgibt. »Ex-Realschulschüler-Flittchen« klingt etwas sperrig, da bietet sich »Türkenflittchen« als Alternative an. Verletzend war es trotzdem

In meine Oberstufenfahrt fallen auch einige Klassenfahrten. Mit unserem Geschichtslehrer besuchten wir die Schlachtfelder von Verdun. Die Schlacht um Verdun dauerte vom Februar bis zum Dezember 1916. Im erbitterten Kampf brachten beide Seiten schwere Opfer. Deutsche Soldaten nannten die Kämpfe um Verdun »Blutpumpe«. 170.000 französische und 150.000 deutsche Soldaten verloren in der zehnmonatigen Schlacht ihr Leben. Ich war völlig erschüttert, als ich vor den endlosen Gräberfeldern stand und das »Beinhaus« besuchte, in dem die Knochen der gefallenen Soldaten übereinander gestapelt ihre letzte Ruhe gefunden haben. Die Soldaten waren kaum älter als ich, als sie getötet wurden. Ich war erschüttert. Erst nach diesem Besuch in Verdun wurde mir als 17-jähriger Mensch bewusst, welche Gnade es für mich und meine Generation ist, vom Elend des Krieges verschont geblieben zu sein. Jetzt begeisterte ich mich auch zum ersten Mal für die europäische Idee. Allen, die in Europa nur Bürokratie und Subventionen sehen, empfehle ich einen Besuch der Soldatengräber in Verdun.

Während der Jahre auf dem Gymnasium machte ich mir viele Gedanken über meine Zukunft. Am meisten interessierte ich mich für Geschichte und Politik. Aber was hätte ich mit einem Abschluss in diesen Fächern anfangen können? Irgendwie schien mir das nicht solide genug zu sein. Solidität und Sicherheit waren für mich damals extrem wichtig. Ich sehnte mich nach Ruhe und einem Leben ohne Angst vor dem drohenden wirtschaftlichem Aus an jeder Ecke. Ich wollte ein geregeltes Einkommen haben. Und ein Haus. Jeden Morgen die Tageszeitung im Briefkasten, eine nette Frau und ein paar wohlgeratene Kinder am Frühstückstisch. Dies war meine zugegebenermaßen spießbürgerliche Vorstellung davon, wie mein Leben nach meinem Studium aussehen sollte. Mir war damals nicht klar, dass sich in diesen klischeehaften Träumereien noch viel deutlicher all das manifestierte, was ich *nicht* wollte – Angst, Armut, Unsicherheit. Und ich erkannte sehr deutlich: Um zu wissen, was man will, muss man wissen, wer man ist. Doch das ich hatte längst vergessen in meinem Bemühen, es allen Recht zu machen – falls ich es überhaupt je gewusst hatte. Die Lügenwelt, die ich um mich herum aufgebaut hatte, war schon längst meine Realität geworden. An eine andere Identität erinnerte ich mich nicht mehr. Ich war das, wovon ich glaubte, die anderen würden es mögen.

Ich wollte also »gutbürgerlich« werden. Hierfür erschienen mir die Studienfächer Medizin und Jura am geeignetsten. Für Medizin fehlte mir jedoch jegliches Talent. Und das Interesse. Jura aber schien recht nah an Geschichte und Politik orientiert zu sein. Recht ist die Manifestation von Politik. Politik ist der Spiegel der Zeit. Also Jura. Auch spielte meine Vergangenheit bei der Studienfachwahl eine große Rolle. Die zahlreichen Besuche auf der Ausländerbehörde sowie das Gefühl, einem gänzlich undurchdringbaren Rechtekanon ausgeliefert zu sein, hatten Spuren hinterlassen. In Zukunft wollte ich mich wehren können und die Beamten mit ihren eigenen Waffen – konkret: Paragrafen und Verordnungen – schlagen.

Studium in der Bundeshauptstadt Bonn

Jura war also mein Studienwunsch. Aber ich wollte auch nicht allzu weit weg von zu Hause sein. Also bewarb ich mich in Bonn und Köln. Als ich die Zusage von der Rheinischen Friedrich-Wilhelms-Universität in Bonn bekam, war ich überglücklich. Es gab aber noch einen anderen, viel wichtigeren Grund, warum ich nach Bonn wollte: Ich hoffte auf einen Job als Assistent im Bundestag, der damals, vor der Wiedervereinigung, natürlich noch in Bonn seinen Sitz hatte.

Bis dato kannte ich Bonn nur aus dem Fernsehen. Als ich mich im September 1988 an der Rechtswissenschaftlichen Fakultät einschreiben wollte, kam ich zum ersten Mal in die Stadt. Und war begeistert!

Meine Freude wurde allerdings bald getrübt, da die Suche nach bezahlbarem Wohnraum mich beinahe in den Wahnsinn trieb. Es war einfach nichts zu finden. Eine Woche vor Beginn des Studiums hatte ich noch immer keine Wohnung und wurde langsam sehr nervös. Wenn ich mich telefonisch auf Wohnungsinserate meldete, waren die Vermieter superfreundlich. Wenn ich dann aber leibhaftig vor ihnen stand, waren sie weniger nett. Scheinbar hatten sie sich am Telefon verhört und geglaubt, ich hieße »Daimler-Kühler«. Einen Herrn »Daimagüler« wollten sie partout nicht als Mieter.

Schließlich fand ich doch eine Bleibe. In Bonn-Beuel-Limperich, auf der rechten Seite des Rheins, fand ich ein kleines Zimmer als Untermieter einer älteren Witwe. Das Zimmer war einfach und das Bad teilte ich mir mit zwei anderen Studenten. Aber es war okay, denn die Miete betrug nur 280 DM. Meine Vermieterin bestand darauf, jeden Tag die Zimmer zu reinigen. Allerdings hatte ich den Verdacht, dass es ihr gar nicht um Hygiene oder Freund-

lichkeit ging, sondern um eine umfassende Kontrolle ihrer Untermieter.

Morgens ging ich am Rhein entlang und bestieg nicht weit von der
Kennedy-Brücke die Fähre, die mich auf die andere Seite des Flus-
ses brachte. Ich fand das herrlich. Eine kleine Kreuzfahrt jeden
Morgen. Freiheit!
Häufig kam ich ins Gespräch mit anderen »Passagieren«. Die
Rheinländer sind ein fröhliches Volk und unterhalten sich gern.
Ich fand das nahezu mediterran und eigentlich völlig untypisch
für Deutschland.

Von der Schiffsanlegestelle auf der linken Rheinseite waren es nur
noch fünf Minuten bis zum Juridicum, der Rechtswissenschaftlichen Fakultät der Bonner Universität. Die meisten Vorlesungen
begannen erst um 9:15 Uhr. Ich holte mir morgens in der Cafete-
ria einen Kaffee und ein Käsebrötchen, las Zeitung und guckte
möglichst intelligent in die Gegend. Jurastudenten sind sehr stan-
desbewusst, wie ich schnell lernen musste. Als künftige Juristen
würden sie schließlich irgendwann einmal das Land »regieren«.
Und gerade die Bonner Jurastudenten betrachteten sich als die
Elite der Elite, die Besten der Besten, die Kavallerie unter den Pa-
ragrafenreitern sozusagen. Entsprechend staatstragend war ihr
Auftreten. Wichtig war die richtige »Uniform«. Männer trugen
Sommer wie Winter braune oder blaue Slipper von Timberland.
Oder festes englisches Schuhwerk von Churchs. Dazu eine khaki-
farbene Stoffhose, ein blaues oder gestreiftes Hemd von Ralph
Lauren und einen unifarbigen V-Ausschnitt-Pulli, der gern auch
locker über die Schulter geworfen wurde. Eine Barbour- oder eine
Trachtenjacke rundeten die Erscheinung eines patenten jungen
Jurastudenten ab. Eine Barbour-Jacke ist eine Wachsjacke. Der bri-
tische Adel trug diese Jacken ursprünglich bei der Jagd. Hinten hat
die Jacke eine riesige Tasche, die viel Platz für geschossene Enten,
Gänse oder andere Jagdtrophäen bot.

Mädchen sahen ähnlich aus. Viele waren sogenannte »PKTs«–Perlenkettenträgerinnen. Ein kariertes Röckchen, eine helle Bluse, Kaschmirpulli und ebenfalls eine Barbour-Jacke. Viele Mädchen sahen so spießig aus wie die alten Frauen aus meiner Nachbarschaft in Niederschelden, nur jünger.

Mit der Zeit passte ich mich den Bonner Gepflogenheiten und Dresscodes an. Ich wollte ja bürgerlich werden und »dazu« gehören. Also verkleidete ich mich und sah schon am frühen Morgen so aus, als käme ich gerade von einer Treibjagd auf dem Landsitz alter Freunde.

Unter Juristen

Ich merkte schnell, dass Jura mir lag. Insbesondere Staats-, Verfassungs- und Strafrecht interessierten mich ja schon durch meine Biografie. Ich hatte mir zwar zugestanden, das erste Semester zunächst als »Schnuppersemester« zu nutzen, aber es kristallisierte sich schnell heraus, dass ich die für mich richtige Wahl getroffen hatte. Nun entwickelte ich einen enormen Ehrgeiz, eine Kraft, die ich schon lange nicht mehr in mir gefunden hatte. Ich wollte das Studium so schnell wie möglich und mit gutem Erfolg abschließen. Ewiger Student zu bleiben oder gar das Studium abzubrechen, das waren für mich keine Optionen. Meine Mutter hatte immer gesagt: Wenn Du es in Deutschland schaffen willst, musst Du besser als die Deutschen sein.

Was mich an Jura vor allem faszinierte, war die Sprache. Die Justiz lebt davon, dass man die richtigen Worte findet. Ein Problem will geschildert werden, das Für und Wider gegensätzlicher Ansprüche muss dokumentiert und die Entscheidung muss schlüssig begründet werden. Ebenfalls gefiel mir die strukturelle und analytische

Vorgehensweise bei der Einschätzung eines Sachverhalts. Durch wenige fest determinierte Kriterien konnten selbst die komplexesten Tathergänge zerpflückt und das Täterverhalten bewertet werden. Wie steht es um die Strafbarkeit, wenn vier Täter in einer Nacht teils zusammen, teils allein die verschiedensten kleinen bis großen Normverstöße begehen? Wer erhält wofür welche Strafe? Die Antwort lässt sich leicht bestimmen, indem man jeden Täter separat betrachtet, dessen Handeln in verschiedene Handlungsabschnitte unterteilt und jeden Abschnitt auf alle in Frage kommenden Tatbestände prüft. Hat der Täter vorsätzlich gehandelt?

1. Objektiver Tatbestand: Hat der Täter das Opfer verletzt?
2. Subjektiver Tatbestand: Wollte er das Opfer auch tatsächlich verletzen?
3. Rechtswidrigkeit: War die Tat möglicherweise in dieser einen Situation gerechtfertigt? Lag vielleicht Notwehr vor?
4. Schuld: War der Täter zum Beispiel wegen der Einnahme von Rauschmitteln nicht Herr seiner Sinne, also nicht zurechnungsfähig und somit schuldunfähig?

Dieses immer sehr ähnliche Schema wendet man auf alle potentiellen Täter an. Dass die Feststellung des Vorliegens und der Schwere eines Vergehens auf so sachlichen, klar definierten und personenunabhängigen Indikatoren basiert, gefällt mir bis heute, weil ich es als gerecht und nachvollziehbar empfinde. Mehr noch: Strukturiert vorgegangen ist jedes noch so große Problem rasch lösbar, nicht nur in Jura, sondern überall.

Das Bonner Studentenleben kennenzulernen war sehr aufregend für mich. Überall gab es Erstsemesterpartys. Ich lernte ständig neue Leute kennen. Zum ersten Mal in meinem Leben konnte ich das Gefühl ablegen, ein Einzelgänger zu sein. Da war Peter, der auch aus Siegen kam und sogar wie ich auf dem Rosterberg Gymnasium sein Abitur gemacht hatte. Er war im ersten Semester mein Mitbewohner bei der älteren Dame in Bonn Beuel. Ich lernte Christian kennen, einen witzigen, selbstironischen Rheinländer, der leider schon nach einem Semester nach Freiburg wechselte. Zwei Mädchen, Birgit und Marion, stießen bald zu uns. Als Quintett unternahmen wir oft etwas und halfen uns gegenseitig bei den juristischen Hausarbeiten, die in den Semesterferien anstanden. Es war eine tolle Zeit. Damals hätte ich darauf geschworen, dass wir auch in 20 Jahren beste Freunde sein würden. Heute, 20 Jahre später, haben wir alle kaum noch Kontakt miteinander. Das ist zwar sehr schade, aber so ist das Leben. Man lernt Menschen kennen, man geht für eine Weile gemeinsam einen Weg, und dann trennen sich die Wege wieder. Die einen schreiten vorneweg und verschwinden am Horizont, andere werden langsamer, bleiben zurück oder biegen an einer Gabelung ab, und ehe man sich versieht, sind sie aus dem eigenen Blickfeld verschwunden. Am traurigsten ist es aber, wenn man jemanden kennenlernt, sich gut versteht, aber irgendwann realisiert, dass man zwar noch nebeneinander her geht, aber gar nicht mehr miteinander spricht, einander eigentlich gar nicht mehr kennt.

Ich habe lange gebraucht, um zu erkennen und zu akzeptieren, dass auch der Verlust, in all seinen Facetten, ein unumgänglicher Teil des Lebens ist. Die Zeit bringt ihn automatisch mit sich. Das ist nicht mit gut oder schlecht zu bewerten. Es passiert einfach, weil wir alle Individuen sind und jeder seinen ganz persönlichen Pfad finden muss. Deswegen denke ich mit Glück an die Menschen, denen ich begegnet bin, und verdränge die Trauer, sie wieder verloren zu haben.

Trotzdem sollte man keine Freundschaft halbherzig oder berechnend angehen oder sie als selbstverständlich hinnehmen, denn niemand kann in die Zukunft schauen. Bei jeder neuen Bekanntschaft sollte man sich klar machen, dass dieser Mensch, den man gerade kennenlernt, vielleicht den Unterschied ausmacht zwischen einem traurigen Leben in Einsamkeit und der wohltuenden Gewissheit, Unterstützung und ein freundliches Lächeln zu finden.

In Bonn konnte ich jedenfalls aufatmen und neue Hoffnung schöpfen. Die Depressionen und die schlaflosen Nächte waren noch immer da, aber ich hatte das Gefühl, dass sich die Dinge vielleicht nicht zum Guten, aber doch zum Besseren wenden würden.

An den Wochenenden fuhr ich meistens nach Siegen, es sei denn, ich hatte einen Wochenendjob in Bonn. Ich konnte jede Mark gebrauchen und nahm jede Arbeit, die bei der Studentenjobvermittlung angeboten wurde, mit Freude an. Für eine Apotheke fuhr ich Medikamente aus, ich füllte Zigaretten- und Süßigkeitenautomaten auf, in einer Müllcontainerfabrik montierte ich am Fließband Räder an große Mülltonnen. So kam ich einigermaßen über die Runden. Einmal bewarb ich mich in einem kleinen Verlag, der einen studentischen Mitarbeiter für das Lektorat suchte. Die Stelle war nicht besonders gut bezahlt, aber sie klang interessant. Noch immer verschlang ich in meinen wenigen freien Minuten jedes Buch, das mir in die Finger kam. Ich rief also bei dem Verlag an und nannte meinen Namen. Die Dame am anderen Ende fragte nach meinem Studienfach (»Jura? Sehr gut. Die können gut mit Texten.«) und meiner Abiturnote, insbesondere in Deutsch (»Sehr gut? Das passt doch!«). Schon am nächsten Tag sollte ich mich persönlich vorstellen. Ich freute mich sehr und war pünktlich zur Stelle. Doch als ich vor der Dame stand, machte diese das gleiche Gesicht wie die beiden Vermieter einige Monate zuvor. Überrascht, unsicher und ablehnend. Wir führten ein ziemlich gezwungenes, zehnminütiges Gespräch, obwohl die Entscheidung wohl schon im Vorhinein feststand. Sie fragte mich noch, wie ich es mit Frauen hielte, weil im Verlag sehr viele Frauen arbeiteten. »Was meinen Sie?«, fragte ich. »Na ja, Sie als türkischer Mann.« Im Verlag sei Gleichberechtigung nämlich sehr wichtig. »Mir auch«, antwortete ich. »Wir melden uns«, sagte sie am Ende, was ja im Personalverwaltungs-Jargon so viel heißt wie: Vergiss den Job. Seitdem sage ich am Telefon immer meinen vollen Namen: »Mehmet Daimagüler« macht vielen Deutschen sofort klar, dass man es mit einem potenziellen Frauenunterdrücker zu tun hat.

Nach dieser Pleite ging ich zurück ins Juridicum und gönnte mir einen Kakao. Die Caféteria war überfüllt wie immer. Ich entdeckte einen freien Platz an einem Zweiertisch, an dem ein junger Mann saß, Akten studierte und einen Kaffee trank. Ich fragte, ob ich mich dazu setzen dürfe. Na klar, sagte er. Wir kamen ins Gespräch. Er war schon Rechtsreferendar und bereitete sich gerade auf das Zweite Juristische Staatsexamen vor. Für mich als Student im ersten Semester war das natürlich sehr spannend. Nachdem wir uns in der Folgezeit ein paar Mal über den Weg gelaufen waren – Bonn ist sehr überschaubar –, tauschten wir unsere Telefonnummern aus. Es entwickelte sich eine tiefe Freundschaft zwischen uns, die über Jahrzehnte anhalten sollte. Dieser Mann war Guido Westerwelle.

Während ich in Bonn studierte, bekam mein älterer Halbbruder Murat zuhause immer größere Schwierigkeiten. Er hatte den Tod meines Vaters nie richtig verarbeitet und dazu noch die falschen Freunde in Siegen. Da er wiederholt kleine Straftaten beging, verweigerte man ihm zunächst die Verlängerung seiner Arbeitserlaubnis und wies ihn schließlich aus. Mit Anfang 20 landete er also in Istanbul, einer Stadt, die er nur aus dem Urlaub kannte. Dort geriet er, ganz auf sich gestellt und der türkischen Sprache nur ebenso holprig mächtig wie ich, erst recht in Schwierigkeiten. Er hat Jahre gebraucht, um wieder auf die Beine zu kommen; fernab von seiner Familie und seiner Heimat musste er sich völlig ohne Hilfe ein neues Leben aufbauen.
Ich finde das furchtbar! Wenn jemand straffällig wird, muss man ihn bestrafen, ohne Ausnahme. Aber es kann niemals angemessen sein, einem Menschen die Heimat zu nehmen. Das ist eine barbarische Strafe. Ich sehe manchmal Murats kleinkriminellen Freunde

von früher, wie sie vor der Haustür ihre Autos waschen oder mit den Kindern spazieren gehen. Sie hatten genauso viel auf dem Kerbholz wie er, aber *sie* waren Deutsche. Mein Halbbruder war ein Deutscher, genau wie sie. Er hatte bloß keinen deutschen Pass. Sie erhielten ihre Strafe und bekamen die Chance, ein normales Leben zu leben. Murat wurde bestraft wie ein Mörder im 19. Jahrhundert. Damals wurde man nach Sibirien oder nach Australien verbannt, heute heißt das Exil »Türkei«. Junge Menschen, die in Deutschland geboren und aufgewachsen sind, sind Kinder des deutschen Staates. Wir müssen sie sozialisieren. Alles andere ist in meinen Augen verantwortungslos. Wir müssen unsere Probleme selbst lösen und sie nicht einfach einem anderen Staat zuschieben. Diese Handhabe ist dem Betroffenen gegenüber nicht fair und vor allem ein Armutszeugnis für unseren sozialen Rechtsstaat! Mein Halbbruder lebt heute ein bürgerliches Leben. Er hat einen guten Job, bezahlt Steuern und hat einen netten Freundeskreis. Trotzdem träumt er noch immer von Niederschelden, seinem wirklichen Zuhause. Es gibt kein richtiges Leben im falschen Leben.

Mein erstes Semester verging wie im Flug. Im zweiten Semester zog ich in ein Studentenwohnheim in der Lennéstraße, nur wenige Meter vom Bonner Hofgarten und dem Juridicum entfernt. Das Zimmer war winzig – meine Freunde nannten es »Wohnklo« –, aber ich war glücklich. Ich wohnte mitten im Leben. Links und rechts gab es kleine Studentenkneipen und auf der Straße war immer etwas los. Zwischen manchen Vorlesungen konnte ich ein Mittagsschläfchen machen. Ich liebe Mittagsschläfchen!

Da ich dachte, dass es nur hilfreich sein kann, als Jurist auch etwas von Wirtschaft zu verstehen, belegte ich neben meinem Jurastudium ein paar Kurse in Volkswirtschaftslehre. Zudem besuchte ich Literatur-, Romanistik-, Philosophie-, Politik- und Geschichtsvorlesungen. Ich kam mir vor wie ein Kind in einem Süßigkeitenladen, in dem alles kostenlos ist. Wie ein Schwamm sog ich das Wissen auf.

Weil Bonn damals noch Bundeshauptstadt war, gab es fast jeden Abend irgendwo in der Stadt einen Vortrag mit wichtigen Politikern, Künstlern und Managern. Plötzlich saß ich nur wenige Meter von den Männern und Frauen entfernt, die ich sonst nur aus dem Fernseher kannte. Ich ging zu Vorträgen von Helmut Schmidt (über die Zukunft Deutschlands), Günter Grass (eine Lesung über Deutschlands Vergangenheit), Prinz Claus der Niederlande (über das Verhältnis von Deutschen und Niederländern) oder Rita Süßmuth (über AIDS). Mit der Zeit legte ich meine Scheu ab, stellte viele Fragen und beteiligte mich an Diskussionen. Mein Interesse an Politik war schon immer groß gewesen. Jetzt wuchs es noch mehr.

Eines Morgens stand ich an einer Ampel an der Kennedyallee. Dort fuhr gerade die Wagenkolonne von George H. W. Bush, dem damaligen US-Präsidenten, langsam vorbei. Er winkte freundlich, doch die Bonner waren Weltpolitiker gewohnt und blickten kaum auf. Die meisten achteten gar nicht auf den mächtigsten Staatsmann der Welt. Ganz anders war es, als Gorbatschow nach Bonn kam. Als er sich im Goldenen Buch der Stadt eingetragen hatte und vor die Tür schritt, standen Tausende von Menschen auf dem Rathausplatz und jubelten. Ich war dabei und stand inmitten des Platzes auf einer Mülltonne. Vor einiger Zeit sah ich eine Dokumentation mit Filmaufnahmen von diesem Tag. Plötzlich entdeckte ich mich selbst im Fernseher, wie ich als 20-jähriger Student auf der Tonne stand und winkte. Hätten die Bonner an jenem Tag gewusst, dass mit Gorbatschow das Ende der deutschen Teilung und damit auch das Ende Bonns als Hauptstadt gekommen war – vielleicht hätten sie ihn etwas weniger enthusiastisch begrüßt. Ich lief durch die Straßen Bonns und rieb mir innerlich die Augen. Bis vor wenigen Monaten hatte ich im abgelegenen Niederschelden mein kleines Leben geführt, und jetzt war ich mitten drin im Weltgeschehen. So fühlte ich mich jedenfalls.

Ich hatte noch immer den Traum von einem Job im Deutschen Bundestag. Aber ich hatte keine Ahnung, wie ich zu einem solchen Job kommen könnte. Ein Anruf in der Personalabteilung des Parlaments verlief enttäuschend. Es käme zwar vor, dass einzelne Abgeordnete Studenten einstellen würden, aber in erster Linie würden doch Studienabsolventen gesucht. Dem Versuch, mich direkt bei einem Abgeordneten zu bewerben, stand aber – zumindest rein formal – nichts entgegen. Allerdings würden die Abgeordneten in der Regel Bewerber mit dem richtigen, sprich dem eigenen, Parteibuch vorziehen. Ich jedoch war – zu diesem Zeitpunkt – noch parteilos. Das wiederum brachte mir im Umkehrschluss den Vorteil, dass ich mich bei *allen* Abgeordneten bewerben konnte und nicht nur bei solchen mit einer bestimmten Parteizugehörigkeit.

So besorgte ich mir »Kürschners Volkshandbuch«. Hierin befinden sich Biografien aller Bundestagsabgeordneten. Daneben beschreibt er die Arbeitsweise des Deutschen Bundestages und listet detailliert die Wahlkreisergebnisse auf. Außerdem findet man die Zusammensetzung des Bundestagspräsidiums, des Ältestenrats, Schriftführer, die Zusammensetzung der Fraktionen sowie die Zusammensetzung der Bundestagsausschüsse. Kurz: Das Buch wurde mein wichtigster Ratgeber für die Erstellung einer Karrierestrategie. Ich las es sehr aufmerksam und wählte anhand der Biografien zehn Abgeordnete aus, bei denen ich mich bewerben wollte. Dabei erstellte ich mir ein Ranking. Die Parteizugehörigkeit des Abgeordneten war mir nicht so wichtig. Entscheidend war, ob ich die Politik und das Auftreten des Politikers gut fand, was zugegeben etwas naiv wirken kann. Auf Platz drei meiner Liste stand Kurt Biedenkopf. Ich fand ihn innovativ. Zwar war er in der CDU, was aus meiner Sicht gegen ihn sprach. Auf der anderen Seite war er ein Gegenspieler Helmut Kohls. Da ich alles andere als ein Kohl-

Fan war, sprach Biedenkopfs innerparteiliche Opponentenrolle sehr für ihn.

Aus Gründen, an die ich mich nicht mehr erinnere, kam Heidemarie Wieczorek-Zeul auf Platz zwei. Vielleicht gefiel mir ihre resolute und kämpferische Art.

Auf Platz eins meiner Polit-Top-Ten landete Gerhart Baum. Schon im Alter von zehn Jahren hatte ich ihn bewundert. In der schwarzweißen Welt meiner Kindheit war er als Bundesinnenminister der Gute, der uns Ausländer vor Franz-Josef Strauß und den schwarzen Mächten aus Bayern beschützte. Sein Eintreten für die Freiheit und sein Bemühen um ein Ende des RAF-Terrors jenseits der Gesetz-und-Ordnung-Dogmatik bei CDU/CSU und auch in Teilen der SPD gefielen mir sehr. Das machte ihn durchaus zu einem Außenseiter in seiner eigenen Partei, insbesondere nach der »Wende«. Aber das störte mich nicht, ganz im Gegenteil.

Ich bewarb mich zeitgleich bei »meinen« drei Kandidaten, ohne jedoch große Hoffnungen zu hegen. Schließlich konnte ich nichts weiter vorweisen als die Kopie meines Abiturzeugnisses. Schon nach zwei Wochen erhielt ich die Antwort Biedenkopfs. Diese war sehr freundlich formuliert – die Absage. Er teilte mir mit, dass er eventuell in naher Zukunft eine andere Tätigkeit aufnehmen würde. Ein Jahr später war er Ministerpräsident in Sachsen.

Auch Heidemarie Wieczorek-Zeul schrieb sehr bald. Zwar habe sie keine Stelle anzubieten, doch sei ein – natürlich unbezahltes – Praktikum möglich. Darüber freute ich mich sehr. Durch ein Praktikum hätte ich immerhin schon einmal einen Einblick in den Parlamentsalltag erhalten. Mein akutes Finanzproblem konnte ich hiermit zwar nicht lösen, dennoch war ich voller Enthusiasmus und wollte das Angebot annehmen. Doch dann lag eines Morgens ein Brief von Gerhart Baum in meinem Briefkasten. Aufgeregt riss ich den Umschlag auf und las das kurze Schreiben. Freundlich teilte er mir mit, dass er mich gerne kennenlernen wolle. Nur eine

Woche später saß ich nervös in seinem Vorzimmer. Als stellvertretender Bundesvorsitzender der FDP und als ehemaliger Bundesinnenminister war er privilegiert untergebracht. Anders als die meisten Abgeordneten hatte er kein winziges Büro in einem der Hochhäuser am Tulpenfeld oder im »Langen Eugen«. Gleich gegenüber dem Plenarsaal teilte er sich mit Hildegard Hamm-Brücher ein kleines, villenartiges Häuschen.

Als Assistent bei Gerhart Baum und Wolfgang Kubicki

Nach einigen Minuten nervösen Wartens öffnete sich die Tür und Gerhart Baum stand vor mir. Er war sehr freundlich und fragte als erstes, wie mein Name ausgesprochen wird. Er bat mich in sein Büro und wir unterhielten uns über meine Herkunft und meine Heimat. Plötzlich realisierte ich, dass mein Status als Ausländer zum ersten Mal von Vorteil sein könnte. Herr Baum fand es interessant, die Meinung eines Einwanderers zu innenpolitischen Fragen zu hören. Das Gespräch verlief sehr gut und am Ende des Treffens war ich eingestellt! Ich bekam einen Vertrag als »Zweiter Hilfsassistent« und durfte schon eine Woche später anfangen. So wurde ich der erste türkische Assistent im Deutschen Bundestag.

Nur fünf Jahre zuvor hatte mir die Ausländerpolizei noch mit der Verweigerung einer Aufenthaltsgenehmigung und mit der Abschiebung in die Türkei gedroht. Jetzt hatte ich zwar kein eigenes Büro, aber immerhin einen Schreibtisch mit einem Blick auf das Kanzleramt. Ich bekam ein Gehalt von 420 DM, womit ich einen Großteil meiner Fixkosten bestreiten konnte.

Im Verlauf meiner Arbeit machte ich immer wieder die Erfahrung, dass Abgeordnete, Ministerialbeamte und persönliche Referenten gezielt das Gespräch mit mir suchten, wenn es um »Ausländerthemen« ging. Für mich war das großartig. Zwar war es anstrengend, dass ich immer zu den gleichen Themen gefragt wurde (Türkei, Ausländer, türkisches Essen), aber meine Antworten waren meine Daseinsberechtigung in der politischen Welt.

Manchmal wundere ich mich ein bisschen über einige türkischstämmige Politiker. Oft bemängeln sie, dass ihre Meinung lediglich in Bezug auf Integrationsmaßnahmen, zur Beziehung zwischen Deutschland und der Türkei oder zur Qualität von Dönerfleisch eingeholt wird. Man sei doch schließlich Mitglied im Verkehrsausschuss oder beschäftige sich hauptsächlich mit Finanzfragen. Ich kann gut verstehen, dass man sich reduziert fühlt, wenn nur ein Teil der eigenen Identität wahrgenommen wird. Das hat ja auch mich immer gestört. Aber in der Politik muss man sich einen objektiveren Blickwinkel aneignen. Sind nicht manche dieser türkischstämmigen Politiker gerade *wegen* ihrer Abstammung Mitglieder des Deutschen Bundestags? Stand nicht am Anfang der Karriere eine Diskriminierung, eine *positive*? Ist die Rolle, in die man sich gedrängt fühlt, nicht in Wirklichkeit die Rolle, die man gern gespielt hat, solange sie bewirkte, dass man sich von den innerparteilichen Konkurrenten maßgeblich unterschied und dadurch für die Parteitagsdelegierten interessant wurde? Hätte man wirklich als blutjunger Abgeordneter ein Medienmagnet und Gast in jeder zweiten Talkshow werden können, wenn man *Otto* und nicht *Ali* Normalverbraucher wäre?

Es stimmt, es ist ärgerlich, reduziert zu werden, aber manchmal muss man die Moschee auch im Dorf lassen. Schließlich liegt man, wie man sich bettet. Zudem versüßen die satten Diäten der Abgeordneten wohl den Schmerz mangelnder Anerkennung als Polit-Genie ein wenig. Politiker wie Özcan Mutlu, der sich in erster

Linie einen Namen als Bildungsexperte gemacht hat und erst in zweiter Linie auch zu Fragen der Einwanderungspolitik befragt wird, sind selten, beweisen aber, dass wir heute nicht mehr so festgelegt sind.

Für mich war es jedenfalls vollkommen klar, dass ich den Job bei Herrn Baum wohl nur bekommen hatte, weil ich Mehmet hieß und nicht Peter. Nun lag es an mir, mehr daraus zu machen.

Gerhart Baum war ein liberales Urgestein. Schon seit 1954 war er bei der FDP. Anfangs engagierte er sich bei den Jungdemokraten, deren Bundesvorsitzender er von 1966 bis 1968 war. Von 1978 bis 1991 war er Mitglied im Präsidium der FDP und von 1982 bis 1991 Stellvertretender FDP-Bundesvorsitzender. Innerhalb der Partei gehörte er dem linksliberalen Lager an. Mit Burkhard Hirsch und Sabine Leutheusser-Schnarrenberger gründete er den Freiburger Kreis. Hier sammelten sich jene Mitglieder der FDP, die sich in besonderem Maß für Freiheit und Bürgerrechte einsetzen wollten.

Realistisch betrachtet, war die große Zeit Gerhart Baums als einflussreicher Politiker in der FDP schon lange vorbei. Nicht, weil er seine intellektuelle oder rhetorische Kraft im Laufe der Zeit verloren hätte, sondern weil die Zeit an ihm vorbeigegangen war. Gerhart Baum stand und steht für eine FDP, die mehr ist als der ordinäre Ruf nach Steuersenkung. Seine Vorstellung von Liberalismus beruht auf einer Fokussierung des Menschen und dessen Freiheit. Diese Freiheit ist bedroht – von anderen Menschen, von der Armut, vom Staat und seinen Organen. Eine der Hauptaufgaben des Staates ist die Gewährung von Sicherheit für seine Bürger. Dies erfordert aber zumeist eine Einschränkung der individuellen Freiheit. Ein Balanceakt zu jeder Zeit.

Eigentlich ist ja die FDP als liberale Partei die geborene Verteidigerin der Bürgerrechte. Alle Wahl- und Parteiprogramme der FDP sind in weiten Teilen hierauf ausgerichtet. Allerdings legt die FDP nur in Ausnahmefällen den nötigen Kampfgeist an den Tag. Freundlich formuliert: Die FDP hat kein Programm-Problem, sondern ein Vollzugsproblem.

Große Namen wie Willy Brandt und Walter Scheel stehen für die sozial-liberale Koalition der Jahre 1969 bis 1972. Später kamen Burkhard Hirsch und Gerhart Baum hinzu. »Mehr Demokratie wagen« war nicht nur der Wahlkampfslogan der SPD, sondern umschreibt den Zeitgeist in Deutschland zu Beginn der 1970er-Jahre. In dieser Zeit bekannte sich die FDP in ihren »Freiburger Thesen« ausdrücklich zu den freiheitlichen Bürgerrechten als Kernbestandteil ihres Selbstverständnisses. Zusammen mit den Sozialdemokraten konnten sie viele Aspekte ihres Parteiprogramms in den Regierungsalltag tragen. Selbst im »Deutschen Herbst« und der Zeit danach blieb die FDP eine glaubwürdige Rechtsstaatspartei. Gerhart Baum als Bundesinnenminister bewies, dass die Herausforderung durch den Terror keinen Freibrief für den Abbau von Bürgerrechten rechtfertigte. Natürlich musste auch er Konzessionen machen, doch blieben diese unter den gegebenen Umständen recht moderat. Gerhart Baum verfiel nicht wie viele andere in Panik. Er suchte das Gespräch mit der RAF und ihren Sympathisanten, um ein gewaltfreies Ende des Konflikts herbeizuführen. 1982 kamen die Wende und das Ende der FDP als Bürgerrechtspartei, auch weil führende Vertreter dieses Flügels die Partei verließen. In der Zeit zwischen 1982 und 1998 als Partner der Kohl-CDU war von der FDP als Bürgerrechtspartei nicht viel zu hören.

Das änderte sich schlagartig 1998 mit dem Gang in die Opposition. Plötzlich wurde die innere Verfassung unseres Landes wieder ein elementares Thema für die Partei. Natürlich, in der Opposition kann man viel fordern, ohne Gefahr zu laufen, es sich mit dem Koalitionspartner zu verscherzen.

Es war ja schon immer so, dass ein Prediger im eigenen Land nicht viel zählt. Baum, Hirsch und die anderen Rechtsstaatsliberalen hatten keinen schweren, sondern gar keinen Stand in der FDP. Sie bildeten irgendwann eine Art außerparlamentarische Opposition innerhalb der FDP und mussten sich Verbündete außerhalb der Partei suchen. Diese fanden sie in Gestalt des Bundesverfassungsgerichts. Mit Hilfe des Gerichts konnten sie die schlimmsten Angriffe auf die Bürgerrechte vereiteln – so beim großen Lauschangriff und bei der Vorratsdatenspeicherung. Selbst die FDP-Spitze bejubelte anschließend den Erfolg von Baum und Hirsch, aber wie gesagt, erst *nach* dem Votum der Verfassungsrichter.

Dies alles konnte ich zu Beginn meiner Arbeit bei Baum natürlich nicht wissen. Gerhart Baum war schließlich noch Stellvertretender Vorsitzender der FDP. Dass eine Funktionsbetitelung nicht immer etwas über den tatsächlichen Einfluss eines Politikers aussagt, sollte ich erst später lernen.

Exot in der politischen Landschaft

Bevor ich meine Arbeit aufnehmen konnte, musste ich mir einen Dienst- und Hausausweis für den Deutschen Bundestag ausstellen lassen. Als ich mit den notwendigen Unterlagen vor dem zuständigen Beamten stand, blickte dieser etwas überrascht. Immer wieder schaute er auf die Papiere und las dann meinen Namen laut vor. Sein Tonfall war nicht unfreundlich, aber sein Gesichtsausdruck schien zu sagen: »Guter Herr im Himmel, jetzt laufen diese Türken schon im Parlament herum.« Eine der vielen Begleiterscheinungen von Rassismus ist, dass man mit der Zeit ein wenig paranoid wird. Überall wittert man Ausländerhass oder zumindest eine unangebrachte Ignoranz. Ich war jedenfalls tendenziell empfindlich und ging bei Fremden meistens davon aus, dass jeder Blick, jede Bemerkung, jedes Verhalten mir gegenüber unfreundlich bis feindlich gemeint seien.

Einmal war ich mit einem deutschen Freund unterwegs. Wir saßen in einem Taxi. An einer Stelle sagte ich dem Fahrer, dass es günstiger sei, eine bestimmte Straße zu meiden, weil diese wegen einer Baustelle gesperrt sei. »Bei uns in Deutschland gibt man dem Fahrer keine ungebetenen Ratschläge.« Diese unangemessene und, wie ich meine, mit einem fremdenfeindlichen Ton unterlegte Aussage beschäftigte mich den ganzen Abend. Mein Freund hielt meine Reaktion für übertrieben und mich für übersensibel. Und objektiv betrachtet hatte er damit wahrscheinlich nicht Unrecht. Damals allerdings war ich enttäuscht von seiner Einstellung. Schließlich wurde ich dauernd Opfer derartiger Anfeindungen. Er hatte leicht reden.

Wie dem auch sei: Ich bekam also meinen Dienstausweis. Danach machte ich mich an die Arbeit. Ich stellte Unterlagen zusammen, beantwortete Briefe aus dem Wahlkreis und schrieb kleine Texte wie Grußworte oder Artikel. Gerhart Baum war Mitglied im Kultur- und im Umweltausschuss des Bundestages – zugegebenermaßen eine recht wilde Kombination. Viele meiner Aufgaben hatten mit diesen Bereichen zu tun. In beiden kannte ich mich nicht besonders aus, aber ich wollte ja etwas lernen.

Oft durfte ich meinen Chef in Ausschusssitzungen begleiten. Ich erlebte Politik hautnah. Und es waren aufregende Zeiten: Glasnost und Perestrojka prägten die Weltpolitik. Jeden Tag gab es eine Nachricht, die mit dem Wort »Historisch« begann.

Bei den Bundestagswahlen im Jahr 1990 kam der Vorsitzende der schleswig-holsteinischen FDP, Wolfgang Kubicki, in den Deutschen Bundestag. Er suchte einen Büroleiter. Gerhart Baum empfahl mich und Kubicki stellte mich ein. Mit meinen 22 Jahren war ich der jüngste Büroleiter im Deutschen Bundestag. Und, mal wieder, der erste Türke.

In dieser Zeit war ich zum ersten Mal auf einem Ball. Ich hatte mir extra einen Smoking gekauft. Der Anblick im Spiegel war ganz ungewohnt, aber auch sehr elegant. Guten Mutes machte ich mich auf den Weg. Weil ich nicht tanzen konnte, stand ich etwas unschlüssig am Rand der Tanzfläche und bewunderte die vielen feinen Damen und Herren. Irgendwann kam eine junge, sehr schöne Frau zu mir und fragte lächelnd, ob sie ein Glas Champagner haben könne. Sie trug ein ganz luftiges Kleidchen, hatte strahlend weiße Zähne und ein wunderschönes Lächeln. »Natürlich. Ich hole Ihnen ein Glas.« »Wissen Sie was, holen Sie doch einfach zwei Gläser.« Mir gefiel diese Frau. Ich selbst bin eher schüchtern, wenn es darum geht, eine Frau anzusprechen. Als ich dann von der Bar zu ihr zurückkam, nahm sie mir *beide* Gläser aus der Hand, bedankte sich und schwebte davon. Was war passiert? Ein Pärchen ging zur Tanzfläche und drückte mir im Vorbeigehen seine leeren Gläser in die Hand. Jetzt erst realisierte ich es: Alle dachten, ich sei der Kellner! Offensichtlich hatten sie noch nie einen Türken im Smoking gesehen. Im Nachhinein betrachtet muss ich sagen: Irgendwie war diese Situation auch komisch. Lustiger Rassismus – den gibt es also auch. Man lernt nie aus.

Kurz darauf nahm mich eine Bekannte eines Tages mit auf ein Fest bei einem Bonner Corps. Bis dahin dachte ich beim Wort »Corps« eher an einen Gesangsverein. Doch dieses Corps war eine Studentenverbindung, eine schlagende noch dazu. Die Jungs, die ich da kennenlernte, waren nett und lustig. Ehe ich mich versah, war ich Mitglied. Ich zog in das Verbindungshaus und war dort (wieder einmal) das erste türkische Mitglied in einem Club mit langer Tradition. Plötzlich war ich also in dieser Corpswelt angekommen – und die war wahrlich wunderlich: Hier blieb man nicht nur ungestraft, wenn man anderen Studenten mit einer scharfen Klinge das

Gesicht zerkratzte, sondern bekam dafür auch noch Lob. Meine alten türkischen Kumpels in Siegen wären für ein derartiges Verhalten blitzschnell im Gefängnis gelandet. Aber hier, in dieser Enklave der Bürgerlichkeit, war alles erlaubt. Es kommt eben nicht darauf an, *was* man macht, sondern *wer* und *wo* man es macht. Rechtsradikale traf ich übrigens in den Corps nicht, aber jede Menge Homosexuelle. Wie sagt man: Ein gutes Corps ist schwul.

In dieser Zeit wurde ich auch Deutscher bzw. beantragte die deutsche Staatsangehörigkeit. Auf dem Amt gab ich alle nötigen Unterlagen ab. Ich war ziemlich überrascht, als mich der freundliche Beamte nach einem bestandenen Sprachtest fragte. Dass wir uns gerade auf Deutsch unterhielten, war ihm wohl nicht genug Beweis meiner Deutschkenntnisse. Dann erläuterte ich ihm meinen Werdegang und erklärte, dass ich sogar in Deutschland geboren sei, doch der Beamte blieb stur: Sprachtests seien gesetzlich vorgeschrieben. Was er nicht ahnen konnte: Die Zeiten, in denen mich ein Beamter mit irgendeinem Gesetzeszitat einschüchtern konnte, waren vorbei. Also verlangte ich, dass er mir die entsprechende Vorschrift zeigte. Er tat es. Tatsächlich stand im Gesetz aber nur, dass Sprachtests verlangt werden *können*. Es war also eine Ermessensvorschrift. Darauf wies ich hin. Er erwiderte bloß, das würde nichts ändern, er hätte eben einen Ermessensspielraum, innerhalb dessen er frei entscheiden könne. »Falsch!«, korrigierte ich ihn. Er müsse seinen Ermessensspielraum ohne Ermessensfehler ausüben; das sei von den Verwaltungsgerichten in 10.000 Fällen in weniger eindeutigen Fällen so entschieden worden. Erst dann gab er nach.

Ein halbes Jahr später bekam ich Post mit der Mitteilung, dass ich meine Einbürgerungsurkunde abholen könne. Ein großer Tag! Endlich konnte ich wirklich Teil der Gesellschaft werden – so dachte ich zumindest damals. Von nun an würde ich wählen, über meine Belange mitentscheiden. Ich zog meinen besten Anzug an und ging zum Rathaus. Dort wurde ich in ein Zimmerchen gerufen. Ein etwas mürrischer Beamter fragte mich nach der Quittung für die entrichtete Verwaltungsgebühr. Dann schob er mir ohne weitere Erklärungen die Einbürgerungsurkunde über den Tisch, als sei diese ein Abwasserbescheid oder so etwas. Überrascht schüttelte er mir die Hand, die ich ihm entgegenstreckte. Natürlich war ich glücklich und stolz, aber ich hätte mir etwas mehr Feierlichkeit gewünscht. Eine Einbürgerung ist doch etwas ganz Besonderes! Sie ist nicht irgendein Verwaltungsakt, sondern die Aufnahme in den Kreis der Bürger eines Landes. Ein Land und seine Gesellschaft kooperieren nicht nur auf der Grundlage von Gesetzen und Verordnungen, sie benötigen auch ein emotionales Band. Dieses Emotionale fehlte mir vollkommen.

Auf nach Norden

1992 gelang der FDP in Schleswig-Holstein unter der Führung Kubickis die Rückkehr in den Landtag Schleswig-Holsteins. Kubicki wurde zum Fraktionschef gewählt. Damit war ich arbeitslos. An meinem letzten Arbeitstag lud Wolfgang Kubicki mich zu einem Abschieds-Abendessen in Bonn ein. Zu meiner Überraschung bot er mir an, mit ihm nach Kiel zu gehen, sein Büro zu leiten und parlamentarischer Berater für Finanzpolitik zu werden. Diese Herausforderung konnte und wollte ich mir nicht entgehen lassen. Erst auf dem Weg nach Hause fragte ich mich, was meine Freundin wohl dazu sagen würde? Auf den Gedanken, mit ihr zu sprechen und dann gemeinsam zu entscheiden, war ich nicht gekommen. Immerhin wollte ich in eine 500 Kilometer weit entfernte Stadt ziehen, dort arbeiten und mein Examen machen. Es war eigentlich klar, dass sie nicht mitkommen konnte. Einen Medizinstudienplatz in Bonn aufzugeben, wäre Idiotie gewesen, und die Wahrscheinlichkeit, in Kiel einen zu bekommen, war gering. Leider war das

das Ende meiner ersten und eigentlich auch einzigen Beziehung meines Lebens. Nach all diesen Jahren fühle ich mich schuldig. Wie konnte ich bloß so rücksichtslos sein? Und so dumm ... Vielleicht bin ich ein Mensch der Extreme: extrem traurig, extrem empfindlich, extrem aggressiv, extrem erschöpft, extrem ehrgeizig, extrem dämlich im Zwischenmenschlichen. Tja, hinterher ist man meistens schlauer ...

Im September 1992 ging meine Arbeit in der Fraktion los. Es war eine Mini-Fraktion mit nur vier oder fünf Abgeordneten. Die Atmosphäre war geprägt von Misstrauen und Neid. Einer der Abgeordneten sagte mir einmal: »Die einzigen Parteifreunde, auf die du dich verlassen kannst, sind jene, die Angst vor dir haben müssen.«

1993 kam es zur so genannten Schönberg-Affäre. Wolfgang Kubicki hatte das Land Mecklenburg-Vorpommern anwaltlich beraten. Dabei ging es um die Mülldeponie Schönberg. Während er nun das Land Mecklenburg-Vorpommern bei dem Abschluss eines Vertrages zur Nutzung der Mülldeponie beriet, war er zugleich mit dem Vertragspartner geschäftlich verbandelt. Zwar hatte dieser Vorgang keine rechtlichen Folgen für meinen damaligen Chef, aber zurücktreten musste er dennoch. Für mich als Büroleiter war es eine besonders bittere Zeit. Im Landeshaus durfte ich mir Anfeindungen von allen Seiten anhören, und zwar beileibe nicht nur von den anderen Parteien, sondern auch aus den eigenen Reihen. Feind, Todfeind, Parteifreund, so ist das in der Politik.

Mit Kubickis Rücktritt war auch meine Position in der Fraktion als Leiter des Büros des Fraktionsvorsitzenden passé. Für den neuen Vorsitzenden zu arbeiten, das widersprach meiner Loyalität zu Wolfgang Kubicki.

Ich hätte es sehr geschätzt, wenn meine Treue zu Kubicki von ihm mit gleicher Loyalität zurückgezahlt worden wäre. Mit seinem ausgeprägten Geschäftssinn hatte er ja nicht nur sich selbst geschadet, sondern auch seinen Mitarbeitern. Das nahm er aber nicht zur Kenntnis. Zumindest habe ich nie ein Wort des Bedauerns von ihm vernommen.

1993 trat Kubicki also zurück. Einige Monate später machte ich das Erste Juristische Staatsexamen und wurde anschließend Rechtsreferendar in Siegen. Eine Wohnung nahm ich mir aber in Bonn. Damals mag noch die Hoffnung eine Rolle gespielt haben, dass meine ehemalige Freundin und ich wieder zueinander finden würden. Aber die Hoffnung war vergebens. Auch das war eine Lektion im Leben: Ein Schwur ist mal mehr, mal weniger viel wert. Geschworen wird viel, in der Politik, im Geschäftsleben. Ein Schwur unter Liebenden bedeutet nach meiner Erfahrung am wenigsten. Wenn überhaupt, so gilt er nur für den Augenblick, in dem er ausgesprochen wird, und selbst das ist nicht immer der Fall. Menschen, die jahrelang einander die Hand beim Einschlafen gehalten haben, grüßen sich plötzlich nicht mehr, wenn sie sich auf der Straße treffen. Ich für meinen Fall möchte dieses ebenso romantische wie wertlose »Ich liebe Dich« nicht mehr hören, noch werde ich diese Worte selbst benutzen. So viel ist sicher. Aber immerhin, ich lebte wieder im Rheinland und das war auch viel wert.

In dieser Zeit lernte ich Ignatz Bubis kennen. Er war ein großartiger Mann mit viel Charisma. Auf sein Wort war immer Verlass. Er setzte sich, von der Öffentlichkeit wenig beachtet, sehr für das muslimisch-jüdische Miteinander in Deutschland ein. Ich persönlich habe ihm viel zu verdanken: Mitte der 90er-Jahre schlug er mich bei der Atlantik-Brücke in Berlin als »Young Leader« im deutsch-amerikanischen Verhältnis vor. Die Atlantik-Brücke gilt als wichtigste und vornehmste Adresse in Deutschland, wo Politik und Wirtschaft zusammentreffen. Politisch findet sich dort von Angela Merkel über Guido Westerwelle bis Cem Özdemir alles, was Rang und Namen in unserem Land hat. Mit Ignatz Bubis arbeitete ich eng und vertrauensvoll im Bundesvorstand der FDP zusammen. Er war für mich ein echtes Vorbild, politisch, aber vor allem menschlich.

Zurück ins Siegerland

Nach sechs Jahren war ich nun also wieder in meiner »Heimat«. Morgens stieg ich in Siegburg in den Zug, abends ging es wieder zurück. Es war seltsam, wieder dort zu sein. In den Jahren meiner Abwesenheit hatte ich über Siegen geschimpft. Ich fühlte mich nicht gut von der Stadt behandelt. Aber kaum war ich zurück, fand ich, dass die Stadt und seine Menschen gar nicht so schlecht waren. Traf ich auf der Straße zufällig alte Schulkameraden, gab es ein Riesenhallo. Es tat gut, dass ich mit Menschen über eine gemeinsame Vergangenheit sprechen konnte. Ich musste feststellen, dass ich viele Dinge gar nicht mehr wusste, dass ich einiges regelrecht verdrängt hatte. Am meisten verblüffte es mich, dass ich vergessen hatte, wie *ich* war, wer *ich* war. Ich hatte so viel Zeit damit verbracht, mein neues Ich zu konstruieren, dass die Erinnerung an meine Kindheit und mein altes Ich verblasst war. Aber irgendwie war das alte Ich ja das wahre Ich. Von außen betrachtet, war aus mir ein adretter junger Rechtsreferendar geworden. Ich beherrschte ein paar Fremdsprachen, hatte in der Politik gearbeitet, gehörte einigen recht exklusiven Zirkeln an und hatte sogar gelernt, wie man einen Hummer isst, ohne dabei auf dem Teller ein Schlachtfeld anzurichten. Ich trat selbstsicher und mit perfekter Höflichkeit auf. Aber innerlich war ich verunsichert. Kaum war ich wieder zu Hause, verfiel ich also sofort wieder in die alte Gewohnheit, eine Rolle zu spielen. Erneut schwankte ich zwischen Identitäten und Charakteren.

Religion

Die Frage nach der Religionszugehörigkeit hatte für mich schon seit der Schulzeit mehr Bedeutung als für meine Freunde. Ich habe Deutsch gelernt, besitze einen deutschen Pass und habe deutsche Freunde. Doch solange ich Muslim bin, werde ich immer anders sein als meine Freunde ohne Migrationshintergrund. Nicht erst seit dem 11. September 2001 sind die Zugehörigkeit zum Islam, der Glaube an Allah ein Persönlichkeitsmerkmal, das mein Verhältnis zu meinem Heimatland Deutschland in ihrem Kern berührt.

In meiner Familie spielte Religion nie eine große Rolle. Wir feierten zwar jedes Jahr im großen Kreis den Ramadan und das Opferfest, aber im Alltag praktizierten wir unseren Glauben genauso selten wie unsere christlichen Nachbarn. Manche meiner deutschen Nachbarn waren ganz im Gegenteil viel religiöser als wir. Das Siegerland ist bekannt für die vielen pietistischen Freikirchen. Auch viele Niederscheldener waren »Pietcong«.

Während der Sommerferien verbrachten wir zumeist einige Zeit in Fatih, einem Stadtteil Istanbuls. In Fatih hatten meine Eltern gewohnt, bevor sie nach Deutschland auswanderten. Die Brüder meines Vaters lebten noch immer dort, obwohl sie selber nicht sehr religiös sind. Für uns Kinder war das toll: die Wochenmärkte, die verschiedenen Gerüche und der Ruf des Muezzin, der fünfmal am Tag aus hundert verschiedenen Richtungen zum Gebet ruft. Nirgends in Istanbul sieht man mehr Frauen mit Kopftuch oder gar Schleier als in Fatih. Es gibt unzählige Moscheen und Religionsschulen. Trotzdem ist Fatih eine der tolerantesten Ecken Istanbuls.

Aus Deutschland kannte ich natürlich das Glockengeläut. Aber Kirchenglocken läuten nur dezent im Hintergrund. In Fatih schallt der Muezzin laut über die gesamte Stadt, und die Menschen strömen in Scharen in die Moscheen, besonders zum Freitagsgebet, das für jeden gläubigen Muslim zum Pflichtprogramm gehört.

Eines Tages, ich muss elf oder zwölf Jahre alt gewesen sein, folgten mein Cousin Erhan und ich einer Gruppe von Gleichaltrigen, die zielstrebig in die prächtigste aller Moscheen, die Fatih-Moschee, marschierten. Die Jungs waren auf dem Weg zum Koranunterricht, und ich überredete Erhan, auch am Unterricht teilzunehmen. Ich war neugierig. Zunächst mussten wir uns rituell waschen, denn vor jeder Religionsstunde stand ein Gebet, und vor jedem Gebet steht die rituelle Waschung. Die Füße, die Hände, die Ohren, das Gesicht und der Mund müssen mit Wasser umspült werden, und zwar in festgelegter Reihenfolge und Manier. Da ich die Riten nicht kannte, zeigten die anderen Jungs mir, was ich zu tun hatte. Das nächste Problem war das Gebet selbst. In einem bestimmten Turnus kniet man nieder und steht wieder auf, wendet den Kopf erst nach links, dann nach rechts. Dazu spricht man leise auf Arabisch das Gebet. Dieser Ritus nennt sich *Nahmaz kılmak.* Es war mir zu peinlich zuzugeben, dass ich dies noch nie gemacht hatte, also orientierte ich mich verstohlen an den Bewegungen meiner Begleiter, und anstatt die Gebete zu sprechen, bewegte ich nur die Lippen.

Anschließend begann der eigentliche Koranunterricht. Im Schneidersitz saßen wir in einem Kreis auf dem Boden. Da wir den Koran natürlich in der Originalsprache, also in Arabisch, lasen, erklärte mir der Koranlehrer jeden einzelnen Buchstaben und wie er ausgesprochen und geschrieben wird. Am Ende der Stunde gab er uns eine Fibel zum Üben mit.

Als mein Onkel von diesem ersten Besuch in der Moschee erfuhr, war er entsetzt. Er erfuhr bei dieser Gelegenheit nämlich, dass weder meine Geschwister noch ich jemals zuvor die Schahada gesprochen hatten, das islamische Glaubensbekenntnis: »Aschhadu an lāilāhaillā, llāhwa-aschhaduanna Muhammadan rasūlullāh. Ich bezeuge, dass es keine Gottheit außer Gott gibt und dass Mohammed der Gesandte Gottes ist.« Wer das Glaubensbekenntnis bei vollem Bewusstsein vor zwei Zeugen spricht, gilt als Muslim.

Flugs plapperte ich meinem Onkel das arabische Glaubensbekenntnis nach und war nun auch offiziell Muslim. Vom Inhalt des Glaubensbekenntnisses hatte ich allerdings nichts verstanden, weil mein Onkel es mir nicht übersetzt hatte.

In den nächsten Wochen ging ich fleißig jeden Tag zur Moschee und lernte arabische Buchstaben. Bald konnte ich schon die ersten Suren aus dem Koran vorlesen, und mein Lehrer war sehr zufrieden. Ich selbst aber langweilte mich zunehmend. Ich konnte jetzt zwar im Koran lesen, verstand aber weiterhin kein Wort. Ebenso gut hätte ich eine lateinische Bibel lesen können! Die Buchstaben zu kennen, das bedeutet ja schließlich nicht, die Sprache zu verstehen.

Als ich mein Problem dem Imam schilderte, sagte dieser bloß, dass zunächst einmal das Auswendiglernen und nicht das Verstehen auf dem Lehrplan stünden. Die älteren Schüler bestätigten mir das, wenn auch unfreiwillig. Einmal fragte ich den Ältesten nach der Bedeutung einer Sure. Er konnte sie mir im schönsten Arabisch vorlesen, aber die Bedeutung der Worte konnte er mir nicht erläutern. Das höchste Ziel des Unterrichts sei es, einmal den gesamten Koran auswendig aufsagen zu können.
Diese für mich fragwürdige Intention irritierte mich, und mein Interesse am Unterricht schwand rapide, bis ich schließlich nicht mehr hinging. Erst im Rahmen der Beerdigungsfeier meines Vaters einige Jahre später (und auch nur dieses eine Mal) betrat ich wieder eine Moschee. Den Gebetsritus hatte ich längst wieder verlernt.

Ich trinke Alkohol, ich bete nicht, ich gehe nicht in die Moschee, ich war noch nie in Mekka. Im Grunde ist mir Religion egal. Doch als ich in die Politik einstieg, war meine Glaubensbezeichnung plötzlich relevant, sogar von elementarer Wichtigkeit. Wenn ich in Talkshows nach meiner empfundenen Identität gefragt wurde, sagte ich selbstbewusst: Ich bin deutscher Bürger türkischer Herkunft muslimischen Glaubens. Aber eigentlich war das in jeglicher Hinsicht eine Lüge. Ja, ich hatte einen deutschen Pass, aber schon damals wurde ich von vielen als »Papierdeutscher« beschimpft. »Türkische Herkunft?« Ja, aber in der Türkei wurde ich immer als Fremder behandelt. »Muslimischen Glaubens?« Siehe oben. Ich wurde als Musterbeispiel einer gelungenen Integration gepriesen, fühlte mich aber in Wirklichkeit genauso verloren wie in meiner Jugend.

Dann kam der 11. September 2001. An diesem Tag wurde mir mein muslimischer Glaube sehr wichtig. Nicht für mich selbst, aber für andere. Wieder tourte ich durch Talkshows, wurde eingeladen zu Sabine Christiansen und Johannes B. Kerner als Islam-Experte, und zu diesen Gelegenheiten verstellte ich mich nicht, wenn ich den Islam verteidigte. »Ihr Moslems habt dies und jenes verbrochen, ihr Moslems unterdrückt Frauen, ihr Moslems könnt niemals Demokraten werden.« Genau gegen diese Pauschalkritik wollte ich mich zur Wehr setzen.

Nur wenige Wochen zuvor hatte ich in der *BILD am Sonntag* muslimische Frauen aufgefordert, als Zeichen des Bekenntnisses zu Deutschland ihr Kopftuch abzulegen. In der BILD ließ ich mich zitieren mit den Worten: »Nicht jeder Moslem ist ein Terrorist, aber jeder Terrorist ist Moslem.« Das war wohl ein Akt des muslimischen Selbsthasses, den ich entwickelt hatte. Anders kann ich mir das nicht erklären. Was für einen Blödsinn ich von mir gab. Ich schäme mich richtig dafür.

Seit dieser Zeit mache ich mir viele Gedanken über den Glauben. Auf der einen Seite denke ich, dass die Religion von den Menschen »erfunden« wurde, um die Angst vor dem unweigerlich kommenden Tod zu lindern. Der norwegische Philosoph Tønnesen vergleicht das Leben mit einem Sprung von der Spitze eines sehr hohen Turmes gleich nach der Geburt. Der Mensch wisse, dass er am Ende des Sprungs sein Leben lassen wird. Alles, was der einzelne Mensch und mit ihm die Gesellschaft täte, sei, dieses Ende zu verdrängen oder zu verarbeiten. Alles Schaffen des Menschen wie Kunst, Kultur, Glauben und Philosophie sei ein Resultat dieser Verdrängungsarbeit. Mein Verstand sagt mir, dass viel für diese Erklärung spricht. Auf der anderen Seite gibt es eben auch Liebe und Solidarität. Warum sollte ein Mensch lieben und geliebt werden, warum sollte er anderen selbstlos helfen, wenn alles sowieso vergebens ist, wenn man am Ende des Tages zerschmettert am Fuße des Turms liegt? Zudem ist die Wissenschaft, die so selbstsicher auftritt, auch nicht überzeugend. Unser Weltall existiert seit etwa 13 Milliarden Jahren, seit dem magischen Moment, als der Urknall Zeit, Raum und Materie schuf. Was aber war zuvor? Die Wissenschaft sagt: Nichts. Wie kann aber aus Nichts Zeit, Raum und Materie entstehen? Die Wissenschaft hat die Dimensionen des Weltalls berechnet. Gut. Aber was ist am »Ende« des Weltalls? Eine Betonmauer. Nein, sagt die Wissenschaft. Sie sagt: Dort sei einfach nichts. Aber was ist *Nichts*? Wieso kann ein Wissenschaftler bei diesen fundamentalen Fragen nicht einmal sagen: Wir wissen es nicht. Wieso nicht mehr Demut?

Religion kann Trost spenden, sie kann Ruhe und Harmonie stiften. Religion kann Menschen zusammenbringen, die sonst nie zueinander finden würden. Sie schafft Gemeinschaft und gibt Hoffnung. Vor allem aber kann sie die Angst vor dem Tod nehmen. Ich habe Yoga in Indien praktiziert. Ich habe meditiert. Ich habe eine Psychoanalyse gemacht. Wieso tue ich nicht das für mich eigentlich Naheliegende und pilgere nach Mekka? Vielleicht finde ich dort die Antworten auf Fragen, die mich seit langem beschäftigen ...

Ich kann dem persönlichen Glauben von Menschen viel abgewinnen. Problematisch wird es, wenn der eigene Glaube als Auftrag zur Mission verstanden wird. Es gibt Menschen, die meinen, Gottes Willen nicht nur verstanden zu haben, sondern die praktischerweise auch dazu berufen sind, diesen Willen in die Welt zu tragen. Ich denke aber, die Entscheidung für oder gegen eine Religion muss aus freien Stücken erfolgen. Eine Missionierung darf nicht in Zwang ausarten. Und vor allem muss in jeder Religion Toleranz gegenüber Andersgläubigen gelebt werden. Ich schließe mich hier Immanuel Kant an: »Niemand kann mich zwingen, auf seine Art glücklich zu sein, sondern ein jeder darf seine Glückseligkeit auf dem Wege suchen, welcher ihm selbst gut dünkt, wenn er nur der Freiheit anderer, einem ähnlichen Zwecke nachzustreben, die mit der Freiheit von jedermann nach einem möglichen allgemeinen Gesetze zusammen bestehen kann, nicht Abbruch tut.«

Ich habe neulich gelesen, dass die »HaagseHogeschool«, eine Universität in Den Haag, beschlossen hat, anders als in der Vergangenheit, keinen Weihnachtsbaum mehr aufzustellen. Die 19.000 Studenten nicht-westlicher Herkunft, so lautete die Begründung, könnten sich an der christlichen Symbolwirkung eines geschmückten Baumes stören – was sich wiederum negativ auf künftige Immatrikulationszahlen auswirken könnte. Natürlich können die Niederländer beschließen, was sie wollen. Ich finde jedoch, sie sollten bei der Begründung ihre ausländischen Studenten aus dem Spiel lassen. Diese studieren ja nicht zuletzt deswegen in einem fremden Land, weil sie dessen Kultur kennenlernen wollen. Und der Glaube ist ein wichtiger Teil der Kultur jeden Landes.

Ich kenne keinen einzigen in Deutschland lebenden Muslim, der sich über christliche Symbole aufregt. Nebenbei möchte ich anmerken: Ich bezweifle, dass der Weihnachtsbaum wirklich ein rein christliches Symbol ist. Bereits die Römer bekränzten zum Jahreswechsel ihre Häuser mit Lorbeerzweigen. Einen Baum zur Wintersonnenwende zu schmücken, das ehrte auch im iranischen und römischen Mithras-Kult den Sonnengott. Und in nördlichen Gegenden wurden im Winter schon früh Tannenzweige ins Haus gehängt, um bösen Geistern das Eindringen und Einnisten zu erschweren. Außerdem gab das Grün Hoffnung auf die Wiederkehr des Frühlings. Und diese eine Symbolverwandtschaft ist exemplarisch für viele weitere Überschneidungen wie zum Beispiel die Beschneidung in Judentum und Islam. Am Ende des Tages sind wir alle mehr oder weniger Synkretisten. Ein Grund mehr, entspannt mit anderen Religionen umzugehen.

Beschneidung

Meine Brüder und ich wurden in Istanbul beschnitten. Ich war sechs Jahre alt und hatte so große Angst vor dem Arzt und dem Skalpell in seiner Hand, dass ich mich unter einem Tisch versteckte. Die Prozedur dauerte jedoch nicht lange und tat dank örtlicher Betäubung auch überhaupt nicht weh.

In den Tagen vor der Beschneidung wurden wir Brüder, wie es in der Türkei üblich ist, in Fantasie-Offiziersuniformen gesteckt. Wir besuchten im Istanbuler Stadtteil Fener das Grab von Eyüp Sultan, dem Standartenträger des Propheten Mohammed. Dort wurde gebetet. Das Beschneidungsfest fand dann am Abend statt und wurde freudig gefeiert. Es kamen über 400 Gäste. Meine Eltern hatten lange gespart für das Fest. Wir Beschnittenen, mein älterer Bruder Toni, mein kleiner Bruder Irfan und ich, wir »thronten« auf einem großen Bett und wurden reich beschenkt.

Kopftuch

Wie bereits erwähnt, habe ich vor einigen Jahren türkischstämmige Frauen in Deutschland zum Ablegen des Kopftuches aufgefordert. Solch einen Aufruf würde ich heute nicht mehr unterstützen. Nicht wegen des Ärgers, sondern aus Überzeugung.

Niemand darf in unserem Land dazu gezwungen werden, ein Kopftuch zu tragen. Frauen und Mädchen, die dazu gezwungen werden, haben Anspruch auf unsere Hilfe. Wenn eine Frau aus freiem Willen ein Tuch tragen möchte, so sollte sie das nicht nur *dürfen*, sie sollte auch nicht dazu gezwungen werden, sich hierfür zu rechtfertigen. Genauso wenig dürfen wir jemanden zwingen, ein Tuch abzulegen, weil dies ebenfalls ein Verstoß gegen das Prinzip der Freiheit wäre, das in all ihren Formen durch unser Grundgesetz garantiert wird.

Keine meiner drei Schwestern und vier Halbschwestern trägt ein Kopftuch. Wenn ich sie zwingen wollte, eines zu tragen, würden sie mich zu Recht auslachen. Aber sollte eine von ihnen in Zukunft ihre Haltung ändern: Mit welchem Recht könnte ich ihr das verbieten?

Mein Onkel Muharrem war streng kemalistischer Offizier. Niemals hätte er seiner Frau erlaubt, sich ein Kopftuch umzubinden. Er starb vor etwa zehn Jahren in Istanbul. Seitdem trägt seine Witwe ein Kopftuch, weil es für sie das sichtbare Zeichen ihres Glaubens ist.

Viele Frauenrechtsorganisationen sind in dieser Frage leider nicht konsistent in ihrer Politik. Im Gegensatz zum Durchsetzungsvermögen bei der Abtreibungsdebatte mit dem (zu Recht) keinen Widerspruch duldenden Slogan »Mein Bauch gehört mir« legen Frauenrechtler(innen) im Kampf um das Recht, ein Kopftuch zu tragen, wenig Initiative an den Tag. Wenn fromme Muslima sagen, dass das Tuch für sie wichtig ist und dass sie es aus freien Stücken tragen, sollten sie dies auch dürfen. »Mein Bauch gehört mir« – der Kopf etwa nicht? Ein Kopftuch muss kein Symbol für Unterdrückung oder mangelnde Emanzipierung sein. Im Gegenteil: Mittlerweile ist es sogar Ausdruck des Protests. Ich kenne Väter, deren halbwüchsige Töchter eines Morgens plötzlich mit Kopftuch am Frühstückstisch saßen. Die Eltern waren ziemlich geschockt, doch das war auch der Sinn der Sache: Früher haben sich die Kinder Punkfrisuren zugelegt, um zu protestieren. Heute ist es oft das Kopftuch, das demonstrieren soll: Ich bin frei und lebe, was ich bin.

Wir sollten also einmal über das Bild nachdenken, das wir von muslimischen Frauen haben. Bei einigen Politikerinnen und Politikern, die das Kopftuch kritisieren, habe ich leise Zweifel, ob es ihnen wirklich um die Freiheit der Frau geht oder ob sie sich selbst an dem Anblick stören, weil er sie daran erinnert, wie viele Ausländer oder zumindest Muslime in Deutschland leben. Dieses Streben nach vermeintlicher Ästhetik kann man aber natürlich nicht ohne Vorwürfe des Nazismus umsetzen, also versteckt man es meiner Meinung nach unter dem Deckmantel der Frauenbewegung.

Die CDU-nahe Konrad-Adenauer-Stiftung hat im Jahr 2006 eine Studie zu diesem Thema durchgeführt. Viele Kopftuch tragende Frauen erklärten, dass sie das Kopftuch aus religiösen Gründen tragen. Sie halten es für eine religiöse Pflicht, sich zu bedecken. Demgegenüber spielt der Einfluss männlicher Familienmitglieder nur eine untergeordnete Rolle. Insofern zeigt die Befragung deutlich, dass das deutsche Bild vom Kopftuch zu undifferenziert ist.

Ich glaube übrigens auch, dass Männer mit einem antiquierten Frauenbild Hilfe brauchen. Sie müssen lernen, dass ihre Ideen vom Verhältnis der Geschlechter keinen Platz in unserer Gesellschaft haben können. Es gilt das Primat der Freiheit. Wenn erwachsene Frauen meinen, es sei Gottes Wort, der Mann habe das Sagen im Haus, dann ist auch das von diesem Primat gedeckt, selbst wenn es mir persönlich und anderen nicht gefällt. Erwachsene Menschen können mit ihrer Freiheit umgehen, wie sie wollen, solange sie nicht anderen schaden.

Es kommt nicht darauf an, ob mir oder der Mehrheit der Gesellschaft etwas gefällt oder nicht. Verbieten ist immer leicht, Demokratie ist manchmal schwer. Aber wollen wir deswegen in einer (Meinungs-)Diktatur leben? Akzeptanz heißt das Zauberwort.

Manchmal wird behauptet, die islamische Verhüllung mancher Frauen sei nicht kompatibel mit der »westlichen Kultur« und dem »westlichen Freiheitsverständnis«. Auch wird betont, dass sich muslimische Einwanderer an unsere Verfassungsordnung halten müssten. Das sehe ich auch so. Unsere Verfassungsordnung ist die beste in unserer Geschichte.

Zu unserer Verfassungsordnung gehören das allgemeine Freiheitsrecht, das Grundrecht auf die freie Entfaltung der Persönlichkeit, der allgemeine Gleichheitsgrundsatz und die Religionsfreiheit. Folglich muss es verfassungswidrig sein, mit dem Hinweis auf die Neutralitätspflicht des Staates muslimischen Lehrerinnen das Kopftuch zu verbieten. Diese Argumentation hinkt insbesondere, weil man gleichzeitig mit Hinweis auf die Verfassung und die darin postulierte Religionsfreiheit verbal Amok läuft, wenn Kruzifixe aus Klassenräumen entfernt werden. Wenn wir schon von »westlicher Kultur« sprechen, dann müssen wir auch anerkennen, dass nicht nur das Grundgesetz, sondern auch die Europäische Menschenrechtserklärung, die UN-Menschenrechtskonvention, die US-Amerikanische Verfassung und zahlreiche weitere Verfassungen westlicher Demokratien Ausdruck dieser Kultur sind. Diese Ordnungen schützen nicht die Freiheit des Christen, sondern die Freiheit aller Menschen, also auch die der Muslime.

Obwohl ich, wie schon gesagt, selbst nicht besonders religiös bin, ärgert es mich, wenn Freunde mir gegenüber den Wunsch äußern, alle Muslime sollten so sein wie ich. In ihren Augen ist dies ein

Kompliment, ich empfinde es aber als eine latente Bedrohung: Meine Freunde suggerieren mir damit, dass sie mich nicht mehr mögen oder dulden würden, würde ich meinen Glauben nicht lediglich in abgespeckter Form leben. Im Grunde bedeutet diese Aussage nichts weiter, als dass sie nur jene Muslime akzeptieren, die keine Anzeichen des Islams mehr erkennen lassen. Oder anders: Ich akzeptiere dein Anderssein, solange du nicht anders lebst als ich, solange du dich nicht anders kleidest als ich, solange du nicht anders denkst als ich. Na dann: Ein Hoch auf die Individualität! Ein Hoch auf die »Toleranz«!

Schon vor zehn Jahren hatte ich öffentlich gefordert, dass Ausländerinnen und Ausländer, die im Rahmen des Ehegattennachzugs nach Deutschland einwandern, zumindest elementare Deutschkenntnisse nachweisen müssen. Wie soll man sich denn integrieren, wenn man nicht die Sprache des Nachbarn spricht? Wie soll man denn füreinander Verständnis entwickeln, wenn das Verständnis schon an der Sprache scheitert?

Für Frauen gilt das ganz besonders. Viele Frauen, die nach Deutschland kommen, haben in der Türkei ein vergleichsweise offenes und selbstbestimmtes Leben geführt, insbesondere wenn sie aus den großen Städten stammen. Dann gehen sie eine arrangierte Ehe ein oder werden gar zwangsverheiratet und werden eine »importierte« Braut. Sie kommen in den Westen und müssen feststellen, dass sie in Berlin unfreier leben als in Anatolien. Viele werden von den Ehemännern missbraucht und von den Schwiegermüttern – mit denen sie oft unter einem Dach leben – als unbezahlte Hausangestellte betrachtet. Diese Situation wird durch die mangelnden Sprachkenntnisse »erleichtert«. Ohne diese können sie kein eigenes soziales Netzwerk außerhalb der familiären Strukturen aufbauen. Dann bekommen sie Kinder und erziehen sie in der einzigen Sprache, die sie kennen: Türkisch oder Kurdisch. Mitten in Berlin, Hamburg oder Köln werden Kinder eingeschult, die kein

Wort Deutsch sprechen. Diese Kinder werden in ein Rennen geschickt, bei dem sie nicht mithalten können. Sie starten mit einem Rückstand, den sie nicht aufholen können und der mit den Jahren immer größer wird. Dem schulischen Scheitern folgt das berufliche Scheitern. Dann haben wir junge Erwachsene, die doppelte Analphabeten sind, weder des Deutschen noch des Türkischen richtig mächtig, arbeitslos und ohne Zukunftsaussichten. Es geht daher nicht »nur« darum, den betroffenen Frauen zu helfen, sondern darum, ein Kernproblem der Integrationspolitik zu lösen.

Übrigens sind bei Zwangsehen auch die jungen Männer Opfer ihrer Familien. In der Schule hatte ich einen kurdischen Bekannten. Im Alter von 17 oder 18 Jahren kam dieser plötzlich aus den Sommerferien zurück und war verheiratet. Er wirkte gar nicht glücklich damit. Vor kurzem habe ich gehört, dass er unter schweren Depressionen leidet und stationär behandelt wird. Ich kenne andere Fälle, wo die zwangsverheirateten Männer schwul sind und ein Leben nach den überkommenen und oft bigotten Vorstellungen ihrer Eltern leben müssen.

Zwar hat die Bundesregierung nun bestimmt, dass Einwanderer beim Ehegattennachzug tatsächlich Deutsch können müssen. Allerdings hat sie das nicht für alle derartigen Fälle geregelt, sondern es mehr oder minder auf Türkinnen und Türken beschränkt. Hat eine junge Filipina, die ihrem Gatten nach Deutschland folgt, möglicherweise nicht die gleichen Probleme? Die Beschränkung auf Türkinnen und die Türkei nährt doch, zu Recht, den Verdacht, gezielt diese Menschen aus dem Land halten zu wollen. So nimmt sich die Politik die Glaubwürdigkeit.

Ehrenmord

Kaum gibt es irgendwo einen Ehrenmord, schwillt der Chor der »Islamkritiker« wieder an. Den meisten geht es weniger um die ermordete Frau, sondern um die Bestätigung ihrer Vorstellung der Moslems als gewalttätig. Ist mal jemandem aufgefallen, dass in fast allen Fällen, bei denen türkischstämmige Menschen beteiligt waren, Opfer und Täter aus den kurdischen Gebieten der Türkei stammten? Nicht jeder Kurde ist ein Ehrenmörder, aber fast alle Ehrenmörder sind Kurden. In den klassischen kurdischen Siedlungsgebieten im Osten der Türkei und im Norden von Irak und Iran leben viele Religionsgemeinschaften Seite an Seite. Man findet kurdische Aleviten, Sunniten, Schiiten, aber auch Yeziden und Christen. In all diesen Religionsgemeinschaften kommt es immer wieder zu Ehrenmorden, auch unter Christen. Die Religion ist nicht das Entscheidende. Kurden sind auch keine schlechteren Menschen. Aber in den kurdischen Gebieten herrscht noch immer ein strenger, archaischer Ehrenkodex, der vielen Frauen die Freiheit nimmt und sie zum Opfer struktureller männlicher Gewalt macht. Diese Gebiete der Türkei brauchen wirtschaftliche, soziale und politische Reformen, damit Frauen ihren Platz in der Gesellschaft dort einnehmen können. Und wir brauchen hier in Deutschland eine erfolgreiche Integration von Menschen aus diesen Gebieten, damit Ehrenmorde und Frauenunterdrückung nicht zu einem Importgut aus kurdischen Stammesgesellschaften werden.

Aber es ist natürlich viel einfacher, auf die Details dieser Problematik einzugehen. Denn es geht ja nicht um die Lösung eines Problems, sondern darum, das Feindbild des Moslems zu zeichnen. Jetzt, wo immer mehr Migranten Deutsche werden oder sind, brauchen Xenophobe aller Couleur ein neues Ausgrenzungsmerkmal, etwas, was uns von der Mehrheit unterscheidet, und das ist die Religion. Geändert hat sich aber, dass sie mit viel offener oder stillschweigender Zustimmung bis in die Mitte der Gesellschaft rechnen können. Da stehen seriöse Meinungsführer in diesem Land und dozieren über die Unmöglichkeit der Integration von Moslems in eine Demokratie und schwadronieren über »kulturelle« Inkompatibilitäten. Man müsste in diesem Zusammenhang nur »Kultur« durch »Rasse« ersetzen und heraus käme ein Text, den fast alle in Deutschland brandmarken würden. Deswegen wird ja auch von Kultur und nicht von Rasse gesprochen.

Ärgerlich finde ich auch, dass ein und die gleiche Tat unterschiedlich bezeichnet wird, je nachdem, wer der Täter. Löscht ein braver urdeutscher Familienvater seine Familie aus, ist es eine »Familientragödie«. Tötet ein türkischstämmiger Mann seine Frau, ist es ein »Ehrenmord«, egal, wie die genauen Tatumstände sind. »Tragödie« klingt geradezu verharmlosend, so wie ein Unfall oder ein Schicksalsschlag, gegen den man machtlos war.

Oft heißt es auch beschwichtigend, der urdeutsche Täter sei »psychisch« krank gewesen. Wie gesund kann denn ein Mann sein, der seine eigene Schwester oder seine Tochter tötet? Egal wie der Kontext ist: Meistens geht es doch darum, dass ein Mann die (sexuelle) Freiheit der Frau, sei sie nun Partnerin, Tochter oder Schwester, nicht akzeptieren will und sie lieber tötet, als ihren Freiheitsanspruch zu akzeptieren. Dass nun im Fall von Muslimen die religiöse Orientierung als Rechtfertigung angebracht wird, ist genauso fadenscheinig wie der Mann, der angeblich aus einer Stresssituation heraus angesichts einer drohenden Trennung von der Frau zur Waffe greift.

Kopftuch II

Zurück zum Kopftuch. Ein Evergreen der politischen Debatte ist ja auch die Frage, ob muslimische Lehrerinnen in der Schule ein

Tuch tragen dürfen und ob der Staat das verbieten darf. Auch in dieser Frage habe ich meine Meinung geändert: Eine gläubige Muslima sollte das Recht haben, als Lehrerin an staatlichen Schulen zu arbeiten. Mit Berufsverboten sind wir in Deutschland nicht gut gefahren. Außerdem glaube ich, dass Kinder die Chance haben sollten, auch in ihren Lehrern und Lehrerinnen die ganze Bandbreite gesellschaftlicher Realität zu erleben. Es würde auch Sinn machen, in den Schulbüchern nicht immer nur die Musterfamilie, bestehend aus Klaus und Claudia mit den Kindern Steffi und Thomas, darzustellen. Es wäre doch mal ganz erfrischend und für die Kinder lehrreich, auch mal Klaus mit Tansu (ob mit oder ohne Kopftuch) zu zeigen, wo die Kinder Murat und Andrea heißen.

Meine Meinung ist folgende: Der Staat hat das Recht, seinen Lehrerinnen und Lehrern im Rahmen unserer Verfassungsordnung bestimmte Vorgaben hinsichtlich ihres Auftretens zu machen. Das mag nicht immer politisch klug sein, aber es ist rechtlich möglich. Er muss aber dabei gerecht sein. Was mir unmöglich erscheint, ist, das Kopftuch zu verbieten, aber alle anderen religiösen Symbole zuzulassen.

Unsere Bundesbildungsministerin Annette Schavan meint ja, im Gegensatz zur jüdischen Kippa oder dem Kruzifix sei das Kopftuch kein religiöses, sondern ein politisches Symbol. Ganz abgesehen davon, dass Kippa und Kruzifix durchaus auch politische Symbole sein können, je nach Kontext, ist diese Haltung in meinen Augen generell problematisch. Hat die Politik die Interpretationshoheit über religiöse Symbole? Ich denke nicht. Für manche ist das Kopftuch ein politisches Symbol, für andere ein religiöses. Für dritte ist es ein modisches Accessoire. Das zu entscheiden, steht aber nicht dem Staat zu. Christen zum Beispiel würden es zu Recht auch nicht angemessen finden, wenn das Kreuz zu einem ausschließlich politischen Symbol erklärt würde.

Die muslimischen Verbände ihrerseits sollten auch mehr tun, um Teil unserer Gesellschaft zu werden. Das fängt mit dem Bau von Moscheen an, denn für viele Muslime hier in Deutschland sind diese ein wichtiger Teil ihres Lebens. Deswegen sollten sie, wie alle anderen Menschen auch, das Recht auf ein Gotteshaus haben. Ich finde es einer Demokratie unwürdig, wenn Gotteshäuser in stillgelegte Fabrikhallen oder in Industriegebiete verbannt werden. Wieso sehen aber viele neue Moscheen aus wie billige Kopien der Istanbuler Prachtmoscheen mitsamt Kuppel und Minarett? Wieso kann nicht zeitgenössisch gebaut werden? Der Koran schreibt keine besondere Bauweise vor. Der osmanisch-türkische Sakral-Baustil ist eine weitgehende Nachahmung byzantinischer Kirchenbauten, also beileibe nichts »genuin« muslimisches oder türkisches. Wieso werden diese neuen Moscheen dann nach osmanischen Sultanen und Kalifen benannt? Eine Moschee im westfälischen Oer-Erkenschwick »Fatih Sultan Mehmet« zu taufen, ist nicht gerade eine Vertrauen erweckende Maßnahme. »Fatih« bedeutet »der Eroberer« und ist Beiname des Sultans Mehmet II., der 1453 Istanbul erobert und das christliche Byzanz dem Untergang geweiht hatte. Entweder haben die Bauherren zu wenig oder zu viel Geschichtsbewusstsein. Beides erscheint mir nicht gut.

Lange Rede kurzer Sinn: Ich bin zwar nicht der allerbeste Muslim. Aber ich bin gerne Muslim. Und je mehr andere über »den Islam« schimpfen, umso lieber bin ich es.

Vom Rhein über
den großen Teich

Am Landgericht

Im Spätsommer 1994 fand ich mich pünktlich morgens um 9.00 Uhr im Landgericht Siegen ein. Meine Vereidigung als Rechtsreferendar stand an. Der Präsident oder der Vize-Präsident des Gerichts stand mit der Verfassung des Landes Nordrhein-Westfalen vor mir und fragte, ob ich den Eid mit oder ohne »religiöse Beteuerung« erklären wolle. Über diese Frage hatte ich gar nicht nachgedacht. Aber was soll's, dachte ich und sagte: »Ja bitte, mit religiöser Beteuerung.« »Dann sprechen Sie mir nach: ›Ich schwöre, dass ich das mir übertragene Amt nach bestem Wissen und Können verwalten, Verfassung und Gesetze befolgen und verteidigen, meine Pflichten gewissenhaft erfüllen und Gerechtigkeit gegen jedermann üben werde. So wahr mir Gott helfe.‹« Und ich sagte: »›Ich schwöre, dass ich das mir übertragene Amt nach bestem Wissen und Können verwalten, Verfassung und Gesetze befolgen und verteidigen, meine Pflichten gewissenhaft erfüllen und Gerechtigkeit gegen jedermann üben werde. So wahr mir *Allah* helfe.‹« Weshalb ich mir diese kleine Provokation erlaubte, weiß ich gar nicht so genau. Vielleicht lag es einfach an meiner Querulantennatur. Man kann ja im Leben eine Menge mitmachen. Aber Humor muss sein. Ohne den ist alles nichts. Natürlich war es nicht todernst gemeint, denn Allah bedeutet auf Arabisch nichts anderes als »Gott«. Auch die arabischen Christen nennen ihren Gott »Allah«. Wäre ich ein Hindu gewesen, dann hätte ein anderer Wortlaut wirklich Sinn gemacht. Dann hätte es heißen müssen »So wahr mir die *Götter* helfen«.

Mein Spruch löste Hektik aus. Ein Gerichtsbeamter wurde losgeschickt, um einen Kommentar zum Beamtengesetz zu bringen. Zwei weitere Richter stießen hinzu. Gemeinsam wurde das Gesetz studiert, was aber auch keine Klarheit brachte. Am Ende wurde ich gefragt, ob ich den Eid nicht der Einfachheit halber ohne religiöse Beteuerung leisten könne. Ich konnte und die Situation war gerettet. 21 Jahre nach unserer Ankunft in Deutschland hatten wir den ersten Beamten, sogar »im höheren Dienst«, in der Familie, wenn auch nur »zur Probe«. Aber immerhin. Heute würde ich übrigens einen solchen Scherz nicht mehr machen. Die Welt hat sich geändert. Man landet ja Ratzfatz in Guantanamo.

Spannend war meine Zeit bei der Staatsanwaltschaft. Strafrecht hatte mir schon immer Spaß gemacht. Jetzt bearbeitete ich richtige Fälle. Zwar nicht Mord und Totschlag, aber vieles knapp darunter. Teil unserer Aufgaben als Referendare war die so genannte »Sitzungsvertretung«. Dabei vertraten wir die Staatsanwaltschaft bei den Gerichtsverhandlungen. Wir trugen die schwarze Robe eines Staatsanwalts und taten alles, was auch ein richtiger Staatsanwalt tun würde: die Anklageschrift verlesen, Zeugen verhören und das Strafmaß beantragen. Für die Angeklagten und ihre Verteidiger war es gar nicht ersichtlich, dass da kein »echter« Staatsanwalt im Raum war.

Allerdings waren unsere Befugnisse stark eingeschränkt. Zum einen mussten wir mit dem eigentlich zuständigen Staatsanwalt die Akte besprechen. Wir machten einen Vorschlag über das Strafmaß oder einen Freispruch. »Mein« Staatsanwalt war mit meinen Vorschlägen meistens einverstanden, manchmal korrigierte er mich. Auf keinen Fall durfte ich aber ohne seine Zustimmung einen Freispruch beantragen oder im Strafmaß heruntergehen.

Ein Beispiel aus meinem Referendariat blieb mir besonders in Erinnerung. Angeklagt war der Vorsitzende des »Vereins Afrikanischer Studenten« wegen Beleidigung. Er hatte den Chef des Ausländeramtes in Siegen und dessen Mitarbeiter als Rassisten beschimpft. Ich sollte die Anklage bei der öffentlichen Verhandlung vertreten.

Das deutsche Ausländerrecht gibt den Ausländerbehörden in vielen Fragen einen weiten Ermessensspielraum. Den können die Beamten in die eine oder in die andere Richtung ausüben. Aus eigener Anschauung wusste ich ja, dass die Siegener Behörden nicht gerade sehr aufgeschlossen waren, wenn es um Ermessensspielraum *zugunsten* eines Ausländers ging. Dass jemand wie der Angeklagte, der täglich mit solcher Bürokratie zu kämpfen hatte, nicht nur für sie selber, sondern auch ehrenamtlich für andere Studenten, irgendwann einmal die Nerven verliert, ist wohl keine große Überraschung. Ich hatte jedenfalls großes Verständnis für ihn. Es war natürlich falsch, die ganze Behörde pauschal des Rassismus zu bezichtigen. Auch dort gab es ja solche und solche Kollegen. Aber trotzdem: Die Ausländerbehörde und ihre Regeln hätten auch Mahatma Gandhi an den Rand des Nervenzusammenbruchs gebracht.

Ich verstand nicht Recht, was das ganze Theater sollte. Der Angeklagte hatte einen Fehler gemacht. Aber er war nicht vorbestraft und engagierte sich für andere Menschen. Mit einer Entschuldigung wäre es getan gewesen. Stattdessen wurde eine Hauptverhandlung anberaumt. Der Zuschauerraum war voll: Beamte, Vertreter der örtlichen Medien, die üblichen Zuschauer, die sich keine Verhandlung entgehen lassen, einige Rechtsradikale und viele Freunde des Angeklagten, Deutsche wie Afrikaner.

Mir wurde klar: Es war wohl kein reiner Zufall, dass mir die Sache gegeben wurde. Der Staat, repräsentiert von seinen Beamten, war des Rassismus beschuldigt worden. Nun klagte der Staat den Täter an, repräsentiert vom Sohn türkischer Einwanderer. Besser kann man es PR-mäßig eigentlich nicht machen. Ich fühlte mich überhaupt nicht wohl in meiner Haut. Ich tat aber, was ich tun musste. Die Tat selbst war ja klar. Ich betonte in meinem Plädoyer, dass sich gerade die Ausländerbehörde gegen solche Vorwürfe schützen müsse, dass sie gemäß den Gesetzen ihren Job tun und dass auch der Angeklagte sich an Recht und Gesetz halten muss. Die Ausländerbeamten nickten zustimmend und wirkten erfreut, als der Täter zu 300 DM Geldbuße verurteilt wurde.

Einige Monate später besuchte ich die Ausländerbehörde der Stadt Siegen. Es war das erste Mal seit sieben Jahren. Als ich das letzte Mal dort war, musste ich um die Verlängerung meiner Aufenthaltsbewilligung bitten und betteln. Jetzt war ich deutscher Staatsbürger und Beamter des höheren Dienstes. Die gleichen zwei Beamten, die mir nach dem Tod meines Vaters das Recht auf das Weiterleben in meiner deutschen Heimat verweigern wollten, saßen immer noch an der gleichen Stelle. Sie erinnerten sich nicht mehr an mich. Jedenfalls taten sie so. Es war ja noch gar nicht lange her, dass ich in Siegen gewohnt hatte. Meine Familie lebte ja noch dort, und so häufig kommt der Name Daimagüler auch nicht vor. Ich denke, sie wussten sehr genau, wer ich war. Vielleicht wollten sie sich auch nicht mehr an mich erinnern. Aber es war ja auch irgendwie eine fremde Situation für sie. Also spielte ich das Spiel mit und tat so, als sei nie etwas gewesen.

Dennoch beschlich mich ein seltsames Gefühl. Da saß ich nun auf dem Stuhl, auf dem meine Eltern so oft gesessen hatten, voller Angst und als Bittsteller. Ich hatte mir meine Rückkehr an diesen Ort immer ein bisschen als Triumph ausgemalt. Innerhalb von sieben Jahren hatte ich es geschafft, mich von der Macht dieser Menschen über mein Leben und mein Schicksal zu befreien. Sie konnten mir nichts mehr anhaben. In der Welt der Beamtenhierarchien und Besoldungsordnungen stand ich weit über ihnen.

Zu meiner eigenen Überraschung empfand ich aber nichts als Traurigkeit. Diese beiden Beamten waren nicht wirklich bedeutend. Aber sie waren bedeutend genug, um mich, meine Familie und viele andere Menschen zu terrorisieren. Aus dem Lateinischen kommend bedeutet das Wort »Terror« nichts anderes als große Furcht oder Schrecken. Und ja, diese Beamten hatten uns in Furcht und Schrecken versetzt, besonders nach dem Tod meines Vaters. Die Vorstellung, einer unerbittlichen, großen Macht ausgeliefert zu sein und vielleicht die eigene Heimat zu verlieren, ist einfach schrecklich. Diese Macht wurde repräsentiert von diesen Beamten der mittleren Laufbahn.

Meine Arbeit bei Burkhard Hirsch

In dieser Zeit, 1994 oder 1995, war ich auf einem Empfang beim türkischen Botschafter in Bonn eingeladen. Beim Eingang hatte sich eine lange Schlange gebildet. Hinter mir stand Burkhard Hirsch, liberales Urgestein und Bundestagsvizepräsident. Wir plauderten und er erzählte mir, dass er einen Mitarbeiter suche, der sich um Ausländerrecht und um das Thema »Türkei« kümmern solle. Ob ich Zeit habe, halbtags? In den fünf Minuten zwischen dem Bezahlen des Taxifahrers und dem Händedruck mit dem Botschafter hatte ich wieder einen Job beim Bundestag bekommen.

Nun musste es schnell gehen. Beim Gericht in Siegen musste ich nicht jeden Tag anwesend sein. Aber ich wollte in Bonn wohnen, weil ein Bundestagsjob öfter späte Abendtermine mit sich brachte. Durch Freunde fand ich eine große Wohnung im dritten Stock eines etwas heruntergekommenen Mietshauses in der Nähe des Friedensplatzes. Im Innenhof tummelten sich abwechselnd Ratten und Tauben. Im zweiten Stock betrieb ein ebenso bärtiger wie herzensguter Kurde eine illegale Spielhölle. Die Miete war nicht sehr hoch. Ein Mitbewohner wäre trotzdem gut, dachte ich mir, als ich mit meinem Arbeitsvertrag in der Hand durch die Bundestagslobby schlenderte. In diesem Moment kam mir ein türkischstämmiger Bundestagsabgeordneter entgegen, der erste Türken-

MdB überhaupt: Cem Özdemir. Ich sprach ihn an, wir verstanden uns gut und ein paar Tage später waren wir WG-Kollegen. Er sprach Schwabendeutsch und ich Siegerländerdeutsch, aber wir funkten auf der gleichen Wellenlänge.

Drei bis vier Tage war ich im Bundestag und erledigte meine Sachen für Burkhard Hirsch. Redeentwürfe schreiben, Gesetzesentwürfe prüfen oder entwerfen, Hintergrundmaterial sammeln, übliche Assistentenaufgaben eben. Burkhard Hirsch ist eine Ikone des Bürgerrechts; er steht für etwas und kämpft dafür. Bei ihm habe ich viel gelernt. Er ist auch heute noch ein Vorbild für mich.

Berlin

1996 absolvierte ich das Zweite Staatsexamen. Jetzt durfte ich mich Volljurist nennen. Acht Jahre waren vergangen, seitdem ich das Abitur gemacht hatte. Ich hatte studiert und sehr viel getan. Eigentlich hatte ich die ganze Zeit in der Politik gearbeitet und nebenbei ein Jurastudium mit gutem Ergebnis über die Bühne gebracht. Meine Arbeitstage hatten meist morgens um 6 Uhr begonnen und waren selten vor 8 Uhr abends vorüber gewesen. Auch wenn ich viel mit meinen Corpsbrüdern aus meiner Studentenverbindung unternommen hatte, ein richtiges Studentenleben war an mir vorbei gegangen. Nach sechs Jahren im schönen Rheinland und zwei Jahren im weniger schönen Kiel wollte ich jetzt etwas Großstadtgeruch atmen. Die einzige deutsche Weltstadt war und ist – sorry Hamburg – Berlin. Hamburg ist das Tor zur Welt, richtig. Aber eben nur das Tor. Die Welt findet man in den Straßen Berlins. Am späten Nachmittag eines kalten Dezembertages bestand ich die mündliche Prüfung für mein Staatsexamen und schon eine halbe Stunde später saß ich mit Sack und Pack in meinem kleinen Fiat auf dem Weg nach Berlin. Die wenigen Möbel in meinem Besitz hatte ich im Bekanntenkreis verschenkt.

In Berlin wollte ich vor allem das Kunst- und Kulturleben, das Faulenzen und das Nachtleben genießen. Und über das Leben nachdenken. Aber Champagner wächst nicht auf den Bäumen. Ich musste Geld verdienen. Ich ließ mich kurzerhand als Rechtsanwalt nieder.

Die Zeit in der Boston Consulting Group

Nach langem Überlegen kam ich zu dem Schluss, dass ich »in die Wirtschaft« wollte. Von Management verstand ich nichts. Aber irgendwie fand ich das Bild eines Managers, der morgens eine Sitzung leitet und am Nachmittag in einem Jet zu einem Meeting in New York unterwegs ist, verlockend. Vielleicht war das aber auch ein unbewusster Reflex auf meine Kindheit: Ein Leben zu führen, was so ganz anders wäre als das Leben, das andere für mich vorgesehen hatten. Mein Freund Christian, der BWL studiert hatte, riet mir, Unternehmensberater zu werden, und empfahl mir eine Bewerbung bei zwei amerikanischen Unternehmensberatungen: der Boston Consulting Group und bei McKinsey.

Ziemlich unvoreingenommen bewarb ich mich. Kurze Zeit später hatte ich von beiden eine Einladung zu einem Vorstellungsgespräch auf dem Tisch.

Sowohl die Bostoner als auch die »Mäckies« machten allerlei lustige kleine Tests mit mir. Sie beschrieben Unternehmen in Not, mit Problemen aller Art, und ich musste mit Ideen kommen, wie man diese am besten löst. Da ich nichts von Unternehmen verstand und schon gar nichts von den Problemen, mit denen diese sich herumschlagen müssen, stellte ich tausend und eine Frage, was meinen »Interviewern«, so nannten sich meine Gesprächs- partner, offensichtlich gefiel. Überhaupt gab es für alles einen eng- lischen Ausdruck. Jedenfalls bekam ich von beiden ein Jobange- bot. Ich entschied mich für die Boston Consulting Group. Es hätte auch genauso gut McKinsey sein können.

Es wurde wahnsinnig viel gearbeitet. Arbeitszeiten und »Mee- tings« von morgens 7 oder 8 Uhr bis weit nach Mitternacht wa- ren nicht ungewöhnlich. »Meeting« ist ein gutes Stichwort für ein weiteres Phänomen dieser Branche: nach Möglichkeit in je- dem Satz mindestens ein englisches Wort unterzubringen, auch wenn es sich um Banalitäten handelte. Das Wort »Problem« war Tabu. Probleme haben nur Loser. Es gibt nur »Herausforderun- gen«. Aber niemand sagte »Herausforderung«. Jeder sprach von »Challenges«. Ein einfacher Berater war ein »Associate« und ein Teamleiter durfte sich »Qualified Project Leader« nennen. Fall- besprechungen hießen »case team meetings«. Jeder zweite Satz begann mit »at the end of the day«. In Höchstform kamen die älteren Beraterkollegen aber bei Kundenbesprechungen. Auch die banalsten Aussagen wurden in bunte Folien gegossen und präsentiert. Und dann hagelte es Anglizismen. Untersuchungen wurden manchmal »bottom up« durchgeführt und manchmal »top down«. Das Erstere bedeutet, wir haben erst ihre Mitarbei- ter befragt, dann den Vorstand, beim Letzteren umgekehrt. Das »big picture« wurde immer im Auge behalten und idealerweise wurden Lösungen »outside the box« gesucht. War das Unterneh- men unseres Kunden in großen Schwierigkeiten, »entdeckten« ganz findige Seniorberater »development opportunities«. Beson- ders Wagemutige, meistens Partner, die in der BCG-Unterneh- mensberater-Hierarchie oben weilten und sich nur selten zu ei- nem Kunden verirrten, forderten »boil the ocean«, sprich, das ganze Unternehmen auf den Kopf zu stellen. Wir Frischlinge machten das Beste aus solchen Treffen.

Ich will mich auch gar nicht beklagen. Die harte Arbeit war okay, schließlich wurden wir alle fürstlich entlohnt. Nach drei Tagen hatte ich mehr verdient als mein Vater in einem ganzen Monat. Viele Projekte waren sehr spannend und in vielen Fällen haben wir unseren Kunden wirklich helfen können und Wert für die Firma geschafft. Viele BCG'ler engagierten sich ehrenamtlich. Boston Consulting als Firma unterstützt viele soziale Projekte. Besonders in Erinnerung geblieben ist mir Dieter Heuskel. Er war einer der dienstältesten Partner in Deutschland. Ein Mann, dessen Herz genauso groß wie sein Verstand scharf war. Zu Recht wurde er für sein soziales Engagement mit dem Bundesverdienstkreuz ausgezeichnet.

Meine Zeit als Unternehmensberater nahm nach einigen Jahren ein Ende. Es war sicher nicht die schönste Zeit meines Lebens, aber zumindest doch die lehrreichste. Ich hatte genug Erfahrungen gesammelt, um beruflich in der Welt der Zahlen Fuß fassen zu können.

Harvard und Yale

Anderthalb Jahrzehnte waren vergangen, seit ich mit dem Abitur in der Tasche Siegen verlassen hatte. In der ganzen Zeit hatte ich gearbeitet, mit Ausnahme meiner Berliner Aussteigertage. Ich merkte, dass mir etwas fehlte, fühlte mich intellektuell ausgepowert und unkreativ. Ich hatte Lust, wieder zu lernen und mehr zu lesen als eine Tageszeitung oder Geschäftsberichte. Viele Menschen betonen immer wieder, wie wichtig lebenslanges Lernen in unserer heutigen Gesellschaft ist. Ich beschloss aber, auszusteigen und noch einmal an die Uni zu gehen, also ein »Sabbatical« einzulegen.

Ich wollte aber nicht einfach nur irgendetwas studieren, sondern einen Master-Abschluss erlangen, und das im englischsprachigen Ausland. Nach einiger Überlegung entschloss ich mich für die USA. Zum einen mag ich Land und Leute, zum anderen bewundere ich die Großzügigkeit, Aufgeschlossenheit, Freundlichkeit und Hilfsbereitschaft der Amerikaner gegenüber Fremden. Zudem gefallen mir die landschaftliche Vielfalt und das kulturelle Angebot, insbesondere an der Ostküste.

Die Entscheidung für die USA stand also. Nun musste ich mich für ein Studienfach entscheiden. Einen Master of Laws wollte ich nicht. Das fand ich zu eindimensional. Einen Master in Business Administration wollte ich auch nicht. Schließlich hatte ich einige Jahre als Unternehmensberater hinter mir. Worauf ich wirklich Lust hatte, das war Politik. Ich hatte zwar einige Jahre im Bundestag gearbeitet und war hier und da gesellschaftspolitisch aktiv. Aber ich kannte nur die praktische Seite der Politik. Ich wollte aber mehr, etwa bei bestimmten Themen wie Einwanderung und internationale Entwicklungsarbeit in die Tiefe gehen und sehen, wie generell Theorien zur politischen Führung im Ausland behandelt werden. So entschloss ich mich also für einen »Master in Public Administration«. Dieser Studiengang umschließt ein breites Feld an Themen von der Steuerung öffentlicher Verwaltungen bis hin zur politischen Führung. Das war perfekt und wie geschaffen für mich! Zudem gab es ein »Mid Career«, der speziell für Studenten konzipiert war, die schon einige Jahre Berufserfahrung aufweisen konnten.

An welche Universität ich gehen wollte, stand hingegen schon fest: Harvard. Es nach Harvard zu schaffen, schien für mich das Zeichen zu sein, es insgesamt geschafft zu haben. Ein kleines Problem blieb: Harvard wollte bezahlt werden – und das nicht zu knapp. Aber ein wenig hatte ich gespart und mein Arbeitgeber legte etwas dazu.

Am ersten Studientag fühlte ich mich wie bei meiner Einschulung. Etwa die Hälfte meiner Kommilitonen waren Amerikaner, die andere Hälfte stammte aus allen Winkeln der Welt. Es war eine spannende Mischung aus griechischen Diplomaten, Politikern aus Lateinamerika, Unternehmern aus Österreich, Menschenrechtlern aus China und Umweltaktivisten aus Zaire. Unter den amerikanischen Studenten gab es eine ganze Reihe Offiziere, die zum Teil geradewegs von den Schlachtfeldern im Irak oder in Afghanistan nach Harvard kamen.

Mehr noch als in den Vorlesungen lernte ich von meinen Kommilitonen. Es gab oft heftige Diskussionen über Gott und die Welt im wahrsten Sinne des Wortes. Gerade unter den Amerikanern gab es viele evangelikale Christen, die die Bibel am liebsten als Richtschnur nicht nur ihres persönlichen Wirkens, sondern auch als politische Handlungsanleitung verstanden wissen wollten. Europa hielten sie oft für einen unmoralischen, weil gottlosen, dem Untergang geweihten Kontinent. Das konnte und wollte ich als Deutscher und als Europäer natürlich nicht so stehen lassen und führte unsere Werteordnung als Erbe der Antike und der Aufklärung ins Feld. Obwohl die Diskussionen oft sehr hitzig waren, verliefen sie doch sehr respektvoll. Niemand wurde persönlich oder herablassend. Ich denke gern an diese Diskussionen. Es waren gerade solche intellektuellen Streitgespräche, die mir gefehlt hatten. Mir wurde auch bewusst, wie ignorant ich in der Vergangenheit oft mit den Meinungen und den Anliegen anderer Menschen umgegangen war, wenngleich unbewusst. Auch die Gespräche mit Frauenrechtlerinnen, ihre Berichte und ihre Gründe, warum sie sich engagieren, haben mir sehr geholfen, mehr Empathie zu entwickeln.

Interessant waren natürlich auch die Vorlesungen. Ich hatte die Chance, mit einem der umstrittensten Gelehrten unserer Zeit, Samuel Huntington, über seine Thesen zu diskutieren und zu streiten. Ich hatte ihm eine E-Mail gesendet und gefragt, ob ich ihn einmal besuchen dürfe, und nur eine Stunde später hatte ich eine Einladung zu einem Kaffee. Natürlich sprachen wir über sein bekanntestes Werk »The Clash of Civilizations«. Ich kritisierte sein, wie ich meine, sehr »statisches« Verständnis von Kultur, Zivilisation und Identität. Er sah das natürlich ganz anders, aber wir hatten ein spannendes Gespräch. Für mich noch interessanter war aber der Austausch über sein letztes Buch »Who are we? The Crisis of the American Identity«, in dem es um den »nationalen« Charakter der USA und seine Veränderungen durch die große Einwanderung aus Lateinamerika geht. In vielem hatte mich das Buch an Deutschland und seine türkische Minderheit erinnert. Ich war verblüfft, wie gut informiert Huntington über die Situation in Deutschland war. Er zog Parallelen, unterstrich aber vor allem die Unterschiede. Er war der festen Überzeugung, dass die Integrationsprobleme in Deutschland vor allem darauf basierten, dass die Politik zwar Einwanderung gefördert, aber über Jahrzehnte Integration behindert, wenn nicht gar verhindert habe. In vielem teilte ich seine Meinung, jedoch nicht bei allem. Die zwei Stunden bei Samuel Huntington zählen zu meinen Sternstunden in Harvard. Immerhin jeder zweite deutsche Politiker zitiert Huntingtons »Zusammenstoß der Kulturen«, wobei die Wenigsten das Buch auch gelesen haben dürften. Samuel Huntington starb 2008. Er war ein wirklich großer Gelehrter.

Zu meiner Zeit war Larry Summers Präsident der Harvard University. Er galt als ein Wunderkind und war in jungen Jahren Finanzminister der USA. Aber er musste seinen Posten in Harvard aufgeben, weil er die Meinung vertrat, dass die Gehirne von Frauen anders seien als die von Männern und sie deswegen keine guten Naturwissenschaftlerinnen abgeben würden. Ich habe ihn neulich im Fernsehen gesehen. Er stand auf einer Pressekonferenz hinter Barack Obama und ist jetzt der Chefwirtschaftsberater des Präsidenten. Die Welt ist klein.

Zwei andere Ereignisse machen Harvard für mich für immer unvergesslich. Zum einen lernte ich schon in den ersten Studientagen eine Gruppe israelischer Studenten kennen. Sie beäugten mich recht neugierig – schließlich schien ich der erste deutsche Moslem zu sein, der ihnen begegnete. Wir kamen ins Gespräch, sprachen über Einwanderung, in Israel wie in Deutschland, über den Nahostkonflikt und natürlich auch über den Holocaust. Ich habe Yoav und seinen Freunden meinen persönlichen Umgang mit der deutschen Vergangenheit allgemein und ganz besonders mit dem Dritten Reich beschrieben:

Am Anfang habe ich mich gar nicht mit der deutschen Vergangenheit beschäftigt, genauso wenig wie deutsche Kinder und Jugendliche gleichen Alters auch. Später, als ich 15, 16 Jahre alt war, entdeckte ich mein Interesse für Geschichte. Die Hitlerzeit, das Dritte Reich, der Zweite Weltkrieg, das fand ich spannend, ja sogar faszinierend. Ich las viel und fragte Oma Phillipine aus. Einen inneren Bezug hatte ich aber nicht wirklich. Für mich war die neuere deutsche Geschichte so unpersönlich wie die Römerzeit. Fragen nach Schuld und Verantwortung stellten sich für mich nicht, weil die Antworten für mich klar waren: Schuld waren die Deutschen. Sie waren verantwortlich, die Alten tendenziell für das Erstere, die Jungen für das Letztere, wer sonst? Der einzige innere Bezug war, wenn überhaupt, dass ich mich in der »Opfertradition« sah: So wie die Juden Opfer der Nazis waren, war ich, waren die Türken in Deutschland potenzielle und tatsächliche Opfer der Neonazis. So sehr ich auch Deutschland als meine Heimat sah und unter jeder Ablehnung litt, so wenig identifizierte ich mich mit der deutschen Geschichte, jedenfalls mit diesem Teil der Geschichte. Ganz im Gegenteil: Weil meine Eltern, meine Großeltern eben keine Nazis waren, weil sie in keiner denkbaren Weise etwas mit den Morden der Nazis zu tun hatten, konnte ich mich gut fühlen. Meine Eltern und meine Großeltern hatten in diesem Punkt die Gnade der ausländischen Geburt, ich erst recht!

Ich fühlte mich als besserer Deutscher als die anderen Deutschen. Was den Holocaust anging, waren wir die besseren Deutschen, glaubte ich!

Wenn ich im Ausland war und es um Deutschland, um Goethe, Schiller, Kant ging, dann war ich natürlich Deutscher und war beleidigt, wenn man mich nicht als Deutschen durchgehen lassen wollte. Entweder Deutschland ist meine Heimat oder nicht. Entweder bin ich Deutscher oder nicht. Wenn das »Deutschsein« Teil meiner Identität ist, dann kann ich diese Teilidentität nicht einfach spalten. Wenn ich will, dass Deutschland mich annimmt, dann muss ich auch Deutschland als Ganzes annehmen. Zwingende Konsequenz daraus ist, dass ich nicht von außen auf die deutsche Vergangenheit schauen kann, sondern dass die deutsche Vergangenheit Teil meiner Vergangenheit ist. Natürlich habe ich mich nicht schuldig gemacht am Menschheitsverbrechen des Holocaust. Genauso wenig wie die meisten Deutschen heute und damals. Aber ich trage Verantwortung für die Gegenwart und die Zukunft, nicht abstrakt als Mensch oder Bürger, sondern ganz konkret als deutscher Bürger. Diese Verantwortung ist nicht bloße Idee im luftleeren Raum. Sie bedeutet für mich Wachsamkeit und Engagement für unser Gemeinwesen, für unsere Demokratie.

Zu meiner Überraschung wurde ich am letzten Studientag auf einer Zeremonie mit einem Harvard-Preis ausgezeichnet. Nominiert worden war ich von den jüdischen Studenten um Yoav. Das fand ich prima. Ein Preis von Harvard. Als deutscher Moslem! Nominiert von jüdischen Studenten. Ich war glücklich. Ich hatte meine Sache in Harvard gut gemacht und wollte zurück nach Deutschland, zurück in meine Heimat. Doch kaum war ich wieder hier, entdeckte ich einen Wettbewerb der Yale University. Jedes Jahr werden 15 bis 18 Leute aus der Praxis als »World Fellows« eingeladen, um den Studenten praxisnahe Aspekte ihres Studiums – in meinem Fall erneuerbare Energien – zu vermitteln und um auf der anderen Seite selbst noch einmal zu studieren. Ohne mir viele Chancen auszurechnen, bewarb ich mich und wurde tatsächlich angenommen. Wenige Monate später fand ich mich auf dem wunderschönen Campus der Yale University in New Heaven, Connecticut, wieder.

Yale vereint beides: Intellektuellen Rigorismus und allgegenwärtigen Humanismus. Das »Yale World Fellows Program« hat mich im Leben weitergebracht: Beruflich, vor allem aber menschlich. Dort verlebte ich die schönste Zeit meines Lebens. Ich bin stolz, zur Yale-Familie zu gehören.

An der Spree

Das Ende der politischen Laufbahn

Ich war schon immer politisch interessiert. Außerdem glaube ich, dass in einer offenen und demokratischen Gesellschaft jeder aufgerufen ist mitzumachen. Das heißt natürlich nicht, dass jeder Bürger einer Partei beitreten muss. Es gibt sehr viele andere Möglichkeiten: Vereine, Nachbarschafts- und Bürgerinitiativen oder Stiftungen. Irgendetwas kann jeder tun – unsere Gesellschaft braucht Einsatz.

Ich persönlich wollte ganz offiziell politisch aktiv werden. Die Chance hierfür bot sich während meiner Tätigkeit im Bonner Bundestag. Ich wurde Mitglied der FDP. Gerhart Baum, mein Chef, hatte großen Einfluss auf meine Entscheidung. Nicht dass er mich »missioniert« hätte. Mir gefielen einfach seine politischen Standpunkte, und wie er um sie kämpfte. Das Parteiprogramm der FDP gefiel mir nicht zu 100 Prozent. Wenn ich aber eine Partei wollte, in der mir alles gefällt, dann müsste ich meine eigene gründen, dachte ich damals.

Besonders politisch geprägt hat mich der Fall der Mauer am 9. November 1989. Wie alle Deutschen war ich zunächst gerührt und froh darüber, dass Deutschland nun nicht mehr gespalten war. Welche Folgen die Wiedervereinigung für uns, also Menschen mit »Migrationshintergrund«, haben sollte, sollte ich nur wenig später erfahren. Nur einige Tage nach dem Mauerfall sah ich im Fernsehen, wie ein junger Mann aus der DDR interviewt wurde. Er war gerade mit seinem Trabbi über einen provisorischen Grenzübergang in den Westen gekommen. Auf die Frage, was nun seine Hoffnungen und Vorstellungen seien, antwortete er, ohne zu zögern: »Die Wiedervereinigung muss kommen und die Ausländer müssen abhauen. Wir brauchen die Arbeitsplätze und Wohnungen selber.« Ich traute meinen Ohren nicht. Die Parole »Ausländer raus« kannte ich natürlich schon, aber dieser Mann hatte doch selbst gerade erst die deutsche Grenze passiert. Sollte er nicht einfach nur froh und glücklich sein, eine neue Form der Freiheit genießen zu dürfen, anstatt rassistische Reden zu schwingen? Zudem: Meine Familie lebte schon seit bald drei Jahrzehnten in diesem Land. Meine Eltern bezahlten schon Steuern, als dieser Mann noch am Aufbau des Sozialismus arbeitete.

Und es blieb nicht bei dieser einen Rede. Bald musste ich feststellen, dass viele Landsleute dieses Mannes dessen Gesinnung teilten.

Was folgte, erschütterte mich zutiefst: Wenige Wochen nach dem Mauerfall verschlug es mich nach Greifswald in Mecklenburg-Vorpommern. Zum ersten Mal erlebte ich, wie man mich offen anfeindete. »Kanake« war noch einer der gemäßigteren Ausdrücke, die ich zu hören bekam. Ich war wie vor den Kopf gestoßen. Ich fragte einige junge Leute nach dem Weg. Statt mir zu antworten, warf mir einer dieser Typen eine Flasche an den Kopf.

Es dauerte nicht lange, bis bei fremdenfeindlichen Pogromen in Hoyerswerda und Rostock-Lichtenhagen meine deutschen Landsleute die Arme zum Hitlergruß in die Luft reckten, auf wehrlose Asylbewerber losgingen und, wenn sie sich nicht direkt beteiligten, ihren Zuspruch durch kräftigen Applaus kundtaten. Häuser in Mölln und Solingen wurden von Neonazis in Brand gesetzt. Acht Menschen kamen dabei ums Leben.

Mit der Wiedervereinigung kam eine Welle des Nationalismus und der Gewalt. Ein Mob, ungehindert von Polizei und Politik, versuchte, ein Heim für Asylbewerber in Rostock-Lichtenhagen niederzubrennen und die Menschen zu lynchen. Nie hätte ich mir vorstellen können, dass so etwas in Deutschland passiert. Mein ganzes Weltbild geriet ins Wanken. Pogrome im Deutschland des ausgehenden 20. Jahrhunderts? Ein Wahnsinn.

Die Politik reagierte chaotisch, unfähig, opportunistisch oder einfach nur peinlich. Zum Teil zeigte man ganz ungeniert Verständnis für die Täter. Sie seien halt den Umgang mit Ausländern nicht gewöhnt und mit der Situation überfordert. Zudem seien viele arbeitslos. Manche Politiker kamen mit gänzlich dämlichen Vorschlägen: Ein CDU-Minister aus den neuen Ländern schlug einen runden Tisch zwischen Asylbewerbern und Asylgegnern vor. Tolle Idee! Warum nicht auch einen runden Tisch zwischen Vergewaltigern und Vergewaltigten, zwischen Bankräubern und Bankangestellten? Ernsthaft: Reden ist ja durchaus der richtige Ansatz, aber in solchen Fällen müssen Taten her.

Immer hatte ich geglaubt, dass Integration ein Prozess ist, der evolutionsgleich über kurz oder lang zur Eingliederung von Einwanderern in die Gesellschaft als gleichberechtigte Mitglieder führt. Nun musste ich erkennen, dass Integration sich nie einfach so entwickelt. Man muss sie aktiv herbeiführen und stets fördern. Ohne Fortschritt kommt Rückschritt.

In der Nacht auf den 23. November 1992 verübten rechtsradikale Täter einen Brandanschlag auf zwei von türkischstämmigen Familien bewohnte Häuser. Der Tatort lag in der idyllischen, schleswig-holsteinischen Kleinstadt Mölln. Die zehnjährige Yeliz Arslan, ihre vierzehnjährige Schwester Ayşe und ihre 51-jährige Großmutter Bahide starben in den Flammen. Neun Menschen wurden schwer verletzt und werden ein Leben lang unter sichtbaren und unsichtbaren Wunden zu leiden haben.

Ein halbes Jahr später erreichte die ausländerfeindliche Hetze ihren nächsten Höhepunkt. Am 29. Mai 1993 wurde in Solingen wieder eine türkischstämmige Familie Opfer des nationalen Wahns im neuen Deutschland. Fünf Menschen wurden kaltblütig ermordet. Fünf Frauen und Mädchen der Familie Genç fielen einem Brandanschlag zum Opfer. Sie verbrannten oder erstickten oder starben bei dem Versuch, sich zu retten. Das jüngste Todesopfer, Saime Genç, war erst vier Jahre alt. Welche Tragödie für uns Deutsch-Türken, welche Tragödie für Deutschland.

Die Täter waren drei rechtsextreme Jugendliche aus dem Ort im Alter zwischen 16 und 23 Jahren. Zum Teil wohnten sie in unmittelbarer Nähe der Opfer und waren Nachbarn. Sie waren ganz normale Jungen, bevor sie zu Neonazis und dann zu Mördern wurden.

Auch die Überlebenden erlitten schwerste körperliche Schäden. Der damals 15 Jahre alte Sohn der Familie, Bekir, musste 30 Operationen über sich ergehen lassen und bleibt doch ein Leben lang gezeichnet. Ich habe Bekir und seine Mutter, Mevlüde, damals kennengelernt und war verblüfft, wie wenig verbittert sie erschienen. Nie habe ich aufgehört, sie für ihren Mut und ihre Stärke zur Versöhnung zu bewundern. Ich weiß nicht, ob ich die Kraft dazu gehabt hätte. Zehn Jahre nach der Tat sagte Johannes Rau: »Das Bewegendste ist für mich die Haltung der Familie Genç. Da war kein Hass, kein Abschied, sondern stets der Ruf nach Versöhnung zwischen den Menschen und den Völkern. Das ist das positive Signal nach der schrecklichen Tat.«

Was mir Mut machte, waren die Demonstrationen im ganzen Land. Tausende Deutsche und Einwanderer demonstrierten gemeinsam. Und ich nahm zum ersten Mal in meinem Leben an einer Lichterkette teil. Diese Aktionen haben mir großen Mut gemacht. Ich fühlte mich nicht alleine, nicht völlig schutzlos. Auch aus dem Ausland kamen Reaktionen, natürlich auch aus der Türkei. In vielen Straßen in den Niederlanden standen Plakate, aufgestellt von Bürgern, auf denen stand: »Solingen, 29. Mai 1993. Dit nooit meer« (Das nie wieder!). Ich liebe die Niederlande, nicht erst seit diesen Tagen.

Es blieb nicht bei Solingen und Mölln. Berichte über Brandanschläge und Angriffe auf Ausländer gab es nahezu täglich. Einige Politiker schütteten noch Öl ins Feuer, indem sie über die Änderung des Artikels 16 des Grundgesetzes debattierten, der Asylbewerbern die Möglichkeit der Aufnahme in Deutschland bieten sollte. Diese Diskussionen wurden alles andere als sachlich geführt. Unverhohlen wurde die Angst vor »Überfremdung« geschürt, nicht nur von den üblichen Verdächtigen vom rechten Rand, sondern auch aus den traditionellen Parteien. Es schien, als sei die größte Herausforderung für das frisch wiedervereinigte Deutschland nicht die Bewältigung eben dieser Vereinigung, sondern die Eingliederung der »Asylanten«. Die Anschläge in Mölln und Solingen waren das Werk von Neonazis, tatsächlich oder scheinbar ermuntert von der politischen Mitte des Landes.

Die fremdenfeindliche Stimmung im Land entsprang aus der Mitte der Gesellschaft. Wenn vermeintlich sozial eingestellte Politiker tagein und tagaus mit Metaphern wie »Das Boot ist voll« das Volk beeinflussen, dann sind nicht nur Hass, sondern auch Mord und Totschlag die Folge. Die Frage nach einer moralischen Mitschuld von etablierten Politikern wurde nie wirklich gestellt.

Wir Menschen in Deutschland, die wir anders aussahen, die wir anders hießen, die wir vielleicht einen anderen Gott anbeteten als die große Mehrheit, hatten das Gefühl, dass wir im Zweifel auf uns allein gestellt sein würden, trotz der Lichterketten.

Ich begann, mir ernsthaft Gedanken über meine Zukunft zu machen. Es war ein langer, manchmal sehr schmerzhafter Prozess gewesen, in Deutschland anzukommen. Ich war Deutscher. Deutschland war mein Zuhause. Dennoch musste ich mich fragen: Kann ich bleiben oder muss ich gehen? Und wenn ich gehen muss, wohin soll ich denn gehen? Ich mag die Türkei, ich liebe Istanbul, aber meine Heimat liegt an der Sieg und nicht am Bosporus.

Ich hatte ein Gefühl der totalen Hilflosigkeit. Doch hier traf ich meine Entscheidung. In Deutschland liegt meine Heimat. Deutschland war meine Vergangenheit und es sollte auch meine Zukunft sein. So einfach wollte ich mich nicht vertreiben lassen.

Ich wusste aber auch, dass ich lange genug Zuschauer gewesen war. Als meine Eltern nach Deutschland kamen, hatte Ludwig Erhard das Bundeskanzleramt gerade von Konrad Adenauer übernommen. Er kam und ging, genauso wie später Willy Brandt und Helmut Schmidt. Über ein Jahrzehnt schon war Helmut Kohl an der Macht. Achtmal hatten Bundestagswahlen stattgefunden, waren Koalitionen geschmiedet und Regierungen gebildet worden. Wir, meine Familie, meine Verwandten, meine türkischen Freunde, ich, wir alle waren unbeteiligt an der deutschen Demokratie. Wir wurden nicht gefragt, selbst wenn es um unsere ureigensten Anliegen ging. Wir waren mehr Zeloten als Bürger. Genug!

Nun wollte ich etwas tun, für mich und für meine Leute. Ich wollte teilnehmen an der Demokratie. Ich wollte dort sein, wo in Deutschland die politischen Entscheidungen fallen: in den Parteigremien. Ich war ja schon Mitglied der FDP. Nun ging es um die Frage, wie ich meinem Anliegen am besten Gehör verschaffen konnte. Ich hatte lange genug im Bundestag gearbeitet, um zu wissen, dass man als Einzelkämpfer in einer Partei kaum etwas erreichen kann. Zu dieser Zeit lernte ich in Bonn einige andere Deutsch-Türken kennen. Es war überraschend und wohltuend zugleich, nicht allein zu sein. Bis dahin war mein Freundeskreis ausschließlich deutsch gewesen.

Um unsere Interessen in der FDP besser zu vertreten, gründeten wir einen Verein, die LTD: »Liberale Türkisch-Deutsche Vereinigung«. Wir hatten drei Ziele: Wir wollten jenen Menschen, die bislang keine Stimme in der Politik hatten, eine Stimme geben. Wir wollten eine Plattform für Menschen jeder Nationalität sein, auf der miteinander anstatt übereinander gesprochen wurde. Und wir wollten unter den Türken in Deutschland für liberal-politisches Engagement werben. Deutsch-Türken waren ja nicht per se apolitisch. Aber sie blickten oft nach Ankara statt nach Bonn und Berlin, wenn es um Politik ging. Das wollten wir ändern.

Unterstützung erhielten wir von Ignatz Bubis, damals Vorsitzender des Zentralrates der Juden in Deutschland. Er rief mich an und lud mich auf ein Treffen in Frankfurt ein. Ich schilderte ihm unser Vorhaben. Er war begeistert und unterstützte uns bis zu seinem Tod, wo immer er konnte.

Nach unserer Gründung veranstalteten wir Diskussions- und Vortragsabende und schalteten Wahlaufrufe in türkischen Zeitungen. Wir unterstützten die Kandidaturen unserer Mitglieder, unabhängig davon, ob sie für einen Parteiposten oder einen Parlamentssitz kandidierten. Natürlich waren wir der FDP verbunden; trotzdem waren wir offen für jeden, und es gab in unseren Reihen viele parteilose Mitglieder sowie Mitglieder anderer Parteien. In unseren Reihen waren Deutsche, Türken, Griechen, Spanier und Italiener. Wir alle waren entschlossen, etwas zu bewegen. Nicht der Pass zählte, sondern der Charakter.

Im Jahre 1995 gab es eine Umfrage unter den Türken in Deutschland. Sie wurden nach ihrer parteipolitischen Präferenz gefragt. Während in früheren Tagen die FDP nur im Promillebereich gemessen wurde, kam sie plötzlich auf 15 Prozent! Das war ein großer Erfolg, der wesentlich auf unser Wirken zurückging.
Unser größter Erfolg jedoch war unsere generelle Vorbildfunktion. Heute gibt es in allen Parteien Einwandererorganisationen. Und so muss es auch sein. Wir »Migranten« müssen genauso im Zentrum der Politik aktiv sein und für eine gemeinsame Zukunft eintreten wie die »Urdeutschen«.

Ich war Gründungsmitglied der LTD. Später wurde ich Generalsekretär und Bundesvorsitzender. Nach zehn Jahren trat ich von meinen Ämtern zurück und wurde im »stolzen« Alter von 32 Jahren zum Ehrenvorsitzenden gekürt. Mein Nachfolger wurde übrigens ein deutscher Jude, Achim Doerfer. Wir haben keine große Sache daraus gemacht. Aber eigentlich ist es schon eine tolle Sache, wenn an der Spitze eines von Deutsch-Türken gegründeten Vereins ein deutscher Mann jüdischen Glaubens steht. Ich war und bin darüber sehr glücklich.

1999 wollte ich es wissen. Bis dahin hatte ich kein Parteiamt in der FDP gehabt. Auf dem Bundesparteitag der FDP in Bremen trat ich als Kandidat für den Bundesvorstand der Partei an. Mit einem der besten Ergebnisse überhaupt wurde ich gewählt. 2001 und 2003 gelang mir die Wiederwahl. 2005 nicht mehr.

Grund hierfür war meine von der Partei abweichende Meinung zur Frage des türkischen EU-Beitritts. Ich sage: Die Türkei war und ist Teil Europas. Wenn sie die Kopenhagener Kriterien erfüllt, dann soll sie der EU beitreten. Der Beitritt einer demokratischen, dynamischen und jungen Türkei ist für Europa sinnvoll, ja notwendig!

Ein Großteil meiner Parteikollegen war anderer Ansicht. Anstatt die Reformen in der Türkei und einen baldigen Beitritt zu begrüßen, wurde von »unüberbrückbaren kulturellen Unterschieden« gesprochen. Aber was soll das?

Am Ende des Tages sprechen wir doch davon, dass am Bosporus überwiegend Muslime und in der EU überwiegend Christen leben. Wenn nun einer sagt, dass die Integration der Türkei in die EU an Glaubensdifferenzen »scheitern muss«, dann heißt das wohl auch, dass eine Integration von uns Muslimen in die deutsche Gesellschaft aus eben diesem Grund nicht möglich sein kann. Bei allem Respekt vor anderen Meinungen: Das hielt und halte ich für falsch.

Ich begann, mich von meiner Partei zu entfremden, und als ich nach Harvard ging, waren die Würfel gefallen; 2008 trat ich aus der Partei aus. Schade für mich, schade für die FDP.

Vor fast 10 Jahren schrieb ich einen Beitrag für eine Tageszeitung.
Er hat kaum an Aktualität verloren ...

Die FDP, meine Partei ohne Seele[4]

Selten hat sich eine Partei in der Geschichte der Bundesrepublik
Deutschland so sehr selbst um den Wahlerfolg gebracht wie die
FDP. Die Ursachenforschung für dieses Desaster ist in vollem
Gange. Allerdings gibt es die Tendenz, ausschließlich über das
Thema Möllemann zu sprechen. Natürlich hat Möllemann Stim-
men gekostet – schlimmer noch, einen Ansehensverlust bewirkt,
der schwerer und länger wirken wirkt, als wir heute vielleicht ahnen.
Aber es war eben nicht nur Möllemann. Die Ursachen liegen tiefer.
Wir waren die erste Partei, die 1972 den Umweltschutz in ihr Programm geschrieben hatte. Als Umweltschutzpartei sind wir dennoch nicht auffällig geworden und haben dieses Thema lieber den
Grünen überlassen. Wir waren die erste Partei in Deutschland,
welche die Notwendigkeit eines Einwanderungsgesetzes erkannt
hatte. Haben wir in den 16 Jahren Regierungsmacht mit der Union
ein Einwanderungsgesetz verabschiedet? Oder ein modernes
Staatsbürgerschaftsrecht? Haben wir die Wehrpflicht abgeschafft
oder zumindest mit der Union darüber gestritten? Wie viele unserer Parteitagsbeschlüsse zur Stärkung der Bürgermacht durch die
Einführung plebiszitärer Elemente wurden von der FDP-Bundes-
tagsfraktion parlamentarisch aufgegriffen?
So wird Parteiprogrammatik zur Verbalerotik, die auf Dauer niemanden befriedigt. Wirklich auf die Hinterbeine haben wir uns
immer nur gestellt, wenn es darum ging, Steuererhöhungen zu
verhindern. So bleibt die Senkung des Solidaritätszuschlags wohl
das einzige »Verdienst« der FDP in den letzten bleiernen Jahren

---

4. »Die Welt«, 29.10.2002

der Koalition mit Helmut Kohl, dem Kanzler der Einheit und dem Kanzler des Stillstands.

Der Gang in die Opposition 1998 wurde gerade unter jüngeren FDP-Mitgliedern als Chance zur Rückbesinnung auf liberale Ideale gesehen. Die Enttäuschung folgte bald. Interessant sind die »Meilensteine«, die wenige Tage vor der Wahl verabschiedet wurden. Ohne Erfüllung dieser Meilensteine keine Koalition mit der FDP, hieß es. An erster Stelle wird die Senkung der Steuern gefordert. Die Reform des Arbeitsmarktes, der Abbau der Subventionen, die Reform der sozialen Sicherungssysteme, mehr Geld für die Bildung, eine bessere Verkehrspolitik und ein paar Zeilen zur Außenpolitik folgen. Endlich, am Ende kommt das Bekenntnis zu den Grundrechten. Jede der Forderungen zur Steuer-, Finanz- und Sozialpolitik ist richtig. Die einseitige Fokussierung ist das Problem. In den Debatten über die innere Sicherheit oder das Zuwanderungsgesetz fand die FDP als Bürgerrechtspartei nicht mehr statt.

Ende des letzten Jahrhunderts, als noch jeder unter den Jungen im Lande glaubte, bald Millionär im gelobten Land des Internet zu werden, fiel die thematische Verengung gar nicht so sehr auf. Heute aber fürchtet jeder unter den Jungen um seinen Arbeitsplatz. Unsere Forderung nach Senkung der Steuern ist nach wie vor richtig, klingt aber in den Ohren unserer möglichen Wähler wenig überzeugend. Es überwiegt die Angst, demnächst gar nicht mehr das Privileg zu haben, Steuern zahlen zu dürfen. Angst essen liberale Wähler auf. Mit dem Ruf nach Reformen im Steuersystem erreicht man vielleicht noch den Verstand der Menschen, aber eine emotionale Bindung wird nicht geschaffen. Wahlen in Zeiten der Angst sind Bauchentscheidungen.

Das Thema »soziale Gerechtigkeit« ist eigentlich Leitmotiv liberaler Programmatik. Ein einfaches Steuersystem ist ein gerechtes Steuersystem. Vom Abbau von Staatsbürokratie und Subventionen profitieren überdurchschnittlich die Schwachen. Es ist paradox, dass gerade jene in den Gewerkschaften, die immer und immer wieder das Lied von der »sozialen Gerechtigkeit« singen und dabei nichts als bloße Besitzstandswahrer zu Lasten der Arbeitslosen sind, sich als Gerechtigkeitsapostel gerieren dürfen, während wir Liberalen uns nicht trauen, auf die soziale Komponente liberaler Ordnungspolitik hinzuweisen. Dieses Kommunikationsdefizit haben wir selbst zu verantworten.

Das Streben nach Gleichberechtigung von Mann und Frau ist Kernbestandteil liberalen Selbstverständnisses – auf dem Papier. In der Realität wird jeder Vorstoß in Richtung eines Gleichstellungsgesetzes als weiterer Bürokratisierungswahn gebrandmarkt. Quoten sind Gift für die Demokratie. Das stimmt ja auch. Aber wo bleiben denn unsere Gegenvorschläge? Wie wollen wir Liberalen die Gleichberechtigung von Mann und Frau erreichen? Ein Blick auf unsere Bundestagsfraktion zeigt Tristesse: Gerade zehn von 47 Abgeordneten sind Frauen. Liberale Frauenpolitik fast ohne Frauen.

Wir sind die Partei der Weltoffenheit. Aber weder im Bund noch in den Ländern gibt es einen einzigen Abgeordneten mit Migrationshintergrund. Dieses »Privileg« teilen wir mit der CSU, der anderen »weltoffenen« Partei. Liberale Einwanderungspolitik ganz ohne Einwanderer. Ein Anti-Diskriminierungs-Gesetz lehnen wir selbstverständlich als Angriff auf die Vertragsfreiheit ab. Wie wir aber die alltägliche Diskriminierung vieler Menschen verhindern wollen, behalten wir für uns. Es ist schade, dass kein einziger Abgeordneter der FDP jemals die Erfahrung gemacht haben dürfte, bei der Wohnungssuche wegen seines ausländischen Namens oder auf der Jobsuche wegen seines fremdländischen Aussehens abgewiesen worden zu sein. Solche Erfahrungen relativieren oft die Idee der uneingeschränkten Vertragsfreiheit.

Wir sind stolz darauf, dass junge Leute in Scharen der Partei beitreten. In die neue Bundestagsfraktion wurden aber gerade einmal zwei Junge Liberale gewählt. Die FDP ist im Deutschen Bundestag unter allen Parteien die mit der ältesten Struktur. Offenbar herrscht der Glaube, dass Jugendpolitik am besten von mittelalten Männern gemacht wird. Wie sieht unser Beitrag zur Homo-Ehe aus? Ist es nicht eigentlich ein urliberales Thema, der staatlichen Benachteiligung von Minderheiten ein Ende zu bereiten? Stattdessen haben wir uns in dieser Frage hinter dem Bundesverfassungsgericht versteckt, um erschrocken festzustellen, dass die trockenen Richter in Karlsruhe fortschrittlicher sind als wir. Themen wie Gleichberechtigung, der Schutz von Minderheiten, die Verteidigung der Freiheit sind Symbolthemen, die eine emotionale Verbundenheit auslösen. Es sind keine »Verliererthemen«.

Andere Ungereimtheiten kommen hinzu: Zu Recht haben wir beschlossen, auf keinen Fall eine Ampelkoalition mitzutragen, weil dies eine Koalition des Stillstandes wäre, aber auch weil es einfach zu große persönliche Differenzen zwischen den handelnden Akteuren bei FDP und Grünen gibt. Gleichzeitig scheint es gar kein Problem zu sein, dass mit unserer Unterstützung ein Polit-Krawallo namens Schill in Hamburg Senator spielt. Was ist denn an Herrn Fischer schlimmer als an Herrn Schill?

Ich bin 1990 Mitglied der FDP geworden, weil ich glaubte, dass meine Heimat Deutschland eine Partei braucht, die auf den Menschen setzt und nicht immer auf den Staat. Eine Partei, die sich nicht im populistischen Getue verliert, sondern Wahrheiten ausspricht. 1990 wurde ich Bürger eines Landes, das in allen Bereichen vorne lag: in Forschung und Bildung, Kunst und Kultur, in der Wirtschaft sowieso. Wie stolz ich war!

Heute finden wir uns im Mittelmaß wieder. Das hat unser Land nicht verdient. Deswegen glaube ich heute mehr denn je an die Notwendigkeit einer Partei, für die Reformbereitschaft konstitutionell ist. Diese Partei ist die FDP. Wir müssen aber sagen, was wir denken, und tun, was wir sagen. Von der Finanzpolitik bis zur Innenpolitik. Wir sind keine oberflächliche Steuersenkungspartei. Wir müssen uns zu unserer programmatischen Vielfalt bekennen.

Wir haben als Partei die Niederlage vom 22. September erlebt. Wir haben die Chance, die Wahl als eine Katharsis im wortwörtlichen Sinne zu interpretieren: die Läuterung der Seele durch eine Katastrophe. Diese Läuterung muss jetzt beginnen.

Zwischenbilanz

Was bleibt? Einiges ist mir bisher gelungen, vieles nicht. Von der Hauptschule habe ich es nach Harvard und Yale geschafft. Ich habe eine gute Ausbildung genießen dürfen, Anerkennung im Beruf genossen und interessante Jobs bei tollen Firmen machen dürfen.

Das Leben ist voller Wunder, aber nicht alle Wunder sind schön. Doch Wunder machen das Leben aufregend. Meine Mutter glaubt an Kismet. Widerfährt mir etwas Gutes oder Schlechtes, sagt sie immer: »Das ist Kismet, mein Sohn.« Kismet bedeutet, dass wir nur auf den Wellen des Lebens getrieben werden – mal an diesen, mal an jenen Ort. Wo wir landen, das bestimmen Wind, Strömungen und Wellen. Wer aber lenkt den Wind, die Strömungen und die Wellen? Wir sind unmündig, aber haben dies nicht selbst verschuldet. Im Gegenteil: Es ist die Unmündigkeit, die uns unfrei macht, aber zugleich von aller Schuld befreit. Wer auch immer das Drehbuch für mein Leben geschrieben hat: Dieser Jemand hat Sinn für Humor.

Ich durfte um die Welt reisen und spannende Plätze entdecken. Ich bin am Strand in Goa eingeschlafen und auf einer Bank im Central Park aufgewacht. Ich habe eine Teezeremonie in Kyoto erlebt und bin mit Indianern in den Flüssen um Vancouver Kanu gefahren. Ich habe Elefanten in Südafrika und Pumas in Brasilien gesehen. Und: Ich habe viel gelernt.

Ich habe die Politik kennengelernt, versucht, Dinge voranzutreiben, meine Heimat offener zu machen. Habe ich etwas erreicht? Nein, leider, in der Politik bin ich wohl gescheitert.

Ich habe begonnen, mich selbst kennenzulernen. Dieses »Erkenne Dich selbst« ist leicht gesagt. In Wirklichkeit ist es so schwer wie kaum etwas anderes im Leben, jedenfalls für mich. Es geht nur mit absoluter Ehrlichkeit. Ich habe schon ziemlich häufig im Leben die

Unwahrheit gesagt. Aber zu niemandem war ich so unehrlich wie zu mir selbst. Dieses Ich tief in meinem Inneren ist nicht so perfekt, wie ich dachte. Was ich sehe, ist viel Zorn und Hass. Soviel, dass beides oft stärker ist als alles andere in mir. Das ist nicht gut. Aber es ist nun mal mein einziges Ich. Ich werde lernen müssen, mit ihm zu leben. Die schlechten Seiten leise zu halten und meine Stärken – Güte, Liebe und Loyalität – zu festigen, das ist mein Ziel.

Deutschland ist meine Heimat, und es ist mein Zuhause. Ich habe diesem Land viel zu verdanken und kann nicht – wie andere – sagen, Deutschland sei eine fremde Heimat. Manche versuchen, mir meine Heimat fremd zu machen, in dem sie mich zum Fremden erklären. Aber das wird nicht funktionieren. Ich kenne Deutschland gut. Ich kann sagen: Deutschland ist eine schwierige Heimat. Aber welche Heimat ist nicht schwierig? Es liegt in der Natur der Sache: Je näher man einem Menschen oder einer Idee ist, umso komplizierter werden die Dinge häufig. Wären sie nicht nah, könnte man die Probleme einfach ausblenden und ignorieren. Aber Heimat kann niemandem egal sein. Mir jedenfalls nicht. Deswegen werden Deutschland und ich wohl immer ein schwieriges Verhältnis haben. Damit werde ich leben müssen, denn mehr Integration ist für mich nicht möglich. Ich weiß Deutschland zu schätzen. Manchmal fühle ich mich als der »bessere« Deutsche. Denn ich musste und muss nicht für, aber um meine Heimat kämpfen. Mir wurde Heimat nicht geschenkt.

Die Türkei wird mir ebenso immer wichtig bleiben. Es wird nie irgendein Ort auf der Landkarte für mich sein. Ich freue mich, dass ich mit der Türkei und seinen großartigen Menschen zwar keine zweite Heimat, aber doch ein zweites Zuhause habe. Türken wie Deutsche haben viele Gemeinsamkeiten. Ein großer Unterschied ist die Stellung der Familie. Türkische Familien sind füreinander da. Sie halten zusammen. Ich würde mir wünschen, dass die Familie auch in Deutschland wichtiger wäre. Aus der Solidarität in der Familie erwächst auch ein Gefühl für die Gemeinschaft insgesamt.

Ich bin immer ganz überrascht, wenn Leute voller Überzeugung und stolz rufen: »Ich bin Türke« oder »Ich bin Christ«. Natürlich sind das Teilidentitäten. Aber wie entscheidend können sie schon sein? Türkisch war weder die Muttersprache meiner Mutter noch die meines Vaters. In einem Fall war es Bosnisch und im anderen Fall Arabisch. Beide fanden es prima, Türken zu sein, kein Zweifel. Aber es war doch ein Stück weit Zufall, dass sie Türken wurden, genauso wie es Zufall war, dass ich Deutscher wurde oder meine Halbschwestern und ihre Kinder Kanadier. Auch waren nicht alle meine Vorfahren Muslime, wie denn auch? Meine Vorfahren mütterlicherseits sind Europäer vom Balkan. Sie konvertierten erst nach der Eroberung des Balkans durch die Osmanen ab dem 17. Jahrhundert zum Islam. Bis vor zwei oder drei Jahrhunderten waren sie orthodoxe oder katholische Christen. Auch die Vorfahren meines Vaters wurden erst ab dem 11. oder 12. Jahrhundert Muslime. Vorher waren sie Christen oder Juden. Und davor vielleicht Anhänger Jupiters oder des Zeus? Manche Identitäten wie Geschlecht oder sexuelle Orientierung stehen fest oder sind nur schwer zu ändern. Andere sind jedoch von Zufall oder der Zeit abhängig, gerade Glaube und Nationalität.

Wie man aus Identitätsmerkmalen eine Überlegenheit gegenüber anderen Individuen ableiten kann, ist mir ein Rätsel. Überhaupt glaube ich, dass die eigene Identität und die Identität einer ganzen Gruppe zwei grundverschiedene Dinge sind. Jede Gruppenidentität – wir Deutschen, wir Türken, wir Schalke-Fans – ist konstruiert und allein aus diesem Grund schon fragwürdig. Solche kollektiven Identitäten sind doch nur dazu da, um sich von anderen Gruppen abzugrenzen und im Umkehrschluss unerwünschte Personen auszugrenzen. Die ganze Idee einer Nation beruht im

Kern auf diesem Gedanken. Ich glaube, Gruppenidentitäten sind überflüssig, wenn man jedem Menschen seine individuelle Identität als Mensch nicht nur zubilligt, sondern sie vielmehr als wertvollen wie ausreichenden Beitrag zur Gemeinschaft annimmt.

Was ist meine Bilanz nach 43 Jahren eines nicht immer einfachen, aber doch interessanten Lebens: große Demut. Ich habe Hass und Liebe zu Zeiten und an Orten erfahren, an denen ich sie nie erwartet hätte, Freunde gewonnen und wieder verloren.

Ich habe vielen Menschen Unrecht getan. Freunden, Verwandten und manchmal vollkommen Fremden. Mir wurde Unrecht getan. Was kann ich tun? Ich vergebe und bitte um Vergebung. Um es mit Samuel Beckett zu sagen: »Stets versucht. Stets versagt. Egal. Versuch es noch mal. Versage noch mal. Versage besser.«

Unsere Welt verändert sich immer schneller, politisch, wirtschaftlich und kulturell. In wenigen Jahren werden Indien, China und Brasilien mehr Waren produzieren als die USA oder Europa. Die Türkei wird reicher sein als Italien oder Spanien. Jahrelang waren wir, der Westen, der Nabel der Welt. Das ist vorbei.

Die anderen Regionen der Welt werden nicht nur mehr Waren, sondern auch mehr Ideen in die Welt setzen als wir. Viele dieser Ideen und Vorstellungen darüber, was der Mensch ist und was der Mensch tun sollte, werden oft vollkommen anders sein als alles, woran wir geglaubt haben.

Dazu kommen neue Technologien, die unser Leben verändern, oft zum Guten, manchmal auch zum Schlechten. Kurz gesprochen: Unser Leben wird anders. Wir sehen das Alte gehen und das Neue kommen. Veränderung haben schon unzählige Generationen vor uns erlebt. Neu aber ist die Geschwindigkeit, mit der sie kommt. Veränderung ist die beherrschende Konstante des Lebens. Wir können sie nicht verhindern und sollten das auch gar nicht erst versuchen, weil nur der Wandel uns den Fortschritt bringt, mit neuen Herausforderungen fertigzuwerden.

Deutschland hat sich in den vergangenen sechs Jahrzehnten in vielerlei Hinsicht fundamental verändert. Unser Land ist heute ein multiethnisches und multireligiöses Land. Das hat Auswirkungen auf jeden Bereich unseres Alltags, von der Musik, die wir hören, dem Essen, das wir zu uns nehmen, bis zu den Menschen, die uns begegnen und in die wir uns verlieben. Einwanderung ist kein großes »Multi-Kulti-Straßenfest mit Döner und Ayran für alle«. Einwanderung und Integration sind auch mit Arbeit, Anstrengung und Verständnis verbunden. Es ist normal, dass vielen Menschen diese Veränderungen des Alltags Angst macht. Denn Neues bedeutet oft, dass man sich selbst verändern und dass man sein Leben ändern muss. Alles Neue birgt immer Risiken.

Manchen, nicht vielen, aber doch einigen meiner deutsch-türkischen Landsleute möchte ich zurufen: Wir wollen, dass Deutschland uns vertraut, aber wir müssen umgekehrt auch Deutschland vertrauen. Kommt an in diesem Land. Hört auf, mit den Körpern am Rhein und den Herzen am Bosporus zu sein. Nur Dummköpfe verlangen von euch, dass ihr eure Herkunft, eure Sprache und euren Glauben verleugnet. Das müsst und sollt ihr nicht. Aber hört auf, in die Vergangenheit zu blicken, wenn ihr an die Zukunft eurer Kinder denkt. Ehre und Moral sollen als Werte nicht verschwinden, aber sie müssen neu gefüllt werden: Es ist ehrlos und unmoralisch, den eigenen Kindern, Jungen wie Mädchen, die Zukunft zu verbauen, indem man sie nicht auf ein Leben in Selbstbestimmung vorbereitet. Es ist ehrlos und unmoralisch, den eigenen Kindern nicht mit aller Kraft die bestmögliche Ausbildung zu geben. Es ist ehrlos und unmoralisch, den eigenen Kindern vorzuschreiben, wen sie lieben und heiraten wollen. Ehre gebührt, wer seinen Kindern mit Liebe, Vertrauen und Respekt begegnet.

Aufgabe der Politik und, breiter gesprochen, Aufgabe der Meinungsführer unserer Gesellschaft ist es, nicht diese Angst zu bedienen, sondern mit ihr umzugehen. Und zwar selbstbewusst und aktiv. Denn Fakt ist: Unser Land wäre ohne Einwanderer ärmer. Wir brauchten Einwanderer in der Vergangenheit und wir brauchen Einwanderer in der Zukunft. Ohne sie werden wir unseren Wohlstand nicht halten können und ohne sie werden bald die Rentenkassen leer und die Unternehmen pleite sein.

Es geht aber weit über das Ökonomische hinaus: Wie sähe Deutschland ohne seine Einwanderer aus? Wären wir nicht in jeder Hinsicht ärmer? Wie würden sich heute unsere bildenden Künste gestalten? Unsere Musik? Unsere Filme? Könnten unsere Kinder sich später den Herausforderungen der globalisierten Welt stellen, wenn sie nicht im Kindergarten schon mit Zahra, Igor, Ali und Jose gespielt hätten? Wäre unser Leben nicht auch langweiliger ohne das Bild von Deutschen, die mal blond sind oder mal eine andere Hautfarbe haben? Wäre es in einem uniformen Land nicht auch unendlich langweilig?

Neu-Deutsche wie Alt-Deutsche: Wir haben zu lange einfach nur nebeneinander hergelebt. Es ist an der Zeit, dass wir einen Schritt weitergehen und anfangen, uns füreinander zu interessieren. Dazu brauchen wir nicht die Politik. Es reicht, wenn wir den uns fremden Nachbarn zu einer Tasse Tee einladen. Wenn der Nachbar kommt, unseren Tee trinkt und von sich erzählt, werden wir merken, dass wir das nicht (nur) für ihn tun, sondern vor allem auch selbst davon profitieren. Seine Andersartigkeit und unser Wissen darüber erweitern unseren Horizont und machen unser Leben reicher.

Wir dürfen uns nicht irre machen lassen von den Schreihälsen links und rechts. Ganz im Gegenteil: Wir sollten uns bewusst machen, dass wir heute wahrscheinlich in einer Zeit der relativen Ruhe leben. Es werden schlechtere Zeiten kommen. Und wenn wir eins gelernt haben sollten, dann die Tatsache, dass es genug Menschen gibt, die ihr Heil in der Zerstörung suchen. Wir müssen jetzt an uns arbeiten, damit wir gewappnet sind.

Wir müssen nicht das Rad neu erfinden und überlegen, was unsere Gesellschaft zusammenhält. Wir haben ein solides Wertefundament. Dieses Wertefundament ist beschrieben in unserem Grundgesetz. Es ist die beste Verfassung, die je auf deutschem Boden galt. Nicht zufällig erklärt der erste Artikel des Grundgesetzes: »Die Würde des Menschen ist unantastbar.« An diesem Postulat sollen sich alle Gesetze und Bestimmungen unseres Landes orientieren. Wenn nun einige Hassprediger davon sprechen, dass in unserem Land »Kopftuchmädchen produziert« würden, dann wird einem Teil der Bevölkerung diese Würde abgesprochen. Maschinen oder Autos werden *produziert*, aber keine Menschen. Diese Sprache entmenschlicht. Diese Sprache entwürdigt den Menschen. »Unworte bereiten Untaten den Boden«, sagte einmal sehr richtig unser damaliger Bundespräsident Johannes Rau. Hat man erst einmal akzeptiert, und sei es »nur« auf sprachlicher Ebene, dass die Würde des Menschen disponibel ist, dann gerät unsere Ordnung ins Wanken. Deswegen geht es nicht »bloß« um Einwanderer oder Muslime. Es geht um uns alle. Es geht um die Frage, in welchem Land wir in Zukunft leben wollen. Wer Ali die menschliche Würde verweigert, wird sie Hans auf Dauer nicht zugestehen können. Ich möchte jedenfalls nicht, dass der »Wert« des Menschen auf Grundlage fragwürdiger Mathematik in Heller und Pfennig berechnet wird. Ich möchte nicht, dass vulgär-dumme Kosten-Nutzungrechnungen darüber entscheiden, ob wir einen Menschen wertschätzen oder nicht. Wenn wir das einmal zulassen, sind der charakterlosen Barbarei Tür und Tor geöffnet. Was ist der »Wert« alter Menschen? Was ist der »Wert« von körperlich oder geistig behinderten Menschen? Was ist der »Wert« von Homosexuellen, die in der Regel keinen Nachwuchs haben und somit nicht unsere Rentenkassen stabilisieren? Wollen wir wirklich in einem Land leben, das solche Fragen diskutiert? Nein. Das wollen wir nicht. Deutschland ist besser.

Wir werden es nur zusammen schaffen oder gemeinsam scheitern. Wir verfügen über alle Möglichkeiten, es zu schaffen, aber wir müssen genau das auch wollen.

Mein inniger Wunsch ist es, wie damals als kleines Kind in Niederschelden mit leuchtenden Augen und flammendem Herzen mein Lied über Deutschland singen zu können:

Kein schöner Land in dieser Zeit

Kein schöner Land in dieser Zeit
als hier das uns're weit und breit
wo wir uns finden
wohl unter Linden
zur Abendszeit

Da haben wir so manche Stund'
gesessen da in froher Rund
Und taten singen
die Lieder klingen
im Eichengrund

Dass wir uns hier in diesem Tal
noch treffen so viel hundertmal
Gott mag es schenken
Gott mag es lenken
er hat die Gnad

Nun Brüder eine gute Nacht
der Herr im hohen Himmel wacht
in seiner Güte
uns zu behüten
ist Er bedacht

(Volkslied von Anton Wilhelm von Zuccalmaglio)

Danke

Ich danke meiner Familie für Alles. Familie ist nicht alles, aber ohne Familie ist alles nichts.

Meinen Freunden Martin Müller, Benedikt Wahler und Ernst von Münchhausen danke ich für die vielen Ermunterungen weiterzumachen, als ich aufhören und das Manuskript als sinnlosen Seelenstriptease in die Ecke pfeffern wollte. Meinem Patensohn Carl Vitus von Münchhausen und meinem Großneffen Ilyas Dalman danke ich, dass sie mir immer gute Laune beschert haben, sobald ich sie im Arm hatte.

Ich danke Özcan Mutlu, Bilkay Öney und Hatice Akyün für spannende Diskussionen auf dem Weg zu diesem Buch. Hatice danke ich auch sehr herzlich dafür, dass sie mich mit der besten Literaturagentin der Welt bekannt gemacht hat: Dr. Michaela Röll, der ich für Rat & Tat sehr verbunden bin.

Zwei tollen Frauen möchte ich nicht nur für ihre Hilfe bei der Entstehung dieses Buches, sondern auch für ein Vierteljahrhundert Freundschaft danken: Doris Schröder-Köpf und Katrin Köster. Ich bin heilfroh, dass ich euch zwei habe!

Um die ganze Welt des
GOLDMANN-*Sachbuch*-Programms
kennenzulernen, besuchen Sie uns doch
im Internet unter:

www.goldmann-verlag.de

Dort können Sie
nach weiteren interessanten Büchern **stöbern**,
Näheres über unsere *Autoren* erfahren,
in *Leseproben* blättern, alle *Termine* zu Lesungen und
Events finden und den *Newsletter* mit interessanten
Neuigkeiten, Gewinnspielen etc. abonnieren.

Ein *Gesamtverzeichnis* aller Goldmann Bücher finden
Sie dort ebenfalls.

Sehen Sie sich auch unsere *Videos* auf YouTube an und
werden Sie ein *Facebook*-Fan des Goldmann Verlags!

www.goldmann-verlag.de
www.facebook.com/goldmannverlag

GOLDMANN
Lesen erleben